U0067393

母女戰爭STOP
——重塑母女關係

蔡素玲　譯

The New

Don't Blame Mother: Mending the Mother-Daughter Relationship

Paula J. Caplan

Authorized translation from English language edition published by Routledge, part of Taylor & Francis Group LLC.

Contents

目錄

作者

介紹

Paula J. Caplan博士，臨床研究的心理學家，任職於隸屬布朗大學（Brown University）的朋布魯克女性研究與教學中心（Pembroke Center for Research and Teaching on Women），她的工作在學界與大眾出版界享有廣泛的號召力。作為一位母女關係的專家，她受邀在許多國家級電視與廣播頻道上出現，其中包括了Oprah、The Today Show、USA Today及Psychology Today。她著有 *They Say You're Crazy: How the World's Most Powerful Psychiatrists Decide Who's Normal* 和 *The Myth of Women's Masochism*二本書，書中生動地描繪了她的母親Theda Ann（Tac）Karchmer Caplan，以及她的女兒Emily Julia Caplan。

譯者

簡介

蔡素玲

學歷：國立彰化師範大學輔導研究所碩士

經歷：桃園縣永豐高中輔導教師

　　　台中縣大明高中輔導教師

　　　花蓮縣立國風國中輔導教師

資格：諮商心理師高考及格

現任：台北市立復興高中輔導教師

著作：高職心理學導論教科書、高職生涯規畫

　　　教科書、綜合高中生涯規畫教科書

合譯：《焦點解決取向的教師效能》（心

　　　理）、《別讓情緒控制你的生活——如

　　　何讓辯證行為治療法幫助你掌控自己》

　　　（心理）

序文

　　當你寫了一本書，書中指出有一個很大的群體全都遭受不當的對待時，你會希望這本書很快地就不適用了。也就是說，你希望人們意識到這種情況後，就會馬上停止這些行為。這也是我在撰寫這本《母女戰爭STOP——重塑母女關係》時的心願。我個人從不認為我的書可以獨自完成這個目的，但是我相信，只要我們能夠了解到女性群體所遭遇的不公平待遇後，我們就會有所覺悟，而這個覺悟將會引領出很關鍵而且很重要的工作及改革。我很樂觀地相信著，如同Anne Frank在她書中秉持的觀點，大部分的人內心是良善的，他們之所以會持續地問罪與責怪母親，那是因為他們並沒有覺察到自己也參與其中，也或者是不了解這種行為有多麼的不公平，以及它會造成多大的傷害！

　　多年來，新世紀來臨，有更多以母親、母女為主題的文章、書籍與個人論述，以及系統化的研究報告付梓出版。但是，令人難過的是，責怪母親的情況仍然普遍且深具影響力。

　　女性主義者在努力抵抗責怪母親潮流的同時，也得抵抗其他評論，因此，她們逐漸成為激進派女性主義者。這是多麼沉痛的情況啊！因為女性主義的目標是保護人們享有自由，以及人們不受性別，或者是否身為父母的角色影響，都應該受到尊重。如果母親不再不自覺地成為代罪羔羊，那就是一種根本的改變。

當我開始著手編寫本書第二版（編按：以下所稱第一版和第二版，皆指原文書版序）時，我從電腦網路中搜尋到有關「母親與女兒」的這個主題，自本書第一版出版至今將近十二年的時間裡，共有737筆相關的書籍與論文資料；另一次的網路搜尋結果顯示，這十二年間，只有將近上述一半數量的資料付梓出版。看起來，「母親」這個議題已經愈來愈受到人們的重視了。之後我會再加以補充說明許多被確實完成的傑出成果。然而，「母女關係」以及如何修補兩者關係的研究還是很少（例如：不是像「酗酒的媽媽何以會有酗酒的女兒？」這樣的相關問句）。用電腦去搜尋有關「責怪母親」（mother-blaming）的文獻、責怪母親所造成的傷害，以及停止責怪母親的方法時，我只能找到很少的資料；但是令人高興的是，針對不同族群母親的研究是愈來愈豐富了，特別是針對那些非主流文化母親比中產階級母親遭受更多指責的研究，中產階級的母親包括：北歐裔美國人、健全的、異性戀的、已婚的母親等等。

在下面的章節中，我加入許多我在第一版完成後，因為世界的改變所產生的新想法、新工作，以及新經驗；並且保留那些在第一版中已經提出過，但是至今仍然持續發生的故事；以及那些目前沒有更新或足以超越它的早期研究。

這篇序文中，首先提到的是直接從本書出版以來，個人的經驗──包括讀者的來函；接著，我還加入一些最近的、足以深切影響責怪母親迷思的社會變遷；最後，想要告訴讀者一些針對母親與母女關係等主題可以加深加廣的作品，那麼，讀者就知道如何進一步地閱讀了（見參考文獻）。

一、第一版後新的發展

（一）早期的專題討論

在1989年，那段期間我開始談論責怪母親的這個主題，我企圖以嶄新的方式幫助人們了解到，責怪母親為何具有如此大的影響力，以及人們抗拒改變的原因。這些內容會在本版的第三章中提出來，我相信這樣的了解是很重要的，尤其當我們愈了解責怪母親的本質與運作時，就愈有機會減少這個迷思。

1988年，在我的書出版之後，Phyllis Chesler、Rachel Josefowitz Siegel、Janet Surrey和我，在Goddard大學舉辦的「Woman-Defined Motherhood: A Conference for Therapists」中，共同發表責怪母親的專題討論。就我們所知，這是第一次以母親為主題所舉辦的重要會議，也是第一次有人呈現責怪母親這個主題，小組成員們對於與會人員熱烈地參與討論，感到非常驚訝與感動。當我第一次寫這本書時，我曾期盼它或許可以刺激一部分的人去思考這個問題，但是，我從沒想到它能引起這麼多的女性熱烈地討論。

會議主辦者之一的Jane Price Knowles寫道：「責怪母親的專題討論令人震驚，以出乎意料之姿出現……，它令我們震驚的是，我們必須承認，我們幾乎不可能不以責怪母親的方式思考，我相信，即使本專題的撰寫者也會對於她在討論中所證實的內容感到驚訝，因為責怪母親的迷思是那麼令人困擾、令人痛苦與深具影響力。有一位女士在稍後說道：『這是生命中具有重大意義的時刻之一，這個觀念所帶來的感受將我全然地淹沒。』」這種感覺也被另外兩位女士在專題討論回饋時提出來；Melissa Meth說道：「學習原諒自己，不想成為那種由他人所定義的母親，我現在了解到愛自己與愛母親是沒有衝突的，我不再因為想做自己，以及成為我定義下的母親而去恨自己。」Etta Bender Breit說：「整個週末，淚水充滿我的眼眶，所有關於身為母親的我，以及所有關於我母親的思緒，取代了那些專家曾經教過我的──都是錯誤的想法！」

專題的撰寫者到底說了什麼，才會激起這樣的感受？Phyllis Chesler提出有關年輕女性為了幫自己鋪路，她們如何刻意地剷除自己對於母親曾有的一切知識──不管是生物學上的母親，或性別平等主義，以及學術上「母親」的定義──還有那些知識對於刻板化及理想化母親形象的破壞有多大。Janet Surrey說，心理治療師被訓練成要秉持所謂的客觀，然而實際上卻深深地責怪母親。她勇敢地列出在她的個案報告中，描述病人母親的形容詞：「干涉的」、「操控的」、「打擾人的」、「絆住人的」、「引人注意的」、「過度防衛的」、「自戀的」、「無用的」、「沒效率的」、「剝奪的」，將她的「在關係中的自我」（self-in-relation）理論運用於母女關係上，她強力主張，心理治療師應該多花些時間專注於母女關係中的樂趣，以及彼此共同的成長，這樣才會提升母女的關係。

Rachel Josefowitz Siegel說到那些年老女性被不當對待的情況，那是因為我們將那些對母親負面的假設投射於她們身上。同時，人們期望女人是不斷付出的。Siegel說：「當年邁的女人走進房間，她讓我們想起我們可能會變成這樣，她可能是我們的母親，也可能是我們的祖母──但她不是我，不是我們。年老的女人是母親，母親是老的，老女人是別人，老女人是一種角色，一種形象，一種刻板印象……她不是一個人……老女人不是我，我不想成為老女人。」Siegel也提出這個看法，那就是為什麼當我們說「你應該像個母親」是一件無禮的事，但說「你應該像個女兒」則不會顯得無禮。

當我提出這個專題討論時，我自己完全沒有心理準備，它會引起這些女性豐富的迴響、聽眾熱烈的反應，以及我自己深刻與複雜的感受。「責怪母親」這主題似乎比我初次寫這本書時所想像的更多元，且更具有影響力。

在專題討論之後，很快地，我在北安大略湖發表關於母女的演說，並且從一些加拿大原住民婦女那兒學習到，當孩子從家中被送往學校宿舍寄宿時，孩子是多麼相信這是因為母親「想要」把他們送走。在許多年之後，孩子才會了解到當時母親若是拒絕將他們送走的話，母親可能有被監禁的危險，而當時母親是無法說出擔心孩子的話語——這是多麼令人心碎的母親受害的證據啊！這是由聯邦政府對母親與女兒的政治與種族歧視所造成的，我懷疑還有多少這樣的故事會再次被提及。

♥（二）母親、女兒與Phil Donahue

我的書在巡迴宣傳期間，我第一次接受訪問是在「Donahue」這電視節目中，製作人要求我提出一些可能可以出席訪問的名單。在我給的名單中，有一位是我的母親，我說：「她是一位聰明、真誠，而且有趣的人，同時她也是一位心理學家。」製作人似乎不太感興趣，也許是因為每個受訪者都希望他們的母親出現在節目中。我強烈要求製作人保證，這個節目不會惡化成為另一種抨擊母親的談話。我建議我們可以做的最重要且最有趣的事，就是和那些已經克服彼此問題的母女們聊一聊。我告訴製作人，在節目錄影當天，由於我父親要去參加哥倫比亞大學的聚會，所以我的父母都會來到紐約，我詢問她，我父母是否能坐在觀眾席，而她則告訴我，他們必須坐在後台的休息室內。

就在訪問前夕，我準備前往紐約時，製作人打電話給我：「再告訴我關於你母親的事」，我說了，而她同時向我要了我母親的電話號碼。我說我母親已經出門，前往紐約途中的另一個城市拜訪我的兄弟，所以我給了她我兄弟的電話。後來，製作人又打電話給我：「你說對了，她是令人驚奇的，她答應上節目。」母親則說，製作人已經訪問過她，並且詢問她是否可以出現在節目中。母親假意地向製作人說：「我在打包行李時，不知道要上節目，所以我沒有帶任何適合的衣服，如果你可以帶我去Bergdorf's買一些衣服，我就答應上你的節目。」製作人根本不認為我母親是認真的，她說：「喔！恐怕我們沒辦法這麼做，是不是有其他的事情可以為你效勞？」於是我母親要求，如果我父親可以坐在觀眾席上，她就同意出席，製作人欣然接受。

上節目當天，製作人驚慌地拉我走出化妝間，她說：「看看你媽，她怪怪的！」我問有什麼不對勁，她說：「我試著和她說話，她一點反應也沒有。」我走進舞台後面的休息室，把製作人所說的話告訴母親，「喔！」她回答說：「我把助聽器關掉，是因為我不想在節目開始前把電池用完。」

就在節目開始之前，製作人及Donahue本人一起走進休息室，提醒我們要記得，一旦攝影機的燈亮起來，時間就會飛逝而去，所以我們必須立刻說話，吸引Donahue的注意，並且抓住機會說出我們認為最重要的部分。

當我們走進攝影棚，看見一位母親帶著二個青春期的女兒來參加這個節目，而另一位母親是和她三十多歲的女兒一起來的，這位女兒正準備開始創業，她最近搬回去和母親同住。我之前曾上過Donahue的節目，我非常佩服他敏銳的智慧，以及對於討論社會與政治議題時所顯現出來的機智和覺察能力。然而，那天似乎經過幾個小時這麼久，他讓兩個青少女和她們的母親因為瑣事口出惡言，卻沒有帶給觀眾他慣有的帶有深刻見解之評論與分析。當他將訪問帶到那位成年女兒與她母親的時侯，她們訴說兩人共同生活的情況，女兒煮飯，母親洗衣服。許多觀眾對這件事頗有微詞，她們轉動了一下眼珠，表示母親幫女兒洗衣服，好像把女兒當成小孩子，而且女兒幫母親煮飯，也會出現所謂「角色對調」的問題。我指出，如果我們知道這兩個人——就理論上的兩個人——住在一起，一個人煮飯，一個人洗衣服，我們會說：「這不是很不錯嗎？他們共同分擔家務。」但是只要其中一人是母親，我們的思維就會直接跳到以心理疾病來解釋這裡所發生的每一件事。

接著，Donahue轉向我的母親，這是我母親第一次出現在媒體上，她說，她希望其他的母親「也能得到『幫助』，正如幾年前的我一樣，了解自己不會因此受到人們的指責，反而應該得到讚賞」。Donahue問到我們的關係，我母親很爽朗地說，我們的關係很好，但是有時候我讓她覺得心煩，就像是有時我們會為了她的助聽器轉到多大聲而爭吵。觀眾愛上她了，因為受到她這麼輕鬆地談論自己的聽力問題所鼓舞。

節目繼續進行，全場充斥著「責怪母親」的言論。節目大概進行到四分之三的時候，母親使用那種面對我行為不當時所發出的語調大叫：「Phil先生！」Donahue在觀眾後面，沒有聽到她的聲音，她叫了兩次以上，愈來愈大聲。Donahue回頭說：「是的，Caplan太太。」母親嚴肅地看著攝影機喊暫停，我知道製作人很緊張會浪費錄影時間，他以為她是因為困惑或是害怕才沉默的，我則懷疑她是為了戲劇化的效果而叫暫停。接著，她強而有力地說出：「這是個覺醒的時刻，我們應該已經意識到什麼呢？每個人都認為隨著女性主義運動，母親不再受到責怪，這並非事實，Paula所做的研究結果顯示，母親仍然受到太多的責備，我們必須制止！」就這麼短短的幾句話，她將整個節目的觀點聚焦並做出摘要，觀眾們為她喝采。

在接下來幾個月裡，每當我在全國各地的舞台休息室等候時，經常出現以下的情況。節目中的另一位特別來賓會問我，為什麼在這裡出現，我會說是為了《母女戰爭STOP——重塑母女關係》這本書的宣傳活動。他們沉默了一會兒，然後說：「喔！我在『Donahue』節目上看過你，你很棒，你的母親更是了不起！」母親對此覺得難以置信，但這是真的。

💜（三）我的女兒與我一起發表演說

1992年，我邀請當時十六歲的女兒Emily，一起出席一場以母女為主題的專題研討會，這是在西雅圖所舉辦有關猶太文明、女性主義，以及心理學的研討會。我計畫在這第一次的國際會議中，發表書中的資料，我認為，有個年輕女兒的觀點會是很好的主意。雖然Emily很支持我的作品，但她從沒讀過《母女戰爭STOP——重塑母女關係》第二版這本書。當我們要她談談這本書，以及她對這本書的讀後觀感時，她有些擔心，因為如果她不喜歡書中的某些部分，她並不想在公眾面前談論，我告訴她，公開的討論與爭辯是好的，而且對我有莫大的幫助，我們同意她不用事先告訴我她想說些什麼。在西雅圖時，我先總結書中的觀點，接著再由Emily發表她的看法。Emily的語氣令人感受到愉悅與真誠，她說這本書對她這樣年紀的女孩不是特別有用，因為她們正在努力了解如何去應付所有青春期正在經歷的事情；她說了一些很棒的故事去證實她的觀點，觀眾因而報以熱烈的掌聲。我認為，她所說的每句話都是真的，雖然我仍然相信，讓兒童與青少年知道「責怪母親」的存在與影響力很重要，就像我們指出童話故事中的性別偏見，即使在他們年紀不夠大之前，可能不會對它採取任何行動，但是只要當他們長大後，這些知識會對他們很有幫助。

💜（四）「責怪母親」搬上螢幕

在1990年代中期，我重拾早期的興趣，擔任演員與劇作家，我的第一齣戲「Call Me Crazy」，影片所呈現的主題是有關：有誰是正常的？誰來決定？那些被標示為不正常的人是怎麼了？我的朋友Pat Hegnauer提出讓佛洛依德的母親出現在劇中的建議，我喜歡這個點子，整個世紀，佛洛依德因為他的理論受到眾人的注意，在眾多他所要求與指責母親的言論中，我們很少聽到他母親對於佛洛依德的看法。所以，讓Amalia Frued出現在「Call Me Crazy」的劇中，最後由她來談論她對於兒子針對一般女性，特別是母親的觀點，以她身為五個兒女的母親有什麼樣的感受？觀眾們聆聽她的痛苦，尤其當她非常困惑自己是否以正確的方式撫養佛依洛德？或是過分溺愛他？其中掙扎的心情難以言喻──畢竟，她說他是聰明的，但是或許又太過聰明了。

（五）讀者的來信

寫作一本書最有趣的結果之一，就是聽到人們對於作品的反應。不管是讀者的來信，或是讀者在評論本書時，她們所提到的兩個最特別的主題：其中一個是女兒和母親渴望改善彼此的關係，以及當她們著手改善時，心中所感受到的快樂；另一個則是因為責怪母親這個迷思所引發的痛苦，特別是來自她們的心理治療師。

在第一種類型中，一封書寫特別好的信件範例，是由一位五十歲的女士寫的「我與母親的關係出現革命性的改變」，她們遵循著我的建議，去檢視母親的生命故事。之前，這個女兒寫著：「我只是把她標榜為一個尖酸刻薄的、愛生氣和不成熟的女人」，但是現在「第一次，我可以將我的母親視為一個人，一個個體，一個有感覺、有問題、有希望、有期待的女人，我真的發現她值得被欣賞的特質，這是我從不認為可能發生的事情」。在做了這些改變之後，她和母親都感到非常「興奮」，她說當她的母親年紀愈大，健康開始出現問題，她的「罪惡感在滋長，因為我很難與她和睦相處，我知道當她過世時，我會感到難以忍受的悲傷，但我們並沒有因此變得更為親近。但是就在去年，我們做了很大的突破，讓彼此更了解對方，並且因此更為親密，對於這些改變我將永遠心存感激。我們兩個都不是隨和的人，但是現在，至少我們都認同彼此擁有比較好的基礎可以努力面對彼此，更重要的是一種明顯改善的態度」。

另一個女人寫道：「我開始體認到，沒有一個有專業能力的人會為母親說好話，（我的丈夫）總是為了（孩子的問題）責備我，不管如何都不會給我情緒的支持。我想，當我感覺到我的女兒和她的父親對待我的方式一模一樣的時候，我的心裡就更加難過。」

關於心理治療師心中責怪母親的偏見，讀者的看法充斥著一種痛苦與無助的感覺，一個女人寫道：「心理治療師痛擊母親……我會把你的書寄給我的女兒，並且告訴她，把書轉送給她的心理治療師，我的女兒告訴我，治療師要她『放棄』我們母女的關係。」另一個來函者是一位母親，她的女兒正在接受心理學家訓練，這個母親說：「過去十年，『我和目前四十歲的女兒在一起生活』，這是持續不斷的痛苦，她學到了你書中所描述的每一種迷思。她正在修習心理學的碩士學位，繼續不斷地面對責怪母親的言論，不只是因為她一週一次與心理治療師的晤談，還有她所參加的共依附團體。」Susan Davis是*New Directions for Women*這本雜誌的書評編輯，刊登了一篇對於這本書的評論，她寄來這篇評論和一封短箋：「因為我挑選的這個評論者是個臨床醫生，她無法了解在你的書中所蘊涵具有價值的訊息。」

不是每個臨床醫生都會為每件事責怪母親，心理治療師們對於那些因為受訓而不自覺產生責怪母親的壓力，已經有愈來

愈多的覺察（大部分的訓練，不是全部）。可是責怪母親的迷
思仍然猖獗，我們在下面的章節中會有更清楚的說明。

二、近來的改變：新出現與愈來愈艱難的困境

💙（一）怪罪母親或怪罪腦袋？

　　眾多媒體報導有關那些最近由青少年所造成的恐怖謀殺意
外事件，已經影響到學者對於青少年犯罪原因正常的推論，雖
然許多專家都發表，全國性的暴力行為事實上已經慢慢地減
少，但是像Columbine高中的學校槍擊事件，卻已經引發重要
的問題：是誰造成這樣恐怖的事情？如何讓它停止？「誰」又
能阻止這些事情的發生？不幸地，不管是專家或是外行人對這
個問題的答案都會落入兩種範疇。其中一個是父母必須受到責
備，而母親更是那個重要的關係人，人們對於母親的要求是很
不合理的，她除了被期待要給予孩子足夠的愛，孩子才不會沒
有安全感，或產生極端的憤怒之外，還得教導孩子以安全的方
式處理憤怒。在責怪母親的悠久歷史中，它的最新發展是用來
解釋社會上發生的所有不幸事件。

　　另一個答案則是，具有殺人傾向的孩子可能都有精神上的
疾病。心理治療師使用「精神疾病」這個名詞來解釋行為，範
圍從口吃到閱讀障礙，從經期開始前感覺煩躁和想吃巧克力、
到你所愛的人死後兩週「仍然」感到悲傷。雖然沒有人能對精
神疾病提出很好的定義，但是對某些人來說，它似乎是比較容
易對Columbine事件做出結論，可能是因為這些青少年的「腦
袋壞了」或「腦部疾病」所造成的。如果我們假設這些令人害
怕的行為起源於腦部疾病，雖然這可能可以安慰人心，也可以
減少母親的一些壓力，但事實卻是，被診斷為嚴重精神疾病的
人並「沒有」比其他人更容易犯下謀殺的暴行。

　　如果我們的選擇只侷限於怪罪父母（母親）或怪罪腦袋，我們就不能認清造成暴力行為真正且重要的原因。例如：槍枝的可得性、普遍性的疏離感與寂寞感。如果我們想要減少責怪母親的次數與惡意，我們就必須對不幸社會事件的解釋心存警惕。

（二）更多的社會變化

　　當我在寫這本書的第一版時，我的孩子大約十幾歲，目前已經二十幾歲了。在這幾年當中，這些年紀的孩子做出不合常規的事情是愈來愈頻繁，從他們的頭髮、刺青到身體穿洞，已在戲劇性地增加中。我有一位年紀與我相仿的朋友提到她的女兒穿舌洞時說：「我想這次換我們無法理解了。」此外，這幾年來，人們討論性的尺度已經開放許多，同時性行為的自由度也增加了。然而矛盾的是，雖然人們愈來愈害怕感染AIDS，卻未曾減少他們對性的開放程度。當我還是青少女時，也就是1960年代早期，沒有一個我認識的女孩會讓母親知道比「讓」一個男孩吻她之外更多的事情，而現在的母親通常得面對她十四歲的女兒抗爭這樣的問題：「為什麼我的男朋友不能在這裡過夜？你為我買保險套，所以你知道我們會做什麼，但是為什麼你不讓我們在這裡做，而得去公園或在車子的後座呢？」更令人注意的是，在我們那個年代，如果我們考慮是否讓男孩親吻或撫摸胸部，通常會擔心男孩對我們的看法，男孩的想法是關鍵所在。現在我比較常（雖然不是經常）從十幾歲的女孩那兒聽到像是這樣的說法：「我不能讓他這麼做，因為我還沒準備好」，女孩自己的感受才是重點。我們在後面的章節會看到，因為處理這些議題的工作大部分仍落在母親身上，這些議題會引發更多的母女衝突，因此也就出現更多責怪母親的現象。

　　近年來，身為母親的婦女從事勞動工作愈趨頻繁與重要，雙重的工作量造成的困境，使我必須將它加入我的主要迷思之中，也就是那些導致責怪母親，以及造成與激化母女問題的迷思。在第五章的時候，你會看到第十個迷思：全職母親與身為職業婦女的母親，兩者都是「壞」母親。

　　近年來，讓母職更加刻板化及複雜化的發展，包括：

● 擁有高科技生殖技術的企業正蓬勃發展，正面的影響就是它讓那些無法生育的女人可以生小孩，而負面的部分則是無數的壓力施加於這些女人身上，她們的身體遭受到無數的侵入、身心承受痛苦與金錢的花費，只為了生出「生理上屬於她們的」小孩。另一個負面的影響是，大部分能利用這些技術的都是「白人」、已婚的異性戀，以及財務許可的族群。

● 跨國與跨種族收養孩子的情況在增加中。

● 單親母親增加，我們也愈來愈傾向稱那些從未結婚的母親為「單親媽媽」（single mothers），而不是「未婚媽媽」（unwed mothers），尤其是她們當中大部分是非裔美國人或其他非白種人時，更會使用這種說法。這種情形的增加所帶來的困境是，身為母親要如何處理自己的性生活，以及如何處理與孩子有關的問題。

♥（三）最新的理論與研究

　　如我之前所提到的，我的電腦搜尋結果出現有關母親與女兒的主題，自《母女戰爭STOP──重塑母女關係》第一版發行以來，已經出版的書籍與文章共有737筆。更確切地說，人們對這個主題的興趣已明顯增加。我從好消息開始說起，許多從事母親與母女關係的先驅──Carol Gilligan、Judith Jordan、Alexandra Kaplan、Jean Baker Miller、Rachel Josefowitz Siegel、Irene Stiver，與Janet Surrey，持續在這個領域上展現很好的成果，大部分的成果已納入本書的參考文獻中。

加拿大是新開展的蘊育之地，Sharon Abbey、Andrea O'Reilly與她們的同事，在1997年組織第一個以母親與女兒為主題的國際協會，這是繼母親與兒子、母親與教育、非洲猶太母親、女同性戀母親等協會之後成立的，一些好書是以這些協會已經出版或準備出版的作品為基礎。在1998年時，Abbey與O'Reilly創辦以多倫多為基礎的母親研究協會（Association for Research on Mothering, ARM），在1999年開始發行*Journal of the Association for Research on Mothering*（詢問相關資訊，請寫信到726 Atkinson, York University, 4700 Keele St., Toronto, Ontario M3J 1P3，或寫電子郵件至arm@yorku.ca.）。

有一篇來自加拿大的文章，那是*Canadian Women Studies / Les Cahiers de la femme*在1998年所出版的一個令人驚喜、特別的議題，稱之為「回顧與展望：母親、女兒與性別平等主義」（Looking Back, Looking Forward: Mothers, Daughters, and Feminism）。

其他許多新發表的成果有：

- Mariana Cook和Jamaica Kincaid的*Generations of Women in Their Own Words*，這是一本附有女兒、母親、祖母與曾祖母的相片，並且記錄著彼此關係的優良書籍。

- Phyllis Chesler所寫的真誠且富有同情心的*Letters to a Young Feminist*，在這本書中，她對下個世代的女性諄諄教誨那些她已經學過的功課、目前的處境，以及未來她們必須前進的方向。

- Maureen Reddy的觀點：*Crossing the Color Line: Race, Parenting, and Culture*。

- *Sunbelt Working Mothers: Reconciling Family and Factory*，由

Louise Lamphere與她的同事合著。

● Shari Thurer所著的*The Myths of Motherhood*: *How Culture Reinvents the Good Mother*。

● Alix Kates Shulman的 *A Good Enough Daughter*，這是一本詳述Shulman在日常生活中，努力去發現母親生活在這些迷思之中的事實。

❤（四）非主流的母親

在過去十年，已經出現許多著作是關於那些之前幾乎不被研究的母親群體，因為她們是非主流、被認為不是「夠好」的母親，而且不符合主流思想。由於根據理想母親的形象，應該是異性戀者、至少是中產階級、是個「白人」、健壯的，不能太老，也不能太年輕，出生在她所居住的國家，沒有被監禁，已生育孩子並且嫁給孩子的「白人」父親。由Cynthia Garcia Coll、Janet Surrey和Kathy Weingarten所編寫的這本新書*Mothering against the Odds*: *Diverse Voices of Contemporary Mothers*，書中包含非常豐富的資源，以及許多非主流母親族群的章節。

在下面的章節中，如同本書第一版的內容，其中我所提出的許多研究，以及我所說的那些有關非主流母親和女兒的許多故事，最主要的焦點在於這些母親都有著類似的遭遇，以及受到相似的誤解。但是在這篇序文中，我將針對最近這些非主流婦女的部分工作做出一些摘要。電腦搜尋1988到1999年，結果出現許多的文章與書籍（見參考文獻），都是談到有關非主流母親的內容，包括養母、「黑人」母親、女同志母親、移民母親、混血兒的母親、亞裔母親、西班牙裔母親、猶太人母親、印第安人母親、非裔美籍母親、有身心障礙孩子的母親、本身為身心障礙者的母親、被監禁的母親、年紀大的母親、貧窮的母親、單親母親、接受社會救濟的母親等等。在網路上找到關於這些群體的任何事情，都是令人感到安慰的，在一些範疇中，我發現許多具體而有價值的成果，像是表列出54筆黑人母親與317筆單親母親的資料。

　　大部分或所有這些母親群體的工作是由幾個主題所貫通。首先是每一個成員如何承擔那些賦予她們錯誤的、傷害的、病理學的假定，所產生額外的教養負擔。例如，任何不是被歸類為「白人」的母親，就得與種族主義的假設對抗，這些種族上的假設會設定所謂的「黑人」、西班牙裔或亞裔母親是什麼樣子，特別是她們被假定為不適任的方式——非裔美籍的母親被認為「太權威」；亞裔的母親則是「太消極」。而殘障或生病的母親通常被告知，她們甚至不應該努力成為母親——即使她們的障礙已經有很棒的因應方法，Judi Rogers和Molleen Matsumura為身為殘障者的母親寫了一本實用手冊。女同性戀母親與單身的母親——不管是什麼理由造成的，好一點的說法就是，她們會被認為無法因應家中沒有父親的形象這個問題；糟一點的說法則是，她們被認定讓孩子在不健康，甚至是不道德的環境中成長。被收養的孩子通常被假設為註定是個麻煩人物，因為他們的生母通常被認為是有缺陷或危險的，而收養他們的母親則為了無法懷有「自己的」孩子而深深困擾著。當醫生發現能使早產、重殘與重病兒童活得更久的方法後，擁有殘障或生病兒童的母親人數逐漸增加，她們則需要努力對抗教育與醫療體系對於殘障與生病兒童一系列的偏見。貧窮的、無家可歸的或十幾歲就當了母親的人，則被假定為懶惰且不適任的母親。

　　基於上述以及許多其他的理由，這些群體的母親處於非常可能失去孩子監護權的危險之中，她們被普遍地認定為不能養育出快樂與適應良好的孩子。但是，最近的研究有一個重要的新發展，像是有個研究結果顯示出，女同性戀者與無家可歸的母親所養育的孩子，在對母親的依附行為上並沒有比其他的孩子減少或有所阻礙，也沒有出現更多情緒與行為問題。

上述的作者們詳盡地描述這些母親所遭遇到的實際困難。例如，殘障母親通常無法帶她們的孩子去參加一些不利於身障者參與的教育及文化活動——甚至於特殊的大眾運輸工具通常必須事先預定，使得她們在使用這個資源時困難重重，例如，當她們需要帶著突然生病的孩子去看醫生的時候，就非常不方便。

在與非主流母親工作中，最令人鼓舞的趨勢是這些婦女談論自己故事的頻率已經有所增加，不論是直接或是接受作者的訪談，一些例子像是：Patricia Bell-Scott的*Double Stitch*: *Black Women Write about Mothers and Daughters*; Elaine Bell Kaplan的*Not Our Kind of Girl*: *Unraveling the Myths of Black Teenage Motherhood*；bell hook的*Bone Black*: *Memories of Girlhood*，這是一本非常珍貴且詳細描述當她在南方成長時，她和母親所感受到各種情感的書籍；Kelly Williams的*Single Mamahood*: *Advice and Wisdom for the African-American Single Mother*；而目前以第一人稱來描述猶太人母親的書，則是由Rachel Josefowitz Siegel、Ellen Cole和Susan Steinberg-Oren編輯的；Hamilton Mc Cubbin和Elizabeth Thompson的*Resiliency in Native American and Immigrant Families*；Anne Adelman則是協助那些經歷納粹黨大屠殺的倖存婦女，以及與她們的女兒共同合作改善關係的工作；Joonok Huh描述她與韓裔母親的關係，以及她與目前住在北美洲女兒的關係。

另一個鼓舞人心的趨勢則是，研究者注意到這些群體的母親與兒童日益顯露出來的優勢。例如，研究者發現，帶著HIV的非裔美國人母親重視孩子的需求，並且擔任社區的教育者去宣導HIV的危險；殘障者樂於成為母親；那些被診斷為智障因而忽略孩子的母親，已經能夠學習一些照顧孩子的技巧，減少這些忽略行為；許多有殘障孩子的母親樂於讓她們的孩子離開機構，回歸家庭，在家中，她們「從持續的照顧中衍生出友誼，得到其他家人的協助，並且發展一種穩定與持續性的感情」；單親母親的家庭成員比雙親家庭中的成員在晚餐時有更多的互動。有一份很重要，而且在發展中的文獻，該文獻是關於非裔美國人母親的優點。Beverly Greene描述這些生養孩子的母親在前非洲殖民社區中有很高的評價，她也說到這種對母親的尊敬在美國仍然持續，不管非裔美國人遭受什麼可怕的待遇。她也討論到，那些非裔美國人母親已經學會教導女兒的方法，在種族主義與性別偏見的現實中，如何不被擊倒，並且去對付它們，盡可能地保護自己，嘗試注入充分的自信，以她們的方式在這個世界上保護自己。Robert Storm與他的同事在他們的研究中發現，貧窮的、非裔美國人母親從成為母親中得到很大的樂趣。Patricia Hill Collins和Melvin Wilson描述，母親從家庭裡「其他母親」的婦女中得到支持，這是非裔美國人的傳統，以更大的社區分擔養育孩子的工作。

（五）引人擔憂的新工作

在最近的作品中，發現了令人深切不安的趨勢。在兩個龐大的研究領域中，其中一個是關於父女亂倫的主題，另一個則是關於飲食疾患的女性，我大部分的論述是以母親原本所受到的責備為基礎。在第三章，我讓亂倫這個主題占了相當大的篇幅。至於飲食疾患，在大多數的臨床研究與個案研究中都指出，母親是唯一可能造成飲食疾患的原因，不管病人的「種族」為何，即使，研究明確地指出，非裔美國人的母女對飲食與體重的態度較那些「白人」的母女更為健康。在一些研究中，文章的標題雖然包含「父母」兩個字，內容卻只研究母親一人，這是很明顯的，如果我們只探索無數可能原因的其中一項時，將永遠不會了解問題所在，當這些所謂學術期刊的評論者與編輯出版邏輯這麼草率的文章時，讓我非常質疑他們的觀點。

令人振奮的是，由這些視此項工作為難題的作者發現以下的成果，Judith Rabinor批評治療者對飲食疾患的女性「解釋」，她們的母親如何造成她們的疾病，然後選擇一些治療目標以「修理」母親的介入，這種責怪母親的迷思嚴重地危害母女關係，減少母親對女兒的支持。Rabinor發現這特別是無意識的行為，當心理治療師實際去傾聽母親的心聲，他們通常會聽到母親的丈夫和父親羞辱她們的體重，而且通常在她們的女兒面前，這不是很清楚了嗎？一個已經因為體重被嘲笑的母親，努力試著保護女兒免於相同的命運，因此這個問題並不是源自於母親。再者，媒體對於營養不良的女性著迷的程度已經充分地得到證實，因此，將無論如何都要成為瘦子這種強大的壓力置於母親「與」女兒身上是不負責任的。Rabinor提出，女性的外貌「通常是最明顯或者是唯一，社會公開給予、允許她能夠使用的權力」，所以，幫助飲食疾患的女性與她的母親找到健康的方式去體驗權力是比較好的。

我在思索Rabinor的報告時，正在看電視節目，節目中提到有關歌手Carnie Wilson進行重大的胃部手術，這個手術可以讓她減少很多體重。她是一位天賦異稟、成就非凡的歌手，她的母親說，她希望這個手術可以讓她的女兒變得「極瘦」與「令人驚豔」。人們對於她母親所呈現的價值觀感到非常生氣，但這是可以理解的。我但願她說的是，她的女兒已經「是」令人驚豔了，並且希望女兒不需要在譴責肥胖的社會中長大。但是無論如何，這個情況對母親與女兒來說都是一場悲劇，因為母親已經被那些價值觀所傷害了。

只詢問母親是怎麼犯錯的？而不是哪些原因可能是錯的？

這種相似的模式出現在某些文章中，像是兒童藥物濫用、邊緣性人格疾患（通常這是亂倫造成情緒結果的疾病，那是男人犯的罪）、跟性別無關的兒童虐待與兒童忽略，或者其他的問題等等。Elizabeth Hutchison指出指責形式中特別麻煩的部分，在於社會福利制度與其他政府部門可能會為了兒童虐待與兒童忽略事件去調查與責怪母親，而不去努力提供更多元的服務（錢、食物券、公共醫療補助、足夠的住房服務、日間托兒中心），這些服務可以幫助母親表現更好的態度，以及更有耐心地對待孩子。

有時候我會心情激動，認為有一些具有能力的人似乎對此有所了解，就像是1998年4月5日我看到 *New York Times Magazine* 中標題為「Mothers Can't Win」的那一期特刊。但是，當我讀完每個字之後，我了解到，雖然它的標題是這麼令人感覺充滿希望，可是它卻只是很粗淺的討論到「為什麼」母親不能贏，以及一些改變現狀的實際步驟。

當你讀到《母女戰爭STOP──重塑母女關係》第二版時，我希望你會受到本書的激勵，實際地採取那些具體的步驟──不只為了你自己與你們母女的關係，而是為了每個地方的母親。

謝詞

我要謝謝Phyllis Chesler、Rachel Josefowitz Siegel及Janet Surrey，他們在我撰寫本書的過程中，提供溫暖與熱心的支持；感謝Routledge出版社的編輯Ilene Kalish，她堅信這本書的主題對讀者有重要幫助，對我提供了許多理性的建議與感性的支持；感謝Janet Byer Barker及其極為好客與傑出的公司；感謝Pembroke Center for Research and Teaching on Women所有成員為我提供溫馨的教學處所；感謝Brown University Rockefeller and Science Library的成員Beth Coogan、Yvonne Federowica、Hans-Dieter Gomes、Jeanette Gomes、Frank Kellerman、Debra Nelson、Andrew Pereira，以及 Cynthia Soares等人，他們提出許多無法取代的具體協助，同時還要感謝我的父親Jerome Arnold Caplan、Jacqueline Cook、Fran Goldscheider、Rachel Rosenfeld和Walter Marshall，以及任職於United States Bureau of Labor Statistics的Bill Lohan，他們對於我所提出的問題，提供實質的協助；當然就如以往，還要感謝我不可或缺的親愛父母Theda Ann（Tac）Karchmer Caplan和Jerome Arnold Caplan，當然還有我的小孩Jeremy Benjamin Caplan和Emily Julia Caplan。

原文書第一版的謝詞

像這樣的一本書是無法一個人獨自完成的，我在廣大的人際網絡祝福中完成這本書。

　　我要謝謝我的代理人Connie Clausen，以及他的助理Guy Kettelhack，他們在我寫這本書的過程中一路的幫助，感謝本書的編輯Janet Goldstein，她才華洋溢、設想周到及刻苦耐勞地引導我，怎麼學習寫這樣的一本書；也謝謝那些在我寫作遭遇瓶頸時，給我鼓勵的朋友們。

　　我還要感謝那些以各種方式幫助我的人——我的外婆Esther Shana Milner Karchmer，以及我的祖母Gertrude Dorothy Gorbach Caplan，感謝她們的愛，她們的故事，以及她們的鼓勵；我的小孩Jeremy和Emily，以及我的父母親——Tac和Jerry，感謝他們對我的愛、支持、耐心與在這本書寫作與編輯時的參與；感謝Catherine Gildiner、Rachel Josefowitz Siegel和Betty Jane Turner，在最後定稿前的小心校閱與建議；謝謝Susan Gilbert Carrell、Jennifer Chambers、Margaret Grant、Donna Sharon與Wendy Whitfield，詳閱這本書的每個段落並給予建議；感謝Phyllis Chesler、Maureen Gans、Amy Hanen、Maria Matias、Kathryn Morgan、Frances Newman、Heatherjane Robertson和Janet Surrey，他們所提供的溫暖、建議與許多有幫助的資料；也要感謝我的秘書Julie Fung，她仁慈地給了我許多打字與行政上的幫助；感謝Chris Devon、Frieda Forman、Peggy Bristow，以及Ontario Institute for Studies in Education圖書館的所有員工，他們在參考資料上提供許多的協助，感謝Carola Barczak與Daria Love教導我如何堅持下去；感謝Janet Stickney允許我使用Don't Blame Mother研討會的名稱做為這本書的書名；感謝選擇我所開設的母親課程與其他女性學習課程的所有學生，還要感謝其他的朋友、病人和那些我不認識的陌生人，謝謝他們允許我跟他們面談，或是為了這個工作提供自己的故事。最後，我真要謝謝我的家庭和朋友們，謝謝他們忍受我在涉足這計畫時，所表現出有限的能力。

譯序

　　1993年，我剛從大學畢業，甫踏入輔導領域時，在一次由教育局所舉辦的心理劇研習中，二、三十位國中輔導教師齊聚一堂，當心理劇主角提到母女關係時，導演使用一條長長的布纏在這對飾演母女的演員身上，漸漸的，這條布隨著這對母女的相互拉扯，愈拉愈緊，最後全場的輔導教師哭紅了雙眼，三天二夜的研習，話題始終圍繞在成員的母女關係上，男教師們訝異於母女間複雜的情感流動，而女教師們的母女情感終於有個機會得以宣洩。當時，我剛進入輔導領域，處理母女關係的經驗尚顯生澀，既不是母親，且這輩子與母親的緣分也不過短短四年，但那條象徵著母女臍帶關係的布條，始終纏繞在我心上，直至今日。

　　這些年來，持續擔任學校輔導教師，同時也成為一位合格的心理諮商師，每當與個案談到她們的母女關係時，總是看到那明顯橫亙在母女間的布條，原本應該有著親密關係且相愛的母女，卻被許多怨恨、生氣與愧疚的複雜情感所分離，致使母女二人始終在痛苦中掙扎；有時那布條隱身在暗處，當母女二人分別以不在乎的神情堅定地告訴我，她們早已不在乎彼此，然而從那看似堅定但痛苦的眼神中，我明白她們無法說服我，也無法說服自己，因為我在她們眼神中看到那布條仍然纏著這對母女，牽動著彼此的情緒。母女間的關係既斷不了，兩人也並不是真的想絕裂，那麼遲早有一天，當她們都能真誠地面對這段關係時，母女二人才有機會從這個關係中解脫。

　　一天，我和摯友閒逛書店時，他發現這本書，深深為作者努力處理母女間愛恨糾葛的情感而感動，並且將此書介紹給我，當時我並不期待自己的母女關係要有任何的改善，畢竟母親已逝世多年，她過世後，祖母很快地替代了母親這個角色，所以在我的成長過程中，有時甚至還會因為許多母女的怨懟與婆媳問題，慶幸自己母親的早逝。當另一位知我甚深的朋友得知我在翻譯此書時，也不免開起玩笑說：「你沒媽那麼久了，為何對此書有如此深的感動與認同？」的確，當我開始認真閱讀本書時，我才發掘多年來隱藏在我心底深處的怨恨與自責，其實一直影響著我，我怨母親沒有好好照顧我，讓我從來不知道母親的好，所以也不知道自己究竟失去了什麼？尤其當我身為母親後，因為母親從來未曾為我示範如何當母親的榜樣，我擔心不知如何成為一位適任的母親？甚至我生氣母親的早逝，讓我成長過程中必須努力對抗心中的罪惡感？沒有母親的形象，沒有根的感覺，讓我在成長過程中，既徬徨又困惑。為了抵擋這些感覺，我必須找出母親的缺點來安慰自己，此刻我才明白原來母親雖早已過世，但是我們之間的母女關係並沒有斷掉，那條布仍然纏在我所走過的成長之路。於是我開始照著這本書所提出的許多步驟，走進母親的世界，我對母親不再陌生，存在內心多年的困惑終於釐清，情緒既有了出口，我對自己的感覺改變了，而且對於身為母親的感受也隨之改變，令人雀躍的是，當我將本書的一些看法和做法運用在個案身上時，幫助了許多個案重新在自己的母女關係中找到新契機。

　　是什麼神奇的力量創造出這些奇蹟呢？本書的作者循序漸進地帶領我們走入母親的世界，體悟社會文化加諸於母女身上的迷思，包括了四個常見的好母親迷思，以及六個常見的壞母親迷思。打破好母親迷思，讓母親不必再為了無法成為完美母親自責，女兒也不再為此失望；打破壞母親迷思，讓我們在面對母親令我們失望的同時，還能想起存在母女之間美好的共處時光。畢竟大部分的母親都只是個平凡人，她會犯錯，也會傷害子女，但是她仍在努力地照顧子女，扮演好母親的角色。破除這些迷思之後，我們則能夠更以柔軟的心對待自己的母親，同時在面對個案時，也不再以高高在上之姿，指責母親未盡之責，提出一些看似有道理，實則充滿矛盾的建議，反而能夠更深入母親的角色，在她面對社會文化的壓力下，以有限的資源，協助她發揮個人的潛能，一同去找出適合她的母職角色，在母親能夠好好看待自己，照顧自己的同時，子女們也得以更自在的面對母親，母女若能共創這種關係，神奇的力量則由此產生。因此，我誠心地將這本書推薦給身為子女、母親或是從事母女諮商輔導工作的你，相信它能讓你產生新的視野與新的做法。

閱讀這本書是辛苦的，因為它可能會引起你心底深處某些複雜的情緒，或引發那些你已決心不再觸碰的感覺。但是，如果在書架眾多的書籍中，你被這本書的書名吸引，而且也看到了這篇譯序，我相信你對你們母女關係仍抱存著希望，希望自己的母女關係，或是對自己的感覺有改善的機會，祝福你和我一樣，從書中得到幫助，讓自己的感覺更好，不管未來在面對母親或自己的子女時，你們的關係都會更親密且更自在。

最後，由於翻譯本書的過程中，每每為思索自己的母女關係及思索個案的母女關係而停下筆，也因此耽誤了許多時日。非常感謝心理出版社林總編的慧眼和執行編輯李晶小姐的耐心等待，讓這本書順利出版。最後，感謝好友胡美齡和呂意凡老師，以及外子陳永弘先生，在翻譯過程中給予的肯定與支持，讓我有自信成為更好的女兒、母親與心理諮商師！

蔡素玲

第一章

啟　程

如果我們仍在釐清母親是個怎樣的人，以及她對我們的意義是什麼，那麼，我們要如何成為女兒所希望擁有的那種母親呢？

——Letty Cottin Pogrebin

「母親與女兒的故事」這個劇本裡的情節，不全然是我們自己創造的。也許我們可以自由地去拆解這個故事，但是一直以來，我們都無法自由地去創造奠基在這基礎上的社會關係。

——Marcia Westkott

你正在讀一本叫作《母女戰爭STOP——重塑母女關係》的書籍，這是個契機，不管你對母親的感覺是悲傷、沮喪，或者生氣，改善與她的關係總是比只能繼續沮喪下去好一些。這本書幫助你，讓你了解到有一些方法已經成功地幫助其他的母女們解決她們的困難。

如果你忙著責怪你的母親，或是希望可以與她「分離」，那麼你正陷在自己的心理牢籠之中。你無法得到自由，而且也無法真正地長大，因為它們會造成一些實際上的問題，例如，你對家庭的聚會退避三舍；你的媽媽可能會嫌棄所有穿在你身上的衣服；或者，她會喜歡你穿的每一件衣服，並且告訴所有的人：「你不覺得我的女兒迷死人了嗎？」而這些都會讓你有種被羞辱的感覺。

這類實際的問題就是責怪母親限制了你的自由，這個症狀就是：你無法成為一個能夠自由思考生活中所有可能性的人。你侷限了自己的活動、興趣與朋友，來證明你和母親是多麼不同。你無法誠實地面對自己真正的樣子，因為你可能會發現自己有一些地方是她的翻版！於是，你發狂地避免重蹈她的覆轍，你過度反應，好的、壞的全都一起丟掉：因為你認為她太過敏感，所以你要變得很強悍；或者因為她不夠溫暖，所以，你就變成像是任人踐踏的門墊。所有的反應都是為了反對她，一股極端強烈的動力激勵你去證明你與她是不同的，因而侷限且傷害了你自己，以及你與其他那些你所愛的人——你的伴侶、你的孩子、你的親戚及你的朋友之間的關係。因為你只能以一小部分真實的你面對他們，很諷刺吧！

一、家中的天使或是邪惡的巫婆？

如果你對自己的母親感到悲哀、惱怒、生氣，或者甚至是狂怒，我建議你立刻停止這些感覺，並且讓自己去經歷它、正視它，你可以大哭、尖叫或打枕頭，列出她曾經對你做過最糟的五件事，然後想一想：女兒們對母親感到沮喪與生氣的最主要理由是：她們就是這樣被教導的。

大部分的女人由衷地相信一種錯誤的信念，那就是在她們與母親的關係中，所有的痛苦都是不可避免的，只因為她們的母親是這麼的依賴他人、能力有限，或是令人害怕的。我們大多在不知不覺中受到文化將母親形象兩極化的影響，造成母女之間的障礙，而對於這些障礙，我們彼此都有著需要承擔的責任。母親既不是理想化的，也不必為了每件不順利的事受到責難。母親和女兒都必須學習以平常心去看待女性，尤其是母親，她們常常不是被當成天使，就是被當成巫婆。身為女人，我們擁有一般人的需求、感覺與希望，這些卻容易被人們曲解，由於對彼此期望太高，誇大彼此不好的缺點，或是誤解與拒絕看到中性或正面的意義，因而破壞我們之間的關係。如同許多母親與女兒所承認的，前一刻她們洋溢著愛與欣賞，感覺彼此是非常完美的，但是下一刻她們可能又被狂怒與羞辱所淹沒。

兩極化的形象具有複雜而悠久的歷史。就某部分而言，例如，在美國西南部北歐裔英語系美國人的文化中，母親完美的形象起源於維多利亞時代所遺留下來的產物。在這個文化裡，母親應該是「家中的天使」，她撫慰著丈夫與孩子疲累的腳趾與發燙的額頭，說話輕聲細語，並且以滿足他們的需求為自己的天職。

「巫婆」的母親形象常見於我們大部分人在童話故事中看到的可怕女人，雖然她們很少被稱為母親，但通常她們的角色是繼母，或者是那些替代典型母親的角色，做出傷害孩子的人物，就像是《糖果屋》中的巫婆，她以食物誘惑孩子，或是餵食白雪公主毒蘋果的繼母。

這兩種極端都會造成困擾，你怎麼和一個備受尊崇的完美之人建立關係？誰又想要和一個被認為是造成所有問題的人親近呢？即使沒有這兩種現象，母女關係中仍然存在其他的問題——溝通問題、手足競爭，以及個人的心理問題。但這些兩極化形象都是由一些專門製造麻煩的迷思或信念所支持著。例如，如果我們相信「完美母親的迷思」——一個能夠滿足孩子所有需求的母親，如果我們的母親無法符合這個標準，我們就會覺得被母親欺騙，因而感覺憤怒。同時，如果我們相信「壞母親的迷思」——那麼對一個母親而言，和成年女兒保持親密關係是不好的，所以，我們就以害怕和怨恨的態度面對母親所提供的幫助或建議。這些迷思製造了原本可以避免的問題，並且讓那些不可避免的問題變得更為棘手。

天使與巫婆、完美母親與壞母親的迷思根源於一種非常有影響力的責怪母親的傳統，它普及於我們的文化之中。大部分的母親對於她們的母職工作是沒有安全感的，因而不顧一切地尋求其他女性的贊同，包括自己的女兒。然而悲慘的是，女兒們被教導去輕視母職工作，以及為了每件出錯的事怪罪母親，我們太容易就能指出母親的錯誤，甚至未曾反省我們的負面觀點是由這些迷思所塑造而成，以及它引領我們並且強化我們去怪罪母親的行為。身為女兒與母親，數代以來，我們被不是由自己所編織的黑網困住，一旦我們察覺到構成這個網的迷思之紗，並且述說母親和我們自己的故事時，我們就能夠開始拿掉這個網。當女兒試著去了解母親真實的樣貌時，必須將母職工作的假面揭開，並且努力超越這兩種形象。

在某種程度上，我們都知道母親一職是多麼的艱鉅，而我們大部分也都能意識到，母親是多麼努力地為我們去做對的事，即使她們無法每次都能成功。了解良好的母女關係所遭遇到的社會阻礙能夠釋放你，讓你看到你的母親的複雜與微妙之處，無論是好是壞，而不是只看到種種的刻板印象——像是引發他人愧疚感的母親、苛刻的母親、貪得無厭的母親、強勢與愛批判的母親，以及冷酷且疏離的母親。當你讀完這本書，你再看看先前你所列出來母親曾對你做過最糟糕的事，你大概就比較能夠了解她為何這樣對待你，你將會對她與自己有著不一樣的感覺。

以迷思和刻板化印象為基礎的關係是沒有機會改善的，但是，當你真實地看待自己的母親，你就可以開始消除這些障礙，並且可以減少你因為彼此關係不良感到極度痛苦所耗費的能量。這本書是以下列所述為基礎撰寫而成的，包括我自己的研究、其他人的研究、我身為心理治療師的經驗、婦女們對於先前我所撰寫有關母親與母女關係的反應、我在大學部開設與母親有關的課程，以及這本書出版後的讀者回饋。

　　在本書中所描述的婦女，因為她的種族、宗教、年齡、性傾向，以及社會階層而有不同的面貌，其他還包括她的女兒是唯一的女兒或是獨生女，或者是否擁有自己的孩子。但是，我最初的焦點仍在於母女經驗的共同性，因為在許多方面，儘管我們之間有著個別差異，並且歸屬於不同的族群，但是身為女性，我們被對待的方式都是相似的。

　　當你閱讀這些來自我個人生活，我的家人、朋友、學生、研討會的成員，以病人的故事，我希望你了解到自己並不是世界上最糟糕的女兒，而你母親也不是最差勁的母親；因此，反過來說，你也不是世界上最差勁的母親，同時你女兒也不是世界上最糟糕的女兒。這些故事應該可以幫助你了解如何運用這裡所呈現的原則與研究結果，因此，你可以在下次與母親通電話時，或是在下次你快要和女兒吵起來之前，預先計畫好自己要說些什麼。

二、國王的新衣：透視責怪母親的迷思

　　過去責怪母親的概念經常出現在我的腦海之中，也很容易出現在大部分心理治療師的心中，因為那是多少世代以來心理治療師的訓練結果，在我了解到責怪母親是多麼的普遍，以及它造成了多大的傷害之前，我有好多年的時間也是這樣地看待我的病人。責怪母親的概念在今日蔓延的情形，如同我在1969年接受研究所訓練時一樣，事實上，它從過去到現在都是這麼普遍，以至於多年來我很難注意到它。

　　我在美國與加拿大的綜合醫院裡接觸到不同年齡層的精神疾病病人，包括仍未從精神病院出院的犯刑少年、學校的問題兒童，以及不同的家庭，我聽到我的同事們將大部分病人的問題歸咎於母親。如果家中有成員感到沮喪或是具有攻擊性的行為，當事人的母親通常會受到指責：「她太過保護孩子」、

「她讓孩子太過緊張」等等;如果母親本身是個病人,她也會因為自己的問題而被責備——「她是性受虐者」,或是「她就是這麼蠻橫——難怪她的丈夫會打她!」

在許多場合中,我們治療師共同會診一位病人,然後在個案會議中,聆聽彼此對於該個案的描述,以找出她們的問題原因。大部分時候,我真的看到這些母親們是非常不錯的,但是,我的同事們通常會以負面的方式來描述母親的行為,過去我常帶著有點模糊的羞愧感離開這樣的個案會議,卻不知道為什麼。有一天,我了解到那是因為我屬於母親這個群體中的一員,而這個群體被我的同事們視為造成世界上所有心理問題的根源。我感覺到自己就像是童話故事裡的小孩,當每個人都在讚美國王華麗的新衣時,我看到的是國王根本沒有穿衣服。

在心理健康的專業中,責怪母親最令人挫敗的特徵是,心理治療師們很少了解到自己的所作所為,即使當心理治療師被提醒他們表現出責怪母親的態度與言論時,他們通常否認自己會做這樣的事。我開始意識到我的同事們言行不一致後,在我出席的每一個個案會議中,我都會去提出一個簡單的問題:「除了母親的影響,還有哪些原因造成這個人的問題?」當我提出這樣的問題時,我的同事們會說我「對母親太好」,以及「過度認同」母親,他們問題的焦點不在於母親是否造成這些問題,而是母親是怎麼造成這些問題的。

儘管有這些回應,但我還是被那些與日俱增以母親為主題的文獻所激勵著,並且持續著我的質疑。雖然只有一些書籍——像是Adrienne Rich編寫的*Of Woman Born*、Judith Arcana所著的*Our Mothers' Daughters*,以及Phyllis Chesler所著的*Women and Madness*及*With Child*——他們都對母親提出正向的觀點。除此之外,大部分的作者還是主要在找出母親犯的錯誤,以及敘說她們是如何毀了孩子們的生活。在我們的社會中,有些女人遭遇非常艱困的處境，雖然有些情況已經開始好轉了，但是在他們的作品裡，還是會發現責怪母親仍是書中一貫的基本思維：母親沒辦法對小孩放心、母親從來都不會滿足、她讓孩子們深深地失望、以令人無法承受的愧疚感牽絆著孩子，以及讓她們的女兒過度依賴她們……等等。

　　1977年，在Nancy Friday的暢銷書*My Mother/My Self*中，她呈現了非常消極的論點，使得許多女性在閱讀這本書之後，比閱讀之前覺得更無助——同時覺得那表示問題是出在她自己和母親身上，而不是這本書的論述（從1980年代晚期到1990年代，許多書籍通常都有這種論調，在1989年時，一位本書的讀者寫信給我，她說：1990年代出版的*When You and Your Mother Can't Be Friends*這本書，「即使它的主旨是針對如何處理母女之間的裂痕提供建議，卻是基於責怪母親與憎恨母親的論點」，以及作者在許多方面都無法超脫「充斥著對母親的敵意」。我自己閱讀這本書時，我發覺它很少去分析社會造成母女相互對抗的方式。最近其他的作品比較少出現責怪母親的論點，但主要都還是理論，只含括了少數的實際解決之道）。

　　儘管這些論述持續聚焦在母親的限制上，我注意到母親們所做的——慈愛的、賦予孩子能量的事情，它帶給孩子的正面影響，她們輕搖著嬰兒、烹煮營養的餐點、撫慰受傷的情感。這些事情很少被提到。Rich、Chesler以及Arcana等人所出版令人振奮的書籍中，我們可以發現，主流的心理治療師們只改變了一點點，甚至一點也沒有改變。依我個人的經驗，只是單純地針對責怪母親這主題提出反對意見，不會有正面的結果，我必須以心理健康專家的身分有系統地提出母親是代罪羔羊的論述。在第三章中，我會敘述一些我個人蒐集到的文章，其中揭露出即使面對現代的女性運動，責怪母親的現象可是一點都沒減少。

將母女關係的問題與影響形諸文字是一回事，了解它並且知道該如何做，又是另一回事。Rich、Chesler和Arcana開始描述身為母親和女兒可能有的感受，而Jean Baker Miller在她的名著*Toward a New Psychology of Women*這本書中，清楚地描述了女人一直以來都處於次級地位的狀況，許多作者也開始注意到女人之間的關係。但是對於要從何處著手，以及如何開始去修補母女之間的裂痕，仍然付之闕如。

避免責怪母親並修補母女關係的方法，還有許多尚未探索的領域。事實上，直到最近十年，幾乎沒有任何研究者發表過有系統地以女性關係為主題的研究結果，近年來，幾乎所有的心理學研究都聚焦在男性關係上（競爭、積極進取，以及職場的成就等等），或是兩性關係——換句話說，在這些關係中都至少包含了一位男性。

由專家所談到有關母女關係的每個論點，幾乎都不是根據研究結果所說的，而是由專家個人推測而來的，儘管這些論述中的母親，她們的女兒從年輕到年長都有；缺乏實徵研究所造成的缺漏，很快地就由責怪母親的觀點所填補。令人難過的是，即使在1990年代出現大量關於母親與女兒的研究，但是致力於去除怪罪母親的浪潮的研究仍是少之又少（見序文）。當我們看待母女真實的狀況時，很難不受到刻板印象的影響，碩士和博士學位也無法讓我們免於那些偏見。現在是我們切斷迷思之路，並且邁向真實的時刻了。我們必須為了我們自己、我們的母親、我們的女兒，以及其他符合母女關係的婦女們，大聲宣稱她們值得花費時間與努力去改善彼此的關係，並且值得我們尊敬。

三、母親與其他的陌生人

　　如果我們能暫時將母親視為陌生人，我們就會比較容易以遠觀的角度來看待她們，以及她們對待我們的方式；即使我們也會對陌生人生氣，但我們比較容易以一種嶄新的、輕鬆的態度看待她們，因為我們沒有長遠與共同的歷史，也可能沒有共同的未來，當然，也不像我們和母親的關係，具有親密與複雜的特性。

　　我曾經因為熨斗放在修理店六個星期卻還沒修好，感到不耐煩，於是我打電話告訴店裡的經理，即使熨斗還是不能用，我也要將它帶走。她無禮地回話並且猛然地掛掉電話。我擔心著可能會發生很不愉快的情形，可是第二天當我走進店裡時，我發現不只是熨斗修好了，而且經理也很和善。當時我忽然想起多年前我所知道的一件事情——這位六十幾歲的經理，為了讓她九十幾歲的父親繼續工作，才繼續經營那家店，我知道她這麼做是為了讓父親快樂，其中必定經歷一段艱困的歲月，因為她得面對老父親緩慢（但是優秀）的修補進度，努力地留住顧客。當我想起這些事情，我對她的憤怒消失了，同時我的觀點也改變了。

　　許多關於修補母女關係的工作，牽涉到將母女的問題放在相似的觀點上，藉著看看那些塑造母親的力量，以及文化加諸於母女必須擁有特別關係的壓力，我們應該就像是我們與鄰居或商店經理般的生意關係一樣，給自己和母親一個機會，以同理心思考彼此的關係。更甚者，我們對母親的感覺，會深刻地影響著我們與自己女兒的關係，以及我們與其他女人的關係。我們之中有些人相信，自己是支持女性，卻又怨恨母親的人，一般而言，我們可能並不如自己所想的那樣仁慈且全心全意地對待女性。當我們與母親的關係愈好時，我們也就愈有可能與其他女性建立良好的關係。

當女兒們想通了自己與母親的問題時,大部分的女兒會發現,母親實際上並沒有那麼糟糕;母職迷思已經嚴重地扭曲了女兒們的觀點。然而,有些女兒有著不同的經驗,她們發現,她們對自己觀感的改變甚至多過對母親觀感的改變,曾經有一位婦女告訴我:

> 雖然我母親曾對我做過一些不好的事情,但是現在我已經了解那不是我的錯。在我很小的時候,她很少注意我,當時我認為,自己是應該受到責備的。當我大概三十歲的時候,她第一次告訴我,在我還是個嬰兒時,我父親曾經那麼嫉妒她對我的愛,導致她覺得應該減少我們之間的親密感。現在對於母親在父親孩子氣的嫉妒下讓步,我仍然覺得不舒服,但是我不再覺得自己曾經是——或現在也是不討人喜歡的。

雖然有些母親是那麼的傷人,以及難以相處,而且改變她們幾乎是不可能的事情;但即使在這樣的案例中,女兒們對母職迷思的領悟也有助於提升自己的自尊。我曾經在兩年的時間內,看到這個情況逐漸地發生在一位父母離異的八歲大女兒身上。

Ginger必須相信——如同大部分的孩子一樣——她的母親是完美的。她的母親是一個情感冷漠的女人,從小就有嚴重的心理疾病,至今在親密關係上仍有困擾。這位母親告訴我:「我丈夫和決裂那年,Ginger才上小一,有幾次,她從學校打電話給我,乞求我讓她回家吃午餐,但是我不想讓她操控我,於是,我每天早上做的第一件事就是打開電話答錄機。」

Ginger從六歲開始,就認定自己是不應該得到關愛的孩子:「我的母親似乎不愛我,所以我一定是個壞小孩,事實上，我也知道自己的確是。」她在七歲時告訴我這些話，但是在隔年，當她比較常到其他小孩的家裡，看到她們的母親是如何對待她們和自己時，Ginger開始了解到問題是出於母親，而不是她。最近她告訴我：「我的母親是多麼刻薄地對待我，甚至她還說謊騙我，要了解這些是非常困難的事，因為母親應該不會做這樣的事情。現在每次她表現刻薄，我就會回想過去她有多少次也是這樣，至少我現在知道，她是以同樣的方式對待每個人，我不再那麼覺得自己是個糟透了的孩子。」

如果八歲大的Ginger都能得到這種領悟，那麼成年女兒必定能得到更多啟發。

你們有些人可能對母親非常生氣，以至於幾乎無法和母親說話；也有些人可能感覺快受不了，或是覺得很害怕；也有些人只是覺得和母親距離遙遠或感覺疏離。不是所有母女關係都有問題，但是幾乎所有母女關係偶爾都會出現一些困擾。雖然母女關係並沒有比母子、父子或父女關係來得惡劣，但是母女關係有以下幾個獨特的特徵。

因為母女關係有著非常親密的傾向，所以她們結合了許多快樂與痛苦的可能性，快樂是來自於女性被教導必須發展人際技巧與敏銳度，所以母女一旦了解到該怎麼做，就會出現人際花朵綻放的好時機。雖然她們有困擾，但母親和女兒通常會找到相互關心對方，分享彼此興趣、快樂或價值觀的方式。一般而言，女性比男性更願意著力於關係，所以當母女有一些衝突，她們比較可能尋求解決之道，而非專注於從這場紛爭中勝出。

母女關係中特別的痛苦是來自於她們認為，其中不應該有憤怒與疏離的成分。根據我們文化中的典型，母親必須總是溫和且慈愛的——所以她的女兒也應如此。然而，嚴格地說，是因為女性擅長理解他人的情緒，許多母女關係既有傷痕又會復原，有苦有樂，而且彼此的關係比任何人都還要好。

四、故事學習

　　超過三十年的研究與心理學實務工作中，我發現，大部分的母女都誤認為她們兩人之間的問題，主要是導因於自己個人的、對方的，或是兩人都有的愚蠢行為，這些信念無助於兩者之中的任何一人。一旦婦女了解到母女兩人都容易陷入女兒責怪母親，以及母親自我憎恨的陷阱中，並且受到這些迷思離間了彼此的關係，那麼大部分的母女關係都會有所改善。

　　當有人問道：「是什麼原因造成你和母親之間的困擾？」我們大部分的人都會準備好一套說辭，我們有自己的故事要說——關於她的故事，關於我們關係的故事，有些故事比其他故事更接近真實，我們必須竭盡所能地找到一個關於我們自己和母親更接近真實的故事。一位老朋友告訴我：

　　　　我一生中都認為，我的母親偏愛姊姊更甚於我，我從未有所懷疑，我從不去探詢，只是這樣相信著。在我邁入二十一歲時，母親為我舉辦派對，我才開始談到我的童年。我今生第一次說出這句話：「當然了，媽媽總是最疼Luisa。」我也是第一次感到好奇，這到底是不是真的？大聲說出來是一定要做的事。我突然感受到一種對媽媽的責任感，我必須找出之前埋藏在我心中的想法，並且去確認它是否為真？

　　當我們對彼此說出雙方關係的故事，母女會分別為對方澄清某部分的事實：「你當時是嚇到了嗎？我以為你討厭我！」當我們除去故事中的迷思，再次重述故事，我們就開始修補彼此間的裂痕，學習什麼是我們共同擁有的，體驗發現各種珍貴事實的樂趣，以及感受以前所不知道的感覺。

五、許多的改變

　　雖然有些幸運的母女可以公開地對彼此說出二人之間的問題，但是許多婦女還是被這種做法或再次嘗試這麼做的想法嚇著了。這些問題可以成功地獲得解決，並不需要費時久遠且所費不貲的心理治療，最顯著的效果是它所需花費的時間短，一旦女兒體會到我們文化中種種責怪母親的現象，她就能快速地去除這些迷思。

　　當然，有時候需要更久一些。在我結束教授以母親為主題的一學期課程時，學生寫信告訴我，在這段期間裡，她們和母親的關係有什麼樣的改變，下列是典型的說法：九月時，一位婦女描述她的母親是「冷酷的」、「疏離的」，而且「處於痛苦中」，她說，她希望「和母親的關係會有所不同，那麼就不必像過去一樣獨自艱困的奮鬥」。十二月時，她寫信告訴我，她的觀點已經有所擴展：「我希望自己能夠進一步地改變，我想要認識關心這些議題的其他女人，這對我而言是個嶄新的經驗，那種感覺很棒。」

　　另一位婦女寫著：「我現在比課程開始時更尊敬我的母親，我覺得和她較為親近……我也比較能夠忍受那些因為母親而令我感到困擾的事情，不再覺得我和母親相互競爭——而且更有一種我們兩人站在同一陣線的感覺。」

　　這些改變並不需要女兒去壓抑笑臉背後的憤怒，一旦以這些迷思為基礎的罪惡感、憤怒和痛楚消失之後，剩下來的感受就比較容易接受、了解與著力；特別是母女覺得彼此站在同一陣線，一起解決問題，而不是分別站在無法跨越的城牆兩端。

傾聽、分享與學習

不是所有的母親都是聖人，也不是所有的女兒都會錯怪母親。母親是人，她會犯錯，有時候她養育我們的方式不是很好。雖然少數的母親像個可怕的妖怪，然而，如果我們不知道還有其他的方式可以了解母親，那麼我們會很輕易地就認為母親是妖魔——這也是我們需要和其他女人談一談的原因。

大部分的婦女都想談談自己的母親，有一些則想談談自己身為母親的經驗。幾乎所有的婦女對於和母親或和女兒的關係，充滿著氣憤、愧疚和害怕的感覺。從學生和病人身上，我學習到比起自己陳年的痛苦來說，我們通常比較容易看到別人進退兩難的困境。沒有嶄新的看法，就不容易想出簡單而清楚的方式，去訴說或思考我們互動的方式。女兒們繼續怪罪母親，害怕母親不贊同；母親繼續責怪自己，深受自己和女兒間的疏離與衝突所苦。如此，兩人都感覺愧疚，彼此都根深柢固地被兩人的關係所苦，並且發現愈來愈難了解對方的觀點，以及愈難想出一些建設性的方法使彼此愉悅共處。

我與婦女工作時，其中有兩個活動對她們很有幫助。第一個活動就是去傾聽其他女人談論著與自己相似的痛苦和憤怒。第二個則是說說自己身為母親的經驗。每次只要有一位婦女說自己對母親有多麼的生氣，我就會去確認在場的成員中，是否只有她曾出現這麼強烈的感受，那麼她就會發現許多女人都有著相同的感覺，而且也都曾做出那件「可怕的」事——對母親發脾氣。例如，一位婦女訴說她曾對著母親大發脾氣，那是因為她的母親帶著從商店買來的杯形蛋糕參加她三年級的萬聖節派對。

聽聽其他人的說法，可以幫助女兒們感覺自己不是那麼的苛刻與瘋狂，那麼，她們就可以釋放那些曾經用來掩飾自己視為瘋狂或邪惡行徑的能量，那麼她們就能夠以較為自在的態度，去找到更好的方式來面對母親。

在課堂上與工作坊中，我要求成員以嶄新的方式去聆聽其他婦女抱怨自己的母親，而不是加深彼此怪罪母親的態度。於是，她們開始承認身為女兒的挫折感，然後詢問彼此是否誤解，或將母親的動機與行為貼上錯誤的標籤。比如說，有一位婦女敘述她的母親太過於保護她，其他成員就會詢問她，如果將母親的行為解釋成慈愛與關懷，是否更為貼切。這種嶄新而且幾乎不帶怒氣的說法，並非總是適合每個情況，但令人驚訝的是，它經常是適用的。當婦女們了解到新的說法有多麼的適切，就更能體會到我們的文化曾經教導我們「一旦出錯，只須怪罪母親」的概念，而這個概念在我們腦海中是多麼的根深柢固，經由述說她們身為母親的挫折，就能提供彼此對於自己母親處境的領悟。在團體中，有幾個婦女提到她們很喜歡自己的職業，但是對於將學步兒留在托兒所又感覺心疼，這些討論激勵了一些婦女回頭去問問自己的母親，那些年她們是怎麼度過的。

另一個婦女生動地描述她的感受，當醫院的護士告訴她，她的新生兒患了黃疸，必須照射某種特別的燈光，而這種燈光會讓她兒子無精打采，她對於自己非常害怕孩子罹患黃疸可能是很嚴重的問題，以及自己可能沒有能力幫助孩子感到羞愧不已。看著孩子在燈光之下，她發現唯一能讓她保持冷靜的方式，就是替他拍攝許多照片，她相信自己是太過擔心了，但是，對於自己需要藉由拍照來隔離情緒又感到愧疚。她已經盡力去面對孩子的疾病，但是她仍然感受到自己既病態地依附孩子，同時又病態地隔離自己的情緒。她的故事幫助其他的婦女對於母親曾經隔離情緒的行為產生新的看法。她們不再將隔離情緒視為母親不關心的一種訊息，而是開始去思考隱藏在不關心背後的其他可能性，她們開始對於母親背後的故事感到好奇。

六、本書的目的

本書的目的很簡單：

● 減輕母女兩人在彼此關係中所感受到的痛苦。

● 藉著了解母女之間障礙的本質，以幫助她們提升對自我的感覺。

● 藉著協助母女從那些讓她們選擇受限的迷思中解脫，以及教導她們新的技術與實用的技巧，為她們提供更寬廣的選擇以經營自己的生活。

● 增進母女的覺察能力，讓她們能夠覺察到自己是如何因為過去被教導看待對方的方式，而導致彼此保持疏離的關係。

記錄所有你對母親的想法與感受。當你閱讀以下的章節時，請將紙筆放置身旁，隨手寫下任何浮現在你腦海的事情，那將有助於促進自我揭露的過程——去了解那些和你的母親有關而你目前還不知道的事情。並且對每一件事要追根究柢，一個詞彙或一句話，對你而言都可能是一種提醒，即使你還不了解為何這個故事會符合你的經驗，甚至這些故事完全與浮現在你心中的問題毫不相關。如果在這些故事裡找不到你要的答案，那麼，你可以藉著和別人談一談，或是閱讀其他人努力的成果，像是在參考文獻中提到的那些，都會幫助你找到答案。

你們有些人會發現，在讀到一個特別的問題或議題時，你就會知道它有多麼適用於你和自己母親，你可能讀到一半，就會扔下這本書，劍及履及地去從事一些書中提過的建議。有些人則可能會想要讀完整本書，仔細思考這些議題後，再和別人談談，並且在考慮採取任何行動之前，進一步地深入閱讀。許多讀者可能是第二種情形：在一生接受怪罪母親的社會化之後，即使一個完整的章節有如解毒劑的價值，它也只是一個開始，如果你在幾年前已經放棄修補母女關係的希望，那麼你就得再次開啟你的心房，努力修補你們的關係。

　　對於那些母親已經過世的女兒們，有許多問題必須從想像中獲得解答，想像得愈逼真愈好。如果情況允許，你會想跟母親說些什麼？你認為母親會怎麼回答？去和家人或母親的密友談談可能會有幫助，他們之中會有人或更多的人對母親有著不同的看法，也可以提供一些有關母親的其他資訊。在我以母親為主題的課程中，有些婦女仔細地看著她已故母親所擁有的書籍、注意母親畫線的段落，以及她們寫在書緣的筆記。另外有些人則去檢視母親一生的照片，試著從她們的姿勢與臉部表情中，去閱讀母親在人生的不同時期可能出現的感受。

女兒的行動，以及母親的行動

　　開始改變你和母親的關係，或是你看待母親的方式，如果她已經去世，或者你早已決定不再直接與她討論這些問題——主要的決定權在你手上。所以，這本書大部分適用於女兒，但是母親可能也會覺得它是有用的，了解到是什麼形成女兒對母親的觀感，將有助於母親去領悟女兒對待自己的方式，因為怪罪母親比怪罪女兒更為根深柢固。所以反過來說，女兒更容易領悟到自己對母親的憤怒，因此，女兒必須比母親付出更多的努力，以去除這些層層的責怪和迷思。對於一位閱讀本書的母親，也可能經由了解自己的母親（以及她們的母女關係），進而有助於提升自己與女兒的關係。

　　通常女兒對母親表現生氣或疏遠的時候，這個母親也是痛苦的，因為母親是情緒距離的最佳感應器。雖然母親感到很痛苦，但是大部分成年女性的母親在世代相傳的社會化中，學習到自己沒有權力要求太多（雖然她們有些人在1960年代晚期和1970年代早期曾經發起了第二波的婦女運動，或者發起近年第三波的女性主義運動，但是她們仍有這些迷思）。在每一個世代中，女兒比起母親更能夠自在地去質疑她們對母親的感覺，以及我們的社會文化所賦予母親角色的期望，這並不是說，我們的社會對於質疑母職工作的禁忌已經消失了，在我完成第一次主要著作的那個晚上，我驚駭地醒過來，覺得自己像是說了褻瀆社會文化的言語，可能會因此受到懲罰。不是因為我說了什麼，因為書中我對母親的看法只表達一般性的同情心，但是我只關心母親們，我擔心會因此受到懲罰。

　　一般而言，我們的母親感受到更多的禁忌，甚至比我們大部分的人還多。對她們來說，社會期望她們成為母親（不論她們是否為職業婦女），並且要求她們要努力符合犧牲自我、無怨無悔的理想母親典範。甚至在今天，對年輕的母親而言，這個模範確實存在，當她們的孩子拒絕或批評她們時，大部分的母親會覺得自己沒有權利抱怨，這是自己的失敗——她們自己已經內化責怪母親這個觀點。當女兒長大後，將這個舊傷口搬到明亮處重新檢查，會是多麼令人害怕的——除非等到她們知道自己不會因為這麼做而受到攻擊的時候，才能克服心中的恐懼。

　　此外，母親們明白要了解另一個世代是很困難的。母親相當懷疑女兒能夠了解在經濟大蕭條或是第二次世界大戰期間，生活是多麼的艱辛，或者只是試著了解在二十年前，社會是多麼惡劣地對待未婚媽媽。通常女兒們的意見會是：「媽，經濟大蕭條已經在數十年前結束了，現在你是有錢的。」或者「當時對你來說是比較輕鬆的，因為1960年代沒有AIDS！」女兒們很快地堵住了母親的嘴。但是現在，母親們必須了解到，女兒們已經開始邁向跳脫指控母親之路，她們不再盲目地相信，並且改變全有全無的思考模式，更為深思熟慮地邁向母女相互支持與尊重的境界。

大部分的女人都想要建立親密的母女關係，並解決任何讓親密感中斷的原因。大部分的母親與女兒不管對彼此有多麼氣憤，她們在當下接受與宣洩憤怒情緒之後，並不想一直停留在生氣之中，她們寧願重新建立親密感。尤其當彼此的牽絆中斷了我們的親密關係時，我們會非常難過且念念不忘。

　　我希望提供一些工具去修補這些母女親密關係的裂痕，協助母女體會到，這些迷思是如何阻礙彼此建立友好關係——不管用什麼方式，親近天使或巫婆是多麼困難。母親和女兒要做好心理準備，我們即將重新去評價母女問題的歷史，以更真實的方式重述母女共同的故事，並且增進母女的洞察力，重新看待她們之間的鴻溝與橋樑，以開啟她們下一回人生中的重要時期。

第二章
這樣的愛，這樣的憤怒

「在情感上，我與母親的關係是這麼有情感共鳴的——我覺得這一生中都會受到她的影響」一位三十歲的研究生是這樣告訴我的。對大部分的成年女兒來說，這話聽起來很真實。我們發現自己在午夜時分、早晨的第一件事，或是身在人群中，甚至當我們正在與女兒爭執或擁抱時，都會想起母親。

我們在想什麼呢？我們想到的可能是渴望親近母親；可能是討厭她的權威，她讓我們覺得自己很幼稚、很可笑、又沒能力；我們反覆思索的，也可能是在去年感恩節那場激烈的爭吵中，彼此說了什麼；也許我們正在努力地找出一個正確的方法，去開啟我們從來不曾冷靜共處的這個話題，截至目前為止，我們可能已經嘗試第一千次了。

所有的努力顯示出我們對母親深層的矛盾，但是它也在告訴我們，我們是多麼在乎母親。我們可能常常想著，最好的方法就是搬到地球的另一端，然而我們不斷地努力，卻又顯示出我們需要找到的，是一種比較沒那麼痛苦的互動方式。實際上，大部分的女兒並不是真的想遠離母親，而是想要擁有一種更自在、更愉快的共處時光。Madrona是一位四十四歲的婦女，她了解到這種需求。她花費多年的時光去怨恨母親——但她並不喜歡這種感受。

我的母親有一些很棒的特質：溫暖、有愛心、既開朗又風趣，所以我喜歡和她在一起。當我們共處時，我想要成為一個可愛的人。但是基於某些個人的觀點，我會隱約地察覺母親負面的特質，這種現象令我非常厭惡，我無法成為自己一直想要成為的那種可愛的女人。當我和她在一起時，我討厭自己——討厭自己的挑剔、退縮和憤怒，還好現在我已經不再痛恨她和自己了。

處理這樣的困境，並且釋放日益增加的憤怒，首先需要的是，探索個人對母親最混亂的感受，這是我們本章所要做的努力；接著，我們將探索自己是如何，以及為何深陷在這些情緒之中（這是第三章、第四章與第五章的內容）。最後，我們將會思考如何做一些有建設性的改變（從第六章到第九章的目標）。這是一種遠離母女困境的方法，找到這種方法是很重要的，因為我們若要完全地接納自己，就得學習更了解母親，即使無法總是原諒她，也要學習去接納她。

在本章中，也許你找不出對母親所有的混亂感受，但是，當你讀到關於女兒對母親一些共同的負面感受時，也許你可以找到適合你的部分。雖然探索與承認這些感受是個痛苦的經驗，但是，它們卻是修補母女關係必要的步驟，當你愈了解自己負面的感受時，就會愈有心理準備開始去做些正面的改變。

一、面對母親的矛盾心情

(一)母親是個很棒、同時也是很可怕的人

大部分的母女關係牽涉到許多矛盾心理。多數良好的母女關係中，她們在經歷艱困時期的日子裡也會感覺痛苦，我們之所以痛苦，部分原因是我們知道，或是能夠想像到這個關係原本是可以很棒的。我和母親的關係基本上是非常好的，她是一位很棒的女人，但是，我們也經歷過一段痛苦的衝突與疏離

期。只要問我，或是問她，即使在那段母女關係最惡劣的日子裡，情況很少全都糟糕的；母女兩人通常都可以想出一段彼此共享的美好時刻，並且渴望未來能夠擁有更美好的時光。

大多數女性被問及是否愛母親時，她們顯得非常倉皇失措：「我當然愛——她是我的母親吧！」不愛母親聽起來，最好的評價是令人覺得不可思議，最糟的評價則是沒有人性。然而，要求一般女性去說說自己與母親的關係時，這些複雜的情緒就會彼此碰撞在一起：「嗯，她從來沒有真正地了解我……她總是拿我和別人比較，而我無論怎麼做，永遠也達不到她的標準……她至今仍把我當成小孩子般地看待……」怨恨於焉產生：「她想要操控我的生活，我不想與她談上兩分鐘的電話……我不認為我所交往的男人中會有她贊同的人！」於是，女兒們會突然發怒：「難怪我神經繃得這麼緊，她把所有的精神疾病都遺傳給我，噢！我知道她覺得自己已經盡力了，但是如果她能（選擇其中一個）：⑴更注意我；⑵更不注意我；⑶多鼓勵我；⑷不要這麼壓迫我。我們的關係會變得更好。」

在這一、兩秒內，為何我們會從「我當然愛我的母親！」這個答案，演變成我們將生活中每件不好的事情怪罪於她呢？「母親」這個特別的詞引發許多矛盾、不一致的感受——我們渴望受到母親的保護與贊同，我們需要她的愛；但是同時我們又對母親生氣，因為我們覺得她對我們造成了可怕的傷害，雖然她不是有意的。因為這些矛盾的感受，所以，我們覺得自己可以理直氣壯地責怪她。畢竟，在我們最脆弱的時候，誰最能掌控我們的生活？如果不是從她那兒學習到有關生活與這個世界的規則？那麼，我們又是從哪兒首次學會這些的呢？生命中最初的三年（五年或六年），是誰在我們的身旁？這段時間是我們人格養成的關鍵時期，所以，我們認為那些年影響我們最深的女人，顯而易見的，她必須為我們日後所有不好的事情負起責任。當時我們是多麼軟弱無助啊！甚至記不得母親在那個重要時期對我們的教導，以及她是如何為我們種下精神疾病的因子？一旦我們成年了，能夠理性地思考後，我們知道那不是她的錯——但是在某種程度上，我們仍然覺得：「如果她能……就好了」。

女人為了下一代，重複著一連串令人精力耗竭的工作，這是我們與母親最大的痛苦與不幸。我們曾共享的愛與歡樂（把母親理想化的文化所提供）結合了我們的憤怒與失望（怪罪母親的文化所提供），這兩種情況造成嚴重的矛盾心情。基於這兩種矛盾的心情，我們知道如何去取悅或傷害對方。

(二)以阻擋情緒來應付矛盾的心情

同時生活在強烈的愛與痛苦之中，似乎是不可能的。有時候，我們努力專注於某一種感受，然後阻擋其餘的感受來應付這種矛盾的心情。當我受邀至一個由年輕媽媽所組成的團體，講述有關母女關係的主題時，我要求她們談談自己的母親。幾乎所有人都表達著自己對母親的愛、感謝與讚美，她們否認與母親之間有任何的衝突或問題。但是，當我談到有關她們如何養育自己的孩子時，她們幾乎是以一種強烈的情緒——害怕、恐懼、希望，敘說著自己的困境。

整個房間裡的女人都有一位完美的母親，但是，在養育自己的子女時卻遭遇到許多的困難，這幾乎是不可能的。最可能的原因是，這些女人壓抑了自己負面的情緒。有時候，我們會覺得敘說母親的壞話是不好的行為。阻擋這些負面的情緒，是女兒們處理矛盾心情的一種方法，特別是在公開場合的時候。但是在私底下，或是只要受到一點點鼓勵，女兒通常就會徹底翻供，說出她們的負面感受，此時，正向的部分則完全被這些感受給淹沒了。Zenith Henkin Gross發現，她所訪問的成年女兒們「非常不願意談到母親」。以母女為主題的工作坊和學術研討會，在第一位女兒開始批評母親之後，就會立即演變成母親無用的批判大會：在社會與文化創造出怪罪母親的潮流之後，女人們立刻搭上這股風潮。她們甚至使用怪罪母親來束縛彼此。

　　對母親心存強烈的矛盾情緒是痛苦的。當我們假裝母親一切都好，我們會覺得自己不夠誠實；如果我們只專注在母親的錯誤上，我們會覺得自己很可惡。然而，我們總是在完美母親和壞母親的迷思這兩個極端之間拉扯。

　　有些矛盾的情感會在所有的親密關係中出現，尤其在母女的關係中顯得更為緊張。部分的緊張是來自於母女互動中美好的特徵：母女關係裡的成員都是女性，她們可能擁有彼此所擁有的技能；而且，女性所受的情緒教育遠比男性更為相似，她們被教導為更敏銳地覺察彼此的情感，比男性更善於表達情緒（一般而言，男人比較壓抑、忽視，或否認自己的感情）。母女都很在意彼此的情緒，因此，比較了解彼此內心強烈情感的變化。

　　在一個關於女性關係的研究中，心理學者Lorette Woolsey和 Laura-Lynne McBain經由直接地觀察與訪問女性後，她們證實了女性這種矛盾的情緒。她們發現存在於女性關係的情緒，遠比起男性關係更為豐富，而且，前者同時包含了非常正面又非常負面的兩種情緒。

　　如同第一章所描述的，天使與巫婆的母親形象是那麼戲劇性的兩極化，誘發了女兒對母親產生矛盾的情緒。完美母親的迷思不只是導致我們去愛或尊敬我們的母親，它也是女兒的壓力來源。壞母親的迷思是女兒另一個壓力來源，它將女兒對母親的失望與苦惱轉化為憤怒，或是一種背叛的感覺。因為我們的文化禁止女人公開表現的情緒之一就是生氣，於是，母親和女兒都壓抑了這些負面的情緒，在這兩種壓力交織的情況下，造成一種壓力鍋的狀態，最後，憤怒終於爆發了。

這些緊張的矛盾情緒通常在我上大學部母親主題課程的第一天，要求學生以匿名的方式，完成下列的作業時，就會浮現出來，包括：(1)當我說到「母親」這個詞時，寫下她們最先想到的三件事情；(2)詳細地描述這三件事情，或者寫下浮現在腦海中有關母親的任何事情；以及(3)完成這個句子「關於我的母親，我希望……」

一位女人寫下她想到母親的最初三件事是「溫暖」、「友善」與「多彩多姿」。但在稍後，她寫著：「母親對我的影響之一是她嚴格地管教我。我總感覺到她拍著我的肩膀，盯著我的每一個動作。」她希望她的母親「生育更多的孩子，那麼就不會把所有注意力都放在我身上。也許那個時候，我們的關係就會更好一些，比較不會發生這些瑣碎的口角」。

另一位婦女也從三個正面的形容詞開始──「溫暖」、「付出」與「偉大」。但是，接著的句子則是：「她讓我懷抱希望，但也心存愧疚；她無法為我提供角色典範，而且她的自尊心很低落。」她希望她的母親「能夠感覺更堅強一點；我希望自己不再那麼容易被她的缺乏安全感所影響」。另外一位婦女覺得她的母親是「頑固」、「慈愛」與「悲傷」。隨後她又寫下，雖然母親嚴厲地挑剔自己，但她還是覺得自己與母親很親近。還有一位婦女對母親的第一個感覺則是「冷漠」、「疏離」與「痛苦」，但她也說道，她的母親是「聰明」、「大方」且能「鼓舞人心」的。

在親密關係中，適度的矛盾情緒是正常的；我們通常會看得到，並且能夠回應別人好與不好的地方。女人的壓力是來自於必須成為完美的母親與完美的女兒，當這些完美的母女擁有的矛盾情緒仍在正常範圍時，她們就會覺得不舒服，並且在矛盾情緒變得更強烈之後,她們會感到非常沮喪。

 ## 二、絕望與背叛的感覺

　　母親兩極化的形象通常會導致成年女兒經歷另外兩種情緒:無法讓母親滿意的絕望感,以及因為母親未能充分照顧她們,而感覺遭到母親背叛的感受。這兩種感受都是來自於母親應該是完美的,並且能教養出完美女兒的期望。每當你認為母親是完美的時候(或者,她覺得自己應該是完美的),你可能會覺得自己永遠沒辦法讓她滿意,從你對服裝的選擇,到是否要生育子女的決定都不對。因為她做的每件事情似乎都是對的,那是你比不上的。既然她應該是完美的,所以當她無法滿足你的需求,表現的就像是一般不完美的人時,你可能也會出現一種被母親背叛的感覺。在這種時候,你通常覺得失望,甚至生氣,伴隨著其他愧疚的感受。而一直接受女兒這種絕望感與背叛感的母親,可想而知會覺得無助,因為她不能當一個普通人;在女兒的眼中,母親的優點將母親置於一個無法達到標準的祭台之上,而人性的限制卻戲劇化地成為女兒失望的原因。

　　我的朋友和她的母親Sue曾經體驗過這兩種感受。在Chava離開丈夫的時候,她和三個十幾歲的孩子搬回故鄉,Chava的雙親在她尚未出生前就已經住在那裡了。在Chava學習處理單親教養問題,以及面對小鎮人們對離婚的仇視態度時,她的雙親總是充滿慈愛與全心全意支持著她。就在接近歲末的時候,Chava又開始談戀愛了。當那位男士邀她共度一週的假期時,Chava告訴母親這件事,並且告訴母親她認為她的孩子(十五歲、十六歲和十七歲)已經夠大了,所以他們可以自己待在家中。當時Sue罵Chava:「你和這位男士去旅行是多麼可怕的事啊!我們的朋友們都會感到很震驚,你怎麼能這樣對待我?」

Chava覺得很挫折，她曾那麼相信母親應該會替她高興。Sue也說：「既然你已經做了決定，我覺得你不應該把小孩單獨留在家中，讓他們待在我這兒吧！」

在Chava離開之後，孫子們不斷地違反祖母對於晚上門禁時間的規定，這讓Sue憂心忡忡。最後，她告訴孩子們，她太老了，無法忍受他們的胡鬧，於是在最後幾天，Sue把他們送回Chava的家裡，讓他們自己照顧自己。當Chava回家後，Sue對她大吼：「不要再要求我照顧那些孩子！」Chava有種被背叛的感覺：是母親自己要孩子留在她那兒，但是，她卻表現得好像是被我強迫似的。在這個時候，Chava對於重新建立如兒時般與母親那種親愛的關係感到絕望。

許多女兒們認清了這種再熟悉不過的陷阱，只要是想和母親更親密一點，就會同時感覺到被她背叛。她們懷疑這樣努力去修補關係是否會讓彼此更為親密？或者她們只需要放棄這個念頭？如果不是，她們覺得很困惑——不知如何開始，因為她們似乎已經試過每一種方法了。她們感到絕望，並且不明白：「為何要再次嘗試這些這麼多年都不奏效的方法？」

三、生氣

如果你期待某人是完美的，遲早你會挑剔他所犯下的每一個錯誤；我們的文化將母親塑造成完美的典範，這使我們無可避免地對母親生氣。有一位年輕的病人有著這樣的領悟：

> 媽媽非常渴望讓我覺得她是一位完美的母親——而我也相信了。你能想像當完美的形象幻滅時，我有多麼生氣！如果我從不認為她應該是完美的，那麼，我對她的不完美就不會覺得這麼憤怒。

Judith Herman和Helen Lewis提出，母女的憤怒起源於「在女性低下的地位，與身為母親所擁有的特權之間」所產生的矛盾。一方面，女兒覺得在母女的關係中，母親是這麼具有權威！另一方面，母親的權力微乎其微或根本就沒有權力，她們幾乎不曾因為母職工作獲得世人的尊敬，而且，女兒可能也加入這種不尊重與容易批評她們的行列之中。一位在各方面似乎很有權威的婦女，卻是她的女兒發脾氣的對象，因為她女兒期待母親具有足夠的能力，去保護自己免於所有的危險與傷害。

將能量用來生氣並且責怪母親（我們自己身兼母親與女兒的兩種身分），將會阻礙自我的成長。世界上最大誤導情緒能量的來源之一，就是成千上萬的女人對母親的憤怒。如果我們可以更正面地運用那些受困於責怪母親的能量，就足以解決認同危機與社會問題，甚至創作出偉大的藝術作品。但是，這樣的改變卻受到我們從專家、大眾傳播媒體，以及從母女雙方得來深具影響力的訊息所阻礙，這些訊息一再告訴我們，最大的問題是來自於我們的母親——在此同時，在某種程度上，我們都已經學習到一個完美的母親才是好母親的觀念。難怪我們會生氣！

(一)生氣的用途

生氣是次級情緒。我們不可能沒有其他的情緒而只是生氣，它通常是由我們先前不喜歡的情緒所引起的。例如，有人忽略了我們，我們覺得受傷，因為我們不喜歡這種受傷的感覺，所以對引發我們這種情緒的人生氣。同樣地，我們對官僚作風感到憤怒，那是因為它讓我們覺得自己很無能，而無能是一種令人不舒服的感受。壓抑、否認或者忽略生氣的情緒，既不能消除生氣，也不能消除原始的情緒；而且，只是表達生氣的情緒通常也沒有太大的幫助。

生氣幫助我們克服無能的感受：一旦我們了解到自己不應該感覺無能（丟臉或受傷），因而生氣時，會產生一種具有能力的感覺，可以這麼說：「我應該受到更好的對待，而且可以大聲地說出來。我不必靜靜地等待，默默地期望自己擁有更好的待遇！」我的朋友曾說過：「我是一個典型愛生氣與愛攻擊的女兒，而且我認為就某種程度而言，那是我得以倖存的原因——它讓我逃避母親不可能的要求，並且保持頭腦冷靜。」她母親的要求未必是不合理達到的，她也許把母親錯認為巫婆。但是，既然那是她對母親的看法，憤怒讓她覺得自己擁有能力，這是維持坦誠或是拒絕努力去符合這些不合理要求的一種方式。一旦她知道能夠保護自己，就不會對母親這麼生氣，也就比較能夠去接納母親。

　　倘若我們對於那些特別愛辱罵與拒絕女兒的母親生氣時，必須接納自己這種憤怒的情緒是正常的反應。而且它會賦予我們能力，讓我們覺得自己不是那麼沒有價值：如果母親不合理的要求是問題所在，那麼即使女兒無法滿足她的需求，也就不是女兒能力不足的問題了。

㈡超越生氣

　　我們必須做的不只是表達自己的生氣，因為生氣通常不會改變別人的行為，或者避免重複原本令人受傷的事件。例如：我只告訴你我很生氣，因為你對我很無禮，你可能會批評或攻擊我來防衛自己。那麼，就會進入一種不斷生氣的惡性循環之中。再者，除了無禮之外，你不知道自己還能做些什麼？所以，即使你以後想要避免讓我生氣，你也不確定該怎麼做？但是，如果我向你解釋隱藏在生氣之下的感受，並且確切告訴你，為何會讓我引發那些情緒——那也就是我賦予你權力去改變行為以改善我們的關係。如果我告訴你：「當我一走進來，你馬上結束和爸爸的談話，這樣的舉動讓我有種受傷的感覺，所以我很生氣你傷害了我。」這樣的說法讓你知道，只要你關心我，那麼你會知道如何避免在下一次傷害我——讓我生氣。

不管你的母親有多糟，把她視為一個人，而不是一個惡魔，這種想法的改變對你是有幫助的。如果在讀完這本書之後，你相信自己的遭遇是罕見的，你被母親深深地傷害與虐待，並且感到特別受傷，那麼我建議你在變得更堅強，以及更清楚如何與她接觸之前，你應該盡可能不要與母親互動，或者完全避免與她接觸，即使那會花費一段很長的時間，但對你目前來說，那可能是最好的方式（可見第六章、第七章，特別是第八章的說明）。在此同時，你可以繼續試著去了解母親與自己，以及你們之間的關係。至少，你會知道你可以努力的部分，而不需要承擔所有錯誤的責任。此外，找出生氣背後所隱藏的情緒，有三方面的好處：(1)一個女兒了解到自己對母親感到難過、愧疚或害怕，而不只是生氣，就不再覺得自己是一個愛生氣的人；(2)清楚地區辨這些情緒。與生氣相較，女兒會覺得自己不那麼壞，因為對一個完美的母親感到難過、愧疚與害怕，是比生氣容易被人接受的；(3)當我們知道這些情緒之後，難過、愧疚與害怕都可以被消除。

我們也必須超越生氣，因為女人比男人更容易對生氣感到歉疚，特別是對母親的憤怒。二十四歲的Liv述說以下生氣與愧疚的惡性循環：

> 在對母親大發脾氣之後，我覺得自己有罪惡感與羞愧。為此我對母親更加生氣：我的罪惡感是因為我並不想傷害她，而感覺羞愧則是因為她總是說，我必須學著控制自己的憤怒。

所以生氣會造成愧疚，愧疚也會導致生氣。女人們自覺傷害他人，或令他人失望時容易感覺愧疚，對母親更是如此。女兒知道母親的母職工作很少受到尊重，所以，我們覺得自己應該更敏銳且更支持母親。我們會覺得自己與所有的人怎麼能讓母親失望呢？但是，愧疚是一種沉重的負荷，一旦滿溢，女兒將它轉變為生氣，隨之而來的則是沮喪。令人難過的是，女兒生氣的對象總是母親，而不是那些讓女兒產生愧疚感的社會文化。

　　我們大部分的人都想要得到母親的贊同；如果沒有得到，我們自動化的反應會是怪罪或攻擊她們。但是，這種反應傷害了母女的關係，並且讓我們討厭自己。我並不是建議所有的憤怒都應該被消除，而是說，責怪和攻擊都不是健康或有建設性的反應。一旦我們了解自己生氣的原因——隱藏在生氣之下的情緒，以及因怪罪母親而引發生氣的現象，我們的愧疚就會少一點。

(三)生氣與自信

　　造成女兒生氣普遍的原因是母親對女兒自信的批評。在前面的章節中，Madrona怨恨她的母親，因為母親不讓她成為她想要成為的那種人。她真心期望母親可以支持她的想法，但是她卻一再受到母親的批評。這樣的情況讓她覺得沒有安全感，反而需要更多母親的支持，然而，母親的支持一直沒有表現出來時，她就會覺得更受傷、更憤怒。

　　在我們完全消除性別偏見之前，大部分的女人都缺乏自信，在這樣的情況下，母親的支持對我們來說，顯得特別重要。當我們得不到支持，或是得到的不夠多，我們就會自我防衛地說：「我沒有錯！那是因為她很難取悅。」但是對我們來說，缺乏自信及需要母親的支持，會持續讓我們困在對母親的生氣情緒漩渦裡。更甚者，這種不安全感會讓我們誇大了其他人對我們最微小的批評；即便是母親仍然疼愛與欣賞我們，但我們卻無法感受到母親的心意。聽聽Betty怎麼說，她大約五十五歲，曾在當了三個孩子的媽之後，就讀於法律學院：

> 我從法律學院畢業之後，第一份工作是任職於一家從未錄用過黑人女性的律師事務所。其中有一位資深的合夥人對我最有意見，我的自信遭受極大打擊——我在就讀法律學院時表現良好，自信大為提升，然而就在此時，我的自信一落千丈。有一天傍晚，在這位資深合夥人因為我的一點點錯誤而批評我之後，我很沮喪地去探訪我的母親。當我告訴她我的困擾，她說：「身為從事某些工作的第一位黑人女性，我想你必須有被放大檢驗的認知！」

> 我受到天大的打擊。我需要她的同情，我認為她的回答對我來說真的太嚴厲了，於是我斷然地開車離去。一踏入家門，電話聲響起，那是我母親打來的。她不知道我為何如此沮喪，因為她的說法應該是一種對我表達同情的行為——她的意思是「身為第一位黑人女性是一件很困難的事，有人總是會對你虎視眈眈」，由於我是這麼害怕她不支持我，所以誤解了她的意思。

這是一個惡性循環：因為沒有安全感，所以更迫切地需要母親的贊同，再根據我們相信母親不會贊同我們的信念，接著我們就發火了，然後對她變得很挑剔。由於彼此的互動充滿著生氣與痛苦的情緒，所以我們的自尊心也跟著直線下降，以至於到了最後，我們就會變得愈來愈不像我們想要成為的那種女人。

四、害怕

　　女人對於和母親有關的事物，感覺最害怕的項目有下列三種。第一是害怕母親不愛她；第二是害怕母親死亡；第三則是害怕自己會和母親一樣，或者重蹈母親的錯誤。

　　害怕失去母親的愛與無法取悅母親，都與沒辦法達到母親的期望有關。一位五十五歲的秘書Silvia告訴我：「當我讓母親失望的時候，這種害怕的感覺仍然會讓我的胃緊緊抽痛。因為我覺得如果我沒有取悅她，我就會失去她對我的愛。」

　　那些覺得沒有達到母親所設下的標準，或者對母親沒有安全感的女人們，會產生一種非常害怕母親死亡的感覺，那是因為她們意識到自己對於未解決的衝突、徘徊不去的憤怒，以及對於這種憤怒衍生而來的愧疚感。女兒們帶著非常憂慮的心情來到我身旁，說道：

　　　　一想到母親有一天會死去的事實，我就感到非常害怕。我沒有辦法想像，或者是當我試著去思考這個問題的時候，我的心跳加快，然後開始哭泣。部分的原因是我們不像過去一樣親密，我們常常爭執不休。我不確定為何會變成這樣？或者該怎麼辦？我害怕我們一直到她去世為止，甚至沒辦法解決任何一樣衝突，而且這樣的爭吵與疏離都會繼續，我受不了這樣的害怕，以至於我無法冷靜地思考她的死亡，以及思考該如何與她一同解決問題。

　　問題解決專欄作家，如：Ann Landers和Abigail Van Buren常常發表一些來自那些在母親死後，成功地克服個人自責的信件。因為這麼害怕母親死亡，所以，很少人能夠真正將母親從

我們的心中抹去，並且消除這些害怕。以下是這類害怕的正面
意義。害怕是一種類似身體痛苦的情緒，痛苦是身體在提醒我
們，生理上有些毛病的警訊，而害怕與恐懼則有一種重要的功
能，它會提醒我們有些事情還未完成。如果我們能夠了解這
點，我們就不會只是害怕母親的死亡；相反地，這樣的害怕會
激勵我們在有生之年尋找一些方法，以克服自己與母親之間的
障礙。

(一)害怕重蹈覆轍

　　如果我們沒有受到怪罪母親的迷思深深影響，我們就不會
害怕與母親作比較，我們甚至會覺得驕傲。怪罪母親傷害了我
們，因為我們相信母親，通常我們也懷疑自己。要找到一位女
人從來不曾思考自己的所做所為是否和母親相似，或者完全不
同於母親，這幾乎是不可能的事。在這些想法中，母親是一種
標準，所以我們相信母親代表一切。甚至於那些說她們敬重母
親的女人們，也常常害怕自己承襲母親不好的特質。在我們這
一代與年輕一輩的女人中，這是一種普遍的擔憂——在某方面
而言，像是一種魔咒。以下是很典型的說法：

　　　　每個人都愛我的母親，因為她是那麼的溫柔，並
　　且具有幽默感。她真的非常仁慈與大方，我也因為這
　　些特質深愛著她。但是，她的幽默感有時是相當低俗
　　的，總是讓我困窘不已。我喜歡自我調侃，但是我從
　　來不會說任何有顏色的笑話，因為我害怕跟她所做的
　　一樣無禮。就好像我不知道該怎麼去說一些聽起來不
　　像她說的黃色笑話。

　　如果我們認為母親是自作自受、拒絕與苛求他人、令人困

窘，並且讓人產生愧疚感的女人，我們通常也會開始懷疑自己是否也是如此。大部分的女兒們努力避免自己重蹈那些她們覺得母親所犯下的錯誤，於是，她們決定和母親有著不同的穿著、不同的朋友，以及不同的價值觀。在此同時，我們通常幾近迷信地相信自己無法避免這樣的重蹈覆轍。背地裡，我們憂心著那些我們不喜歡母親的部分會重現在自己身上。

因為我們相信自己很像母親，所以反對母親通常也會導致我們厭惡自我。怨恨不只傷害那個被怨恨的人，對於心存怨恨的那個人也同樣具有破壞力。最後，責怪與怨恨將這兩個人緊緊地束縛在一起，並且占據了她們的心靈。於是，我們的行為被這些反對她、排斥她、報復她、「表現」給她看，或者證明她是錯的需求所控制。我的一位聽眾，名叫Maram的女人說：「我過去總覺得母親的一切都讓我蒙羞。我對她的長相、穿著、說話的方式感到困窘不已，我討厭她這個樣子。但是那時候的我，也厭惡自己討厭她。我並沒有因為成功地疏離母親而感到得意。」

就困擾的程度而言，我們不想像我們的母親一樣。既然母親所做的一切都會被忽略與被輕視，那麼，我們當然會質疑為什麼自己應該要像母親呢？那不就像是我們想要成為一個需要社會福利救助的人？或是想要像一個閱讀障礙的孩子一樣嗎？但是在母親眼中，我們期望和她不一樣的想法似乎不只是一種表示，表示沒有人看重她們度過一生的生活模式。

怪罪母親的觀念仍然持續的一個有力證據是，為人母者就業人數增加的情形被錯估了，因為人們相信母親既無法勝任母職工作，也無法勝任職場工作，所以，這個觀念本身就會促使人們錯估就業母親的人數。當更多的女性留在家中擔任全職母親時，一些樂觀人士相信，那些身為職業婦女的母親若是從事薪資較高的行業，確實擁有比較多的權力時，就會比較受人尊重。但是，當這些女人真的身兼雙重角色時，就會受到家人與同事的指控，說她們在自欺欺人，因為她們無法勝任兩種角色。結果，那些想要身兼雙重角色的年輕女性，也會被少有人能夠同時勝任兩種工作的情況嚇著了。從輕視全職母親整天做一些「簡單、慢吞吞」的工作，到促使母親就業，然後對於未能妥善做好母職工作而心存嚴重的愧疚感，這算是社會的一種進步嗎？正如我常常說的：「在性別歧視的社會中，所有『能夠』用來反對女人的事情，『都會』被用來反對女人。」在責備母親的社會中，不管母親做什麼，都會被用來怪罪她們。這個言論不是對社會絕望的一種陳述，而是對於我們社會墨守著怪罪母親的觀念與其他性別歧視的一種提醒。

接著，女兒相信自己極力避免談論母親個人與獨特的個性。但是追根究柢，我們發現，女兒們真正想要避免的是那些有關女人被輕視及地位受限的困境，包括母親的體重不符合苗條女性的身材；她在家中或外面都得不到尊重、她被丈夫威脅等等。

五、悲傷、麻木與疏離

悲傷是許多成年女兒對母親最主要的感受。有的悲傷是來自母親無法符合理想化的母親形象。有一位女人說：「我仍然無法停止期待她全心全意地保護我與愛著我，並且告訴我——我做的每件事都很棒如同她在我小時候所做的一樣。我真的覺得我失去了什麼。」

當我鼓勵這位女性回顧她的童年，她想起當時母親並不是全然地支持她與愛著她，畢竟她的母親只是個普通人。所以，這個女兒的悲傷並不是由於母親的改變，而是來自於真實情況與自己失真的記憶之間的落差。而這些失真的記憶，則是由母親理想化形象所造成的。

此外，對於其他的女兒來說，她們的悲傷來自於母女之間的情緒疏離。在她們母女的關係中，每件事都變得不對勁，她們明顯地覺察到一種失落感。有時候是真的失去某種東西，有時候則是失去一種親密的感覺；女兒們因而覺得悲傷或是感覺疏離。在我以母女為主題的其中一場演講之後，一位婦女告訴我這個故事：

> 聽到你今天的演講，我才了解到為何在我受到工作八年的百貨公司拔擢為經理之後，我和母親的關係會變得疏離。一直到現在，我的母親總是告訴我，在我擔任女裝部門的售貨員時，她對我感到多麼驕傲。但是當我得到升遷之後，只要我在她的身邊，她就會開始沉默。直到今天我才了解，那是因為在她眼中，我的經理職位將我置身於和父親相似的世界中。只要我還是個女裝部的售貨員，我就還是做著她所熟知的工作，因為她也是一位裁縫師，於是我們有共同的經驗。但是現在，由於我的父親是一位經理，所以，情況變成我與父親有一些共同之處，媽媽因此覺得被我們忽略了。

對於一些女兒們而言，這樣的悲傷是來自哀悼她們在叛逆期失去與母親共同建立的親密關係。對於兒子來說，許多叛逆行徑通常是被鼓勵的，特別是在與母親的關係決裂這方面。相對地，對女兒而言，變得叛逆通常是比較困難的，部分原因是女性的角色期待是不接受叛逆的行為，另一個部分的原因則是母女形象理想化的觀點，這個觀點認為，女兒應該想要和母親維持非常親密的關係。所以，女兒的叛逆相較於兒子的叛逆，對母親來說可能更為痛苦，更具有被誤解為背叛母親的危險。

因此，女兒更相信自己的叛逆確實就是一種背叛。這種想法在移民家庭中更為明顯，尤其像是西班牙人、葡萄牙人或是亞洲人的家庭移民到美國，這種母女從強烈禁止親子衝突的文化，移民到這種禁令寬鬆的文化時。

相較於對母親感覺矛盾、生氣、愧疚、絕望、害怕與傷心這些情緒，更令人擔心的也許是，女兒對母親感覺麻木與疏離。有時候，麻木與疏離是開始於我們無法忍受其他的情緒，一個人在切斷情緒之前，只能忍受這麼多的憤怒、愧疚與絕望，所以，只能靠著麻木與疏離來切斷這些感覺。一位知名的政治家在一開始去拜訪母親時感覺還不錯，接著轉為失望，最後以疏離作為探訪母親的結束。她說，她的母親喜歡她去探望她，但事實上並非如此。她想，她應該只要與母親在機場見一下面，然後就可以搭下一班飛機回家了。

當麻木與疏離感占據女兒的心靈時，她們面臨的第一個問題應該是，自己是否掩飾了其他的情緒？如果答案是肯定的，她們就能開始使用本書的架構，以及書中所提供的方法去確認那些情緒。那些情緒的阻礙就能夠被移除，同時，她們可能得小心翼翼地移除它，這樣才不至於被這股壓抑的情緒激流所淹沒。畢竟，那些情緒在一開始出現時是這麼的強烈，她們才必須去壓抑它。一位曾經參加過我的專題研討會的女人，在幾週後曾經說明：

> 我了解到我對母親的麻木感是一種掩飾，以保護我免於強烈的無力感，無力改變母親悲慘的命運。因為她小時候，沒辦法順利升上小學四年級，而且現在很害怕回到學校讀書。那時候，我被巨大的悲傷與憤怒所擊倒。我為她感到傷心，同時，因為我什麼忙也幫不上而感到非常生氣。她整天坐在家裡，看著電

視，哀嘆自己沒有用，她只是太害怕而不敢回學校去取得足夠的學歷，然後去找工作。即使我願意陪著她也沒有用。

我可以在工作坊中與一些有類似經驗的女人談談，這是一件好事。因為在我的悲傷與憤怒第一次爆發之後，一種過去曾有過的麻木感又出現了。我發現，自己開始想出各種逃避與母親見面的方法，但是在那個時候，我記得其他的女兒也曾說過，自己也有那種無力拯救母親的感覺，而我們的團體最後做出的結論是，即使我們沒有能力拯救母親，我們的逃離同樣也沒辦法幫助自己或母親。承認自己的無力感是一件很困難的事情，但是只要我們曾經努力過，我們就能繼續與母親保持親密，並且可以相互扶持，繼續提供我們的愛與支持。我的母親需要我的愛與支持，即使她無法因此符合我對她的期待。

有時候，情緒麻木也會在關係陷入僵局時出現。當Dvora告訴她的父母，她是個女同志的時候，她的爸爸表示，希望她能找到一個可以讓她感覺幸福的伴侶；然而，她的母親卻嚎啕大哭地說：「喔，我從未想像過我有個小孩必須用嘴去做那檔事。」然後她說，她必須「進入七日服喪期」（sit shiva）（一種猶太人喪禮的儀式）。面對母親一再拒絕與自己談論此事，Dovra覺得很受傷，她說：「我感覺受傷與被放棄，而且有種無力感。為了保持理智，所以我必須停止所有對她的感覺。」直到Dovra的母親告訴Dovra的哥哥，她覺得Dovra的性傾向象徵著自己是個失敗的母親之後，Dovra才找到可以重新開始努力和母親建立關係的方向，而此時她的麻木感覺才逐漸消失。

有時候，女兒的麻木感是為了保護自己免於被真正沒有愛心、冷酷、重病的母親，甚至是那些因為非常不同的文化差異，導致難以相處的母親所傷害。創造出一面情緒之牆，恐怕是讓女兒停止自責，並且停止感覺自己不被母親所愛唯一的方法了，同時也可以消除因為自己不愛母親所產生的愧疚感。一位年輕的成年女兒說：

> 我的母親總是不開心。從她十二歲時，她的家庭移民到這個國家開始，在那個年紀必須面對這樣的改變是很恐怖的，在這裡她從來沒有家的感覺。當我長大成為青少年，開始出現一些典型的青少年行為，像是電話講很久，或是在意自己的穿著時，每次她一回到家，就對著我炮火全開。她不斷地指責我：「在我的國家，女孩不應該注重外表。我們的生活嚴謹，而且努力工作。」我知道她是擔心我愈來愈像「美國人」，就會離她愈來愈遠，對於這些我覺得很不舒服。而且，我無法忍受她對我嚴厲的批評與羞辱，她讓我覺得自己完全沒有價值。雖然在某種程度上，我知道自己的行為是正常的。而我能做的唯一方法就是不理她，只要她開始說話，我就會想一些別的事情。因為這些原因，她完全被摒除在我的情感之外。我不再期待她的關懷或是贊同，我停止所有對她的感受。我不想討厭她，所以我唯一的選擇是沒有任何的感覺。

因為完美母親形象的存在，女兒若不覺得自己的母親是完美的，就會感覺愧疚；但是，如果她們真的這麼感覺，那麼，整個文化就會馬上鼓勵她們把母親視為很差勁的失敗者。不管母親曾對女兒付出過什麼，只要母親曾對女兒好，那麼就足以讓女兒對於自己將母親視為失敗者感到愧疚。此外，不管母親有多糟,她的女兒通常會覺得家醜不可外揚,因為人們還是會認為那是她的母親。所以,如果她繼續把母親當成完全糟透的人,那麼,又是誰讓她變成這樣的呢?如果我們的社會鼓勵我們就把母親當成普通人,那麼,就可以減少女兒們必須克服情緒困擾的需求。

六、壓抑的愛

我們總是相信女兒們壓抑著敵意,事實上,她們真正壓抑的是愛。當怪罪母親的態度覆蓋我們對母親的觀點,那麼,我們就很容易相信她們是應該被我們輕視與責怪的;然而,由於我們壓抑著愛的感覺,所以,我們覺得自己是個冷酷、硬心腸與沒有感情的人。如果我們能夠更自由地表達愛、善意與尊敬,就會提升我們的自我概念。一旦我們釋放對母親所壓抑的愛與尊敬,即有助於我們提升對自己的愛與尊敬。再者,許多資深的心理治療師也同意,探索我們過去的經驗來找出目前困擾的原因,並沒有太大的價值。什麼是更有效的?──也是讓人覺得更有能力的方法(也許這是最重要的治療目標),就是專注於目前我們所能做的,以及我們如何超越怪罪母親的迷思?Ruth的故事證實了這個歷程。Ruth就像大部分的成人一般,有著嚴重的自我懷疑。首先,她可以放心地感覺,了解到有缺點的人是母親,而不是她自己:「我想,最初我是怪罪母親不夠愛我,以及她對我所有的一切感到失望。接著,我責怪自己不夠可愛,並且責怪自己是讓母親成為失敗者的原因。」

對Ruth而言,怪罪母親是一種可以免於厭惡自己與責備自己的方式。長大成人之後,Ruth了解到她和母親都不是那麼的糟糕。直到最近,Ruth才體會到養兒方知父母恩的道理。

我們之前提到的那對母女Sue和Chava,找到一種方法可以解開她們因為Chava和男友一起去旅行而產生的僵局,並且釋放彼此壓抑的愛。Chava覺得很絕望，因為自己無論怎麼做，似乎都不能達到母親的標準：她離婚對母親而言是一件難堪的事，她的新戀情也是。她留下青春期的孩子獨自去旅行，對Sue來說更是一件難以接受的事情，把孩子留在Sue家也是一樣。Chava同時也有種被母親背叛的感覺，以及不被母親支持的感受，因為Sue並沒表現出因Chava有機會與新男友共遊，為Chava感到開心。

　　Chava可能是過分怪罪或大聲斥責母親，但那也意味著，她忽略自己想要與母親更親密的渴望。Chava很聰明地去詢問Sue為何會覺得這麼沮喪？Sue解釋說，那是因為她很害怕她的朋友可能會不贊同Chava與一位並沒有結婚計畫的男人共遊，並且認為這表示她是個失敗的媽媽。她有一些朋友就因為Chava「不能好好經營她的婚姻」，聲稱Sue是個失敗的母親，Sue曾經因為覺得困窘與擔心Chava，所以想要幫助她；但是，當Chava的孩子出現偏差行為時，她卻因而崩潰而無法應付。再者，Sue擔心Chava是容易受傷的，因為她最近才結束難熬的婚姻，接著就匆促地展開一段新戀情。Sue曾經將Chava的前夫視為自己的兒子，所以Chava離婚對Sue而言，也是一段關係的失落。可想而知，Sue對女兒這個新男人的態度也會保守多了。

　　當Sue和Chava開始對話，Sue就會設法——至少在那一刻——停止覺得自己應該是個超級阿嬤。她敘說著自己是怎麼照顧Chava的孩子，雖然心存善意，但是事實證明，情況超乎她所能掌控的。當她開始述說，她就了解到自己的失敗並不是Chava的錯，而Chava也了解到，她的母親既不完美，也不是不講理的女人，她就只是個普通人。Sue感到放心多了，因為她聽到女兒並沒有驚訝於她不能好好規範孫子的行為——畢竟，誰會比Chava更了解這個工作的挫折感呢？同時，Chava和Sue都了解到，她們受挫於對母親不合理的期望，那就是，如果

Sue是個好母親，她就應該立即且全心地贊同Chava所做的每件事，而且必須樂意且輕易地滿足Chava和孫子的所有需求。在她們改善關係之後，因為彼此相互了解，所以減少了她們之間的障礙，並且能以溝通橋樑取而代之。

七、可以不必這麼困難

母女並不總是必須為了兩人之間的關係相互折磨。在歷史學家Carroll Smith-Rosenberg的文章The Female World of Love and Ritual中，提到在十八到十九世紀時，女人的關係「想當然耳是彼此的情緒中心」，「對其他女人的批評與敵意是被禁止的」；同時，「女性在男性觀的世界中是沒有什麼地位與權力的，但是，在其他女人的生活與世界中卻擁有地位與權力」。Smith-Rosenberg在寫到過去兩個世紀間的母女關係時，她描述的是彼此的親密感，其中共享且具有共鳴的歡樂；她相信，彼此表達出來的敵意是很少的，不是因為它們被壓抑了，而是這樣的感受並不普遍。

愧疚與痛苦並不是過去母女關係中的特色，所以也許今日也大可不必是。如果今日的文化與社會改變已經誇大了母女之間的問題，了解這些改變的本質，將會帶領我們在經歷一段時間之後，就能夠順利地克服我們的困難。

為了以母親過去與現在真實的樣子看待她們，我們必須了解怪罪母親這個迷思構成的因素，以及思考它各種可能的表現方式，認清它是如何運作？以便我們能即時消除這些迷思。在第三章中，我們即將開始進行這樣的探索。

第三章
怪罪母親

> 如果你真的想知道這個孩子為什麼這麼糟糕，請看看他的母親。
> ——由既真實又不切實際的心理學家常寫的、不正式的評論。
>
> 岳母躲在汽車後面的行李箱裡。
> ——在數百個汽車保險桿上所見的小標語

　　本章從下面這個事實開始談起：在我們的社會中，怪罪母親是受人歡迎的迷思，再加上完美母親與壞母親形象的迷思，讓我們在母親無法符合我們心目中理想母親的形象時，更容易指責母親不夠完美，以及當她做了一些不是那麼好的事情時，以不符合人性考量的態度過度責備她。有鑑於強烈的社會壓力施加於身為「小媽媽」的女孩身上，這些小媽媽最明顯的榜樣是她的母親，然而母親卻又不被社會視為值得尊敬，這種情況是相當令人擔心的。

　　怪罪母親的迷思就像是空氣污染。我住在一個大城市裡，很少注意到空氣污染已經相當嚴重，一直到我出城去，來到空氣新鮮的鄉村裡，我突然回想起呼吸的感覺多麼好！我的學生與病人發誓要除去怪罪母親的觀念，讓自己能夠更自由地呼吸。

　　提升母女關係必要的基礎是，對怪罪母親有著透澈的了解，只有當我們了解到怪罪母親是多麼容易，我們才會有其他選擇。只有當我們看見污染時，才能想出辦法清淨空氣。

我們需要探索自己的偏見。我們應該忘記母親曾做過令我們生氣的事情，只需要去注意那些美好的事物，然而這些偏見卻讓女兒不這麼認為。我們必須了解到，我們的文化鼓勵女兒只注意母親的錯誤，讓母親美好的部分悄悄從我們的腦海中溜走。責備母親是這麼容易，以至於我們很少停下來思考，是不是有任何人也應該受到指責？或者，母親是否不應該受到責備？對母親而言，了解怪罪母親的觀點是如何影響母女關係，將會減輕她的負擔。畢竟，過去女兒將未開發的精力束縛在怪罪母親的想法上，而母親未開發的精力也同樣的被束縛在自我責備與自我怨恨中。

一個評價愈差及愈不受人尊重的團體，它的成員愈容易成為代罪羔羊。母親的價值被低估的情況不僅透過故事流傳，也經過冷酷的事實顯現出來。根據美國勞工局一份1998到1999年的報告中顯示，兒童保育人員與家庭健康助手的薪資（大多需要與母親相同的技能）是一般所得的73％與81％，和一個沒有督導的動物管理員一樣多。

這樣的忽視是我們這個時代的產物。在工業革命之前並沒有這些現象，當時母親從事的工作大部分會在家裡完成，孩子可以看見母親養雞、打掃、洗衣、縫紉、挑水、燒柴和準備食物等等——「很明顯都是費力的工作」，社會學家Jessie Bernard這麼解釋。然而，現在的母親花費許多的時間與精力去滿足孩子的學習、心理與情緒的需求，這些事沒有具體、顯而易見與立即可顯示的成果——既沒有親手織的披肩，也沒有新鮮的雞蛋。

母親所做的工作多麼容易讓人視而不見！全職母親多麼容易遭受那些認為妻子整天在家中無所事事的丈夫指控！「為什麼晚餐沒放在桌上？為什麼家裡沒有收拾的井然有序？為什麼小孩還沒上床睡覺？」許多男人只要求自己的需求被滿足，卻漠視下面這些事實,那就是母親——即使是職業婦女——承擔孩子上、下學的接送、負責孩子的活動、帶孩子看醫生、陪孩子與他們的朋友玩遊戲、調解手足之間以及孩子與鄰居小孩之間的衝突、同理孩子大大小小悲慘的事件、試著給予或接受其他婦女的支持——包括那些也試著成為了不起的母親,或者曾經恐嚇她們不是好母親的婦女們。

對今日養育孩子的母親而言,低估母職工作的情形已經變得更為複雜。那些身為職業婦女的母親在工作環境中獲得價值感,但是通常因為雙重工作的負荷,加上得不到家人的感激,因而離開工作崗位。畢竟,母職工作仍然被認為只需要很少、或者根本不需要任何的技能或努力就能完成。而且,倘若我們現在將怪罪母親與怪罪父親相提並論,那是一種禁忌。

我的朋友Raquel是一位忙碌的心理學家,她的丈夫Stefan是一位外科醫生。當Raquel疲於籌畫家庭旅遊計畫時,她告訴Stefan,要他去籌畫下一次的家庭滑雪之旅,這是他們每年都會舉辦的活動。然而,Stefan並沒有做出任何計畫。當她對丈夫說,她有多麼失望的時候,他們六歲大的兒子生氣地說:「不要生爸爸的氣。爸爸是外科醫生,工作非常辛苦,他是這麼忙碌與重要,所以他必須有個護士兼助手。他沒有時間做任何旅遊的計畫。」另一個兒子接著說:「對啊,爸爸是這麼重要,他甚至有個口述錄音機呢!而你並沒有!」許多人聽到這樣的故事,只是笑一笑,沒有意識到這種忽視與怪罪母親的情況,有多麼傷人。

母職工作不只被低估,甚至還被忽略。即使是工廠裡裝配線的工人獲得普通的薪資,通常也傳遞著這樣的訊息「有人重視你所做的工作」。相對地,母職工作不只沒有報酬,而且那些工作通常是無趣與困難的,實際上還被忽略或看輕。孩子和丈夫曾經對母親或妻子說過什麼類似「你每週做一次大掃除,是一件很值得、而且很棒的工作,謝謝!」這類的話嗎?

　　你可能覺得你的母親並沒有受到忽視。許多婦女告訴我,她們的媽媽是個「具有權威的女人」,好像那就表示她們是受到感激的。在某些案例中這可能是真的,但是如果你認為你的母親是具有權威的,小心:這種形象通常是另一種負面標記母親的方式——「不要擔心我媽媽,她就像一輛卡車,耐操又耐勞!」(見第五章:母親擁有權力,讓人覺得她是具有危險性的)當我們未經思考就描述母親是具有權威的,那麼,我們通常只看到她要我們把髒衣服放進洗衣籃裡,或讓我們心存愧疚所顯示的權威,卻沒注意到在外面她可能幾乎是沒有任何的權力。也許有的情況是即使在家中,她也沒有得到應有的尊敬與感激,得到的只有嘲弄與恐懼。

　　當人們面對面地談論到「母性」,或者是談到她們的母親通常輕視地對待自己的母親時,人們眼眶總是含著淚。矛盾的是,我們原則上會普遍使用熱情的、所有重要的詞來描述母性——結果,母親們若是抱怨自己實際上所面臨的個人地位低落的情況,心中卻又覺得羞愧。

　　在1950年代期間,流行著家中愉快的小妻子(happy-little-wife-at-home)形象,那是一個差勁的年代,一位作者Philip Wylie將每個母親受到貶損的形象湊在一起,給予她們醜陋、邪惡的外表。在他的書 *Generation of Vipers* 裡,他對母親表現出強烈的厭惡感,雖然讀他的書很痛苦,但是我們知道,當年這些母親在撫養目前已經四、五十歲的子女時,這本書是很受人歡迎的。再者,Wylie的文字與語調和2000年許多連環漫畫,或者甚至是最近由心理治療師所寫的笑話,並沒有太大的不同。Wylie寫道:

　　　　盲目的母親崇拜已經到了完全無法控制的地步。
　　它密布在我們的土地與主觀圖騰中,如同許多銀繩在舞台前的布幕上交織成密密麻麻的十字圖形，比鐵路和電話線更難懂。母親到處都是，而且與母親相關的每件事都是這麼貼近每一個人，於是，每個人只好假裝她們是好老媽、親愛的老媽、甜蜜的老媽、親愛的媽媽等等……

從美國開國的第一天到現在，「美國的聖人」中沒有一個偉人或勇士曾經站在議會會堂的位置上，宣告這個不容置喙、也是我們最需要的真理：「各位先生，母親是一個蠢蛋。」

……（母親總是這麼忙碌於家務事和養育孩子）對於她自己與她的家庭，或者是和她一樣忙碌的朋友來說，她很少有問題。一直等到母親在生命中某個艱困的時期突然崩潰，然後死於繁重的工作時，我們才注意到她的問題。

……現今，所有數以萬計無事可做的男人們……為了維持她們優越的地位，這些母親崇拜在美國存在的歲月長久到令人難以置信，它將男人們踩在腳底下，不管是使用自然的方式或是科學技術將男人閹割，讓男人成為中性之人，除去了男人所有的舌頭與乳頭，以及男人的興奮感。

Wylie的話仍然持續被廣泛運用於證明母親是個無用的人，並且，使得男人們覺得愛母親與拒絕辱罵母親的行為是一件令人羞愧的事。女人們則覺得母愛是病態的，因為誰會在正常的精神狀態下，喜愛這個Wylie這麼生動描述的傢伙呢？即使那些不曾閱讀過Wylie作品的人，也會對於他所描述的母親圖象中必要的特徵而感覺到相當熟悉。

Wylie創造的新詞——戀母傾向（momism），廣泛運用於尖酸刻薄地描述母親的過度控制。直至今日，怪罪母親的觀念使得戀母傾向以不同的意義永久存在，其他類似的說法像是：
性別偏見、種族偏見、年齡偏見、階級偏見。也許是時候了，
讓我們使用戀母傾向這個詞簡單而明確地標示出怪罪母親與厭
惡母親的想法，就像其他已被認定的說法一樣，都是充滿敵意
與偏見的言詞。

在種族偏見的歷史中，有些部分涉及母親的遭遇。幸運
地，在1960年代晚期，公開表達反黑人主張的人已經開始失去
他的社會地位（當然，儘管種族歧視本身仍舊持續著）；然
而，說到有關黑人惡毒的事情仍是可以被接受的，只要她們的
母親是黑人——或者是猶太裔母親、義大利裔母親、好笑的老
奶奶，或者岳母等等。種族主義者在陳述有關黑人或其他種族
群體時，已經捨棄原本的用詞，像是反閃語族等，但只有當
他們和這些群體（性別未定）或男性團體有關時，情況才是如
此。在這些新的國家，像是種族主義還未消失，只是採取巧妙
的形式，讓它變得更難被指認出來或是去反擊它。性別偏見也
採用更巧妙的形式，公然厭惡女性的笑話，在某些社會圈子是
不適當的，攻擊母親也是如此。關於母親與岳母的笑話遠多於
有關父親與岳父的。身為母親，你已被洗腦，認為自己應該
覺得那些笑話有趣，而不是感覺受傷，因為那似乎是太過敏
感——或是荒謬的舉動。這是很可怕的過程。

一旦我們覺察怪罪母親來得如此容易，而且它也會扭曲我
們的觀點，那麼，我們就可以開始促使自己有所行動。一個知
道我正在寫這本書的朋友說：

　　我昨晚無法入睡，持續思考關於我那八十五歲的
　　母親，她目前住在護理之家，也許不久人世。每次我
　　與妹妹閒聊，我們頻頻抱怨：「你知道她今天對我說
　　什麼嗎？！她質問我為什麼把頭髮剪了？！為什麼她

不能不管我們？！」

　　我持續思考著她對我說過的那些令我抓狂的事，以及那些我要她做而她從未做過的事。我思考著你書裡的內容，然後我從床上坐起來，問我自己為什麼總是看到她的失敗之處，或是讓我心煩的地方？為什麼我從不想想關於那些她曾為我做過美好的事情？我開始想起，在我丈夫和我分開時，她來到我和孩子身邊，幫忙照顧我們的情形。我想起多年來她曾做過讓我的生活更順利，或者讓我開心的所有事情。

　　這位女士已經開始了解到，她的經驗已經被塑造為怪罪母親的模式，她知道當聚光燈聚焦於母親的缺點，它就已經對母親的愛與幽默投下陰影。不管她是否了解，她目前可能正在使用怪罪母親來逃避面對母親即將死亡的恐懼。

一、到處都在怪罪母親

　　如果你是一個女兒，不要想只有你——或其他女兒，你們對母親的觀點是扭曲的。怪罪母親混雜在我們每天的生活中，充斥在每個談話或討論的內容裡，在每個你想得到的場合——包括在笑話中（通常不好笑）、在大海報、電視、電影、人氣作家的作品、在我們自己的家、在文獻、在法院，以及在心理治療師的辦公室中——母親總是被忽略與被貶低，並且成為代罪羔羊。

　　我們每天的語言反應這個模式：努力去想想那些貶低父親的用詞，就像是「狗娘養的」這個詞仍是以責怪母親的觀點而來的。即使像那些褻瀆的語言，「媽媽的男孩」和「爸爸的女孩」這兩種說法並不是真正等同的意義。「媽媽的男孩」隱含了一個令人窒息與保護過度的媽媽，透過這個詞的聯想，她的兒子似乎是心理有毛病，或者至少是不夠男性化、是個可笑的形象；另一方面，一個「爸爸的女孩」則是個幸運且女性化的女兒，因為她是由地位崇高的父親所挑選出來的人。她最糟的狀況，可能就是被認為過度依賴「女性化的詭計」，以獲得父親的注意。

多倫多社會工作者Ruth Goodman告訴我以下這個故事：在多倫多戲劇節的慶典上，有一位導演被問及為何他的影片出現這麼多的暴力鏡頭。他回答說：「如果你認識我的母親，你就會了解。」觀眾們竊笑著，這位導演以滑頭的反應，順利地將責任轉移至他的母親身上，使得人們允許他不必承認這是他自己的責任。諷刺的是，影片中這位母親唯一的錯誤就是她家裡貼上了俗氣的壁紙，並且喜歡米尤扎克（Muzak）的音樂，而影片中的父親卻是一個非常麻煩的傢伙。

當我談到關於我的書*The Myth of Women's Masochism*時，我小心地避免怪罪母親，那是因為我了解到，許多讀者總是設法去怪罪母親。這種現象通常是很明顯的，很多人會靠近我說：「我讀了你的書，已經了解你所說的觀點，現在我同意女性不是受虐狂，她們不喜歡這樣的遭遇。但除了一個人之外：那就是我母親。」很顯然地，其他經過深思熟慮，而沒有說出這些話的人們，其實也相信自己的母親是世界上唯一存在的受虐狂，而且是個有病的人。

家庭中怪罪母親最悲慘的例子就是，那些母親為了所有錯誤責怪自己。如果那些行為偏差兒童的母親所訂下的紀律，比一般母親的管教態度稍微不嚴格，她們就會責備自己「沒有設下足夠的限制」；如果比一般水準稍微嚴格一些，她們就會責備自己對孩子「太過嚴格」。那些比一般孩子更容易感冒的孩子，他們的母親就會嚴厲指責自己沒讓孩子穿得夠暖（即使有時候並不是這樣），而不去責怪小兒科醫師沒有提醒她們感冒和流鼻涕可能是由食物引起，或者小孩整天處於團體中，感冒是很難避免的。傾聽我們自己與其他母親以各種理由怪罪自己，我們自然會了解到應該怎麼做。

當我聽到成功的、受過良好教育的女性，即使她們並不需要為孩子的遭遇負全責，卻以母親之姿批評自己時，我仍感到很驚訝。一位常常外出巡迴演講的母親，只要一聽到她的女兒出現暴食的症狀，她立即停止所有的媒體訪問，衝回家照顧女兒，直到女兒恢復健康──她成功地完成這些事！但她還是斷定自己應該為女兒的暴食症受到指責，她相信自己長年忽略女兒的情緒需求，因為她總是以自己的事業為優先，並且渴望女兒對她的工作表示讚賞。

雖然典型的父親──每天都以工作為優先，並且希望得到孩子的尊敬與讚賞，但是，這樣的父親並沒有因為孩子的問題受到責備。再者，這位演說家已經和女兒的父親離婚了，所以不論在離婚前後，也許父親對待女兒的一些方式，也可能是造成女兒暴食的原因，也就是說，可能還有許多其他的原因，但是，這位母親在她的演講中從來不曾提過其他可能的原因。當我聽到這位女性公開地提出她的「過失」，以證明自己是個失敗母親，我的想法是，這種苛責是多麼的不幸，以及令人感到害怕，因為她對自己不公平的評斷，不僅加深了人們對母親的責備，也加深了其他母親的自責。

即使母親並沒有挑剔自己的毛病，家中的其他成員也會這麼做。散文家Essayist Nancy Mairs說，她十六歲的女兒Anne自願到中美洲擔任義工時，Mairs的公婆對於她允許Anne這麼做而責備她：

（George的父母）絕對會對他提及此事，我起初感到受傷、憤怒與被挑剔，稍後我漸漸了解到自己是他們指責的當然對象，他們不倚賴George去了解女孩

應該做什麼？或不應該做什麼？或者要去告訴女兒他
所知道的事情，但卻期待我必須這麼做，因為我是
Anne的母親。

責怪母親的迷思受到心理健康中心研究人員與實務工作者
言論的滋養，也就是那些我們文化所認同的人類行為專家。我
們通常忘記，他們的理論與研究也會受到相同的社會趨勢所影
響，而母親是個代罪羔羊的概念早已遍及整個社會。

二、存在於專家心中的怪罪母親迷思

(一)如果研究者這麼說，它可能就是真的

在第一章中，我提到，我曾研究存在於心理健康專業人士
心中怪罪母親的迷思，我的資料是來自於他們自己發表在學術
期刊中的作品。結果顯示，他們通常很少，或甚至沒有任何隱
瞞自己怪罪母親的迷思，顯然他們覺得不需要隱藏，這些結果
早在我剛開始研究時就已經提出來，可是直到今天，這個現象
仍然持續。

我的學生Ian Hall-McCorquodale和我一起讀了一百二十五
篇在1970年、1976年和1982年這三年中，在九種主要的心理健
康期刊中發表的文章，有一些文章是獨立的個案研究，有一些
則是針對許許多多有著情緒困擾的人們所做的研究報告。我們
依據怪罪母親迷思中所呈現的六十三種不同的形式，以這些形
式將每一篇文章分類，分類範圍從「描述母親的習慣文字」與
「描述父親的習慣文字」，到直接將早期怪罪母親的迷思引用
於現今的例子上，卻沒有任何人質疑它是否適用。我們發現，
不管作者是男性或女性，不管他的職業是什麼，其中包括心理
分析學家、精神病學家、心理學家、社工、心理健康專家，都

沉迷於怪罪母親的迷思之中。在這一百二十五篇的文章裡，母親因為子女出現七十二種不同的問題行為受到指責，這些問題行為的範圍從尿床到精神分裂、從色盲到攻擊行為，甚至從學習困擾到變性殺人傾向的問題。

　　我們發現發表於1985年的兩篇報告中，有著令人相當滿意的反應。其中有一封典型的信件，一位女人寫著：「我和丈夫兩人都是實務的精神病學家，數年來，我曾經試著說服丈夫『母親是所有錯誤的代罪羔羊』這個概念，現在我已經有足夠的資料去證實這個觀點了。」她的信證明了一個重要的概念，那就是以下的看法至今仍然真實存在：大部分的心理治療師，像是這位女人的丈夫，甚至不知道自己或其他人做了這麼多怪罪母親的舉動。我們接收到少許的負面反應，有些人擔心倘若我們減少了怪罪母親的迷思，就會更容易去怪罪父親，雖然我們從未提倡怪罪父親的概念，但是很明顯的，從這些擔心中，我們發現二者相較之下，心理治療師對於責怪母親感覺較為安心。

　　在心理治療師的出版品中，對於怪罪母親的堅信程度令人難過，有時候，這種怪罪母親的現象是以患有疾病的母親，以及母職行為的形式出現，有時候則是要她們為孩子的偏差行為負起全部的責任。心理治療師Jane Knowles在討論母親的病症時，說道：「精神病學的世界逐漸了解到，有許多年輕的母親是不快樂的，而他們將這種現象當作是她們個人內在的問題。」她也注意到，當母親們接受她的心理治療時，她突然發現實際上這些母親是多麼「正常」啊！她們試圖紓解自己身為母親的壓力，其中她們所採用的方法也是那麼容易理解。然而，因為她們覺得自己無法輕鬆且沉著地擔任母親這個角色，於是，又非常容易就陷入自己是個「病人」的迷思中。

　　一個特別令人難忘的例子是，一旦孩子出現心理問題，心理治療師過分強調怪罪母親的概念。這份研究報告最近發表於 *American Journal of Orthopsychiatry* 中，那正是我們一開始發表怪罪母親文章的期刊。研究者花了超過十六年的時間研究兒童行為，想要了解兒童早期的行為是否會導致青少年的攻擊行為？雖然大部分的兒童來自雙親家庭與異性戀家庭，但是，研究者只研究兒童與母親的互動方式，這種研究方法並不令人訝異，他們發現，那些定義為母親對兒童「負向」的管教方式與兒童後來的攻擊行為有顯著的相關。研究者排除母親不是這個研究中唯一的問題，他們也沒有考慮到另外的可能性，那就是母親的「負向」行為有可能是母親努力照顧一個難以管教的孩子的一種「反應」，而不是造成孩子問題行為的一種「原因」。

其他最近正在努力寫作、作風開明的作者表示，那些被診斷為心理疾病——像是邊緣性人格疾患的個案，心理治療師通常會將原因歸咎母親。但是事實上，它是一種行為的連結，起源於嚴重的兒童性虐待，這幾乎都是男人犯的罪。這種怪罪母親的態度對母親是多麼不公平，而且它讓真正的犯罪者得以脫罪，這種現象使得那些亂倫的倖存者感到困惑且害怕。

在這些研究與理論中出現的偏見並不是個新發現，它們在母親養育我們的那個年代就出現了。一個目前六十五歲、有三個子女的老母親告訴我，她記得在一個大學課程中，學習到嚴重的情緒疾患稱為早期自閉症，這個症狀起因於冷酷的母親拒絕自己的嬰兒（後來發現這不是真的）。她說：「每當我照顧其中一個寶貝，感覺有些疲累或煩躁時，我就以為自己會導致孩子處於自閉的狀態。」

一個差不多年代所發生的案例則是，母親得負責為學習障礙的孩子提供一些技術性的協助，我花費數年的時間與這樣的孩子工作，並且寫下有關他們的問題。即使學習障礙的定義中就清楚地說明，它不是源於缺乏學習動機或學習刺激，但我還是常常聽到母親必須為孩子的學習障礙擔負全部的責任。一位母親告訴我：「我讀過所有有關如何教導孩子閱讀的書籍，我試著使用這些方法去教導Jessica，但是沒有任何效果。在每次輔導課程結束的時候，她和我都感到很挫敗，老師說，我應該繼續與Jessica一起努力，但我不知道我還能做什麼？！」

就像社會學家Dorothy Smith和Alison Griffith在她們的研究中發現，學校系統讓母親們花費許多的時間，去幫助學校完成學校想要完成的工作。這個情況是真的，不只是針對有障礙的兒童，還包括幼稚園與小一的學生，學校對母親們的期望是一樣的，學校希望孩子在入學前就已學會英文字母，因為母親已經教過他們了。

(二)兒童虐待：慣例

以怪罪母親的觀點來解釋研究結果，其中最經典的例子是出現在兒童虐待的領域中，包括性虐待與身體虐待。在研究兒童虐待這個主題時，要確實進行一次研究是困難的，因為虐待事件通常會被隱藏起來，特別是那些發生在家庭比較富裕、受過良好教育的案例。基於這個原因，研究是誰虐待了兒童這個問題，已經給了我們一個曲解真實的圖像，許多所謂兒童身體虐待的專家們聲稱母親比父親容易虐待孩子，這種說法對於那些想到母親，就會想到理想化的語詞像是「家中的天使」的人來說，是多麼令人震驚！相對地，它符合了有關母親比較不好的性別刻板印象：她們是「邪惡的巫婆」，不能或不願意控制她們無邊無際的狂怒。

做出這種結論的研究者很少去問問，每對父母分別花費多少時間在孩子身上，通常答案是母親花費的時間遠遠超過父親。在兒童虐待的研究中，許多父親是離家出走，或是很少在家的狀況，父母分別花費在孩子身上的時間差距這麼大，而且實際上，母親虐待孩子的時間又遠遠少於父親。但許多「專家」仍舊相信，母親比父親更容易犯下虐待兒童的罪刑——這是一個嚴重曲解的信念。

　　幾乎每個照顧孩子的人都會偶爾感覺挫折、無助與精疲力竭，導致她們當時可能會使用一些體罰，或是出現一些虐待行為，而上述對母親的誤解影響了許多母親，造成她們對自己這些行為感到嚴重的罪惡感。雖然虐待兒童是錯誤、且危及孩子生命安全的行為，但是我個人在這個領域努力工作的經驗中發現到，那些曲解的研究結果會導致人們忽略了虐待事件中最重要的問題，像是母親缺乏支持，因為有時候母親的處境真的是非常困難。這些誤解深化了人們相信母親是危險的信念，特別是與父親相比，因此人們也就更加害怕母親，這種害怕的心理促使母親虐待孩子，成為一種惡性循環：當女人相信自己是一個可怕的媽媽，她的自尊會下降，孤獨感漸增，因而增加了虐待孩子的可能性。

　　即使有一些研究認為，兒福人員應該運用研究結果去辨識出施虐父母的類型，但是，所謂的父母主要指的也是母親。有個來自一所一流大學報刊的文章，傳達了人們印象中只有母親會虐待孩子的偏見，雖然這篇文章的標題是「從家庭互動中了解施虐『**父母**』之研究」（請注意粗體字是父母），但是，他們發表的研究結果全都只是描述母親。根據這個研究，研究者製作一個施虐「父母」的表格，但實際上他們只研究母親——研究其中一百位施虐母親，然後做出研究結果，並且描述各種施虐母親的特質，包括她們是嚴厲的／侵犯他人的、隱藏的／敵意的，以及情緒疏離的：

(1)「嚴厲的／侵犯他人的」母親是過度嚴厲且不斷干
　　預孩子們的行為……

(2)一個「隱藏的／敵意的」母親很少對孩子表現正向
　　的情感，她公然地攻擊孩子的自尊心，並且否定孩
　　子的情感或關心的事情……

(3)一個「情感疏離」的母親極少涉入孩子的生活，她
　　對於孩子的活動表現出消沉與不感興趣……

　　由於心理疾病與個別母親的惡劣行為都會加深怪罪母親的
偏見，因此，研究結果就好像父親從來不會虐待孩子，而那些
更複雜的家庭因素與社會因素對於造成虐待行為，好像一點都
不重要。

　　在1980年代，女性運動破除上述父親不會虐待孩子的迷
思，並且在精神病學的教科書中將它揭露出來，也就是那些被
人們視為禁忌的亂倫事件，因為它是一種禁忌，所以，當時大
部分的亂倫事件都不為人所知。目前數百萬名女性揭露自己曾
在兒童期遭受過性虐待，心理健康專家立刻指責這些（幾乎都
是男性造成的）受虐者的母親，他們聲稱母親通常知道這些虐
待事件，卻在某種程度上允許它，並且讓它持續發生；她們可
能認為亂倫事件對自己來說是一種解脫（現在我不需要和他從
事性行為），因而幫助丈夫創造父女單獨相處的時間，那麼她
們可能就可以拒絕與丈夫同床等等。即使這個受虐者的母親可
能不在家中、患有重病，或者是殘障，她可能還是得為了這
個亂倫事件受到責備。Mary DeYoung在*Journal of Family Vio-
lence*期刊中發表：「即使那些真的相信女兒、支持女兒，並且
保護女兒的婦女們，也無法逃離人們的批評」，DeYoung同時
也指出，母親們甚至很少被問及當她們得知亂倫事件時，她們
做了什麼努力？

　　當女兒成為亂倫的受害者時，專家們與整個社會傾向去怪
罪母親，所以，女兒責備母親的情形遠多於責怪那個傷害她們

的男人。人們對於施虐者是「生病的」的說法，影響了怪罪母親的方式，因為這種說法使人們忽略，或者進一步免除施虐者應負的責任。正如Carole Ann Hooper指出：「女人通常被認為是那個『唯一』要為此事負責的人」，即使「她們缺乏資源獲得有效的協助」。Hooper指出，那些真正尋求協助的女人，通常無法從兒童福利機構得到任何幫助。在某些案例中，母親尋求協助的唯一結果就是，母親因此受到監督。在*Journal of Child Sexual Abuse*期刊中，Ila Schonberg表示，當母親在陳述亂倫事件時，由於太過傷心，使得她們很可能被說成是個「歇斯底里的」母親，法院的審判結果很可能是加害者在不須被監督的情況下，就擁有探視孩子的權力。

如果人們事先知道這是一起由父親造成的亂倫事件，然後再去散布這種怪罪母親的言論是不可原諒的。密西根大學社會工作學系教授Kathleen Coulbourn基於研究超過三百個案例做出以下的結論，這個結論是母親通常不知道家中發生亂倫事件，當她知道後，通常會公開這個事件，並且努力阻止它繼續發生。她如果選擇不公開，通常是因為丈夫恐嚇她，倘若她將此事說出去，會進一步傷害她及女兒，或者是因為她曾受過的教育告訴她：「好母親必須維持家庭的和諧」（也許順從丈夫沒什麼關係），而且亂倫事件一旦被公開通常會摧毀整個家庭。還有一個原因是，有些母親從來不曾懷疑家中會發生亂倫事件，那是因為加害者在性侵女兒的同時，仍舊持續與太太維持著性生活；甚至有些加害者在太太知道有關這起亂倫的事件後，通常會激動地毆打太太與孩子，導致她非常害怕如果公開此事，加害者可能會嚴重地傷害或殺死她與孩子。

一些試著告知母親關於自己受到虐待的女兒，通常會因為內心的害怕或內疚，導致她們以模糊不清的方式述說此事，所以，她們的母親也就不了解女兒的意思。因為對大部分的人來說，性虐待是一件不可思議的事情，所以，母親通常聽不懂女兒試著告訴她的意思（或許虐待者不是女兒的親生父親，而是母親的伴侶，那麼對母親來說，還比較容易了解）。一個忠誠且受過良好教育的母親說：「在我發現前夫虐待我女兒之前，如果你問我，我會說他是一個自私、無情而且狡猾的人，但是性侵害？他不可能這麼做！」

充分的證據證實，亂倫的加害者通常會很狡猾地面對此事。他們長時間表現得就像是個酗酒者，藉此來否認或隱藏亂倫事件。而且，倘若一個母親沒有為父女「安排時間」單獨相處，她可能又要承擔一些風險，也就是被稱為是個具有獨占慾的母親。

即使在這些極端的案例中，人們將虐待事件怪罪母親，她們之間的母女關係仍然有希望獲得改善。

一位性侵受害者在她二十幾歲，參加倖存者團體聚會時揭露此事。她說，在她在很小的時候，有一位鄰居的成年男子對她性侵害，她說當時她將此事告訴母親，她的母親不發一語，沒有任何反應，因此她總感覺母親背叛了她，未能給她充分的支持。團體領導者鼓勵她再次與母親談談此事，後來她鼓起勇氣真的去做，母親的反應竟然是：「當你告訴我的時候，我是那麼害怕自己說錯什麼話？或做錯什麼事？可能對你造成更大的傷害，所以我試著不要對此事有所反應。後來我去找精神科醫師諮詢，他告訴我為了你，最好不要再提這件事。」

可想而知，過去這個女兒花費許多年的時間怪罪母親，那是因為我們都是受到這種教育後的結果。

三存在於心理治療師心中怪罪母親的迷思

心理治療師已經了解到，我們的母親在養育我們的那個年代，當時社會所呈現的權力氛圍，而那種氛圍一直持續至今，也就是在暢銷文章與書籍，以及談話節目中，心理健康專家不斷地傳達那些他們從專業訓練中習得怪罪母親的訊息。從1930年代開始，心理治療師對許多人有著深遠的影響力，人們認為他們全都是揭露客觀事實與科學真相的專家，而這是一般人們對於心理治療師所做的錯誤假設。

　　一些公正、敏銳的心理治療師對於那些快要發瘋的母女們來說，是個很好的支持者與協助者。但是數十年來，心理治療師太常有意無意地將這些怪罪母親的概念傳達給母女，這比起那些在研究中呈現怪罪母親的觀點，對母親造成更大的傷害。一個接受心理治療的病人對著心理治療師揭露自己最私人的感受，以及自覺羞愧的秘密，她接受心理治療師是為了讓自己感覺更好，並且更了解自己與自己的生活。因為，這樣的期待賦予心理治療師無上的權力，然而大部分心理治療師所受的訓練，卻隱含著許多怪罪母親與責備女人的觀點，只有非常少數的心理治療師能夠幫助病人超越這些觀點。傳統的心理治療師傾向於相信怪罪母親是符合真實狀況，所以，他們認為自己是在為幫助病人接受事實。因此，女人在接受心理治療之前，最先接受到的是心理治療師對她們與母親的看法——或是她們身為母親這個角色的看法，像是操控的、冷酷的、拒絕的、干擾他人的，以及過度保護孩子的形象等等。現在，讓我們來看看一些心理治療師貶低母親的例子。

　　自從1960年代開始，心理治療師對母親的態度深受Margaret Mahler在兒童心理學領域中母親「分離與個別化」的研究結果所影響。Mahler建議心理治療師注意觀察母親進入諮商室時，她與孩子相處的感覺是否就像「孩子是她的一部分」，倘若出現這種行為則顯示母親無法與孩子分離；或者母親的表現就「像個無精打采的個體」，那顯示她應該是個冷漠與拒絕孩子的母親。想像心理治療師以如此狹猛的認知基模觀察母親的行為，而且每一個認知基模都是各種壞母親的形式；更令人難過的是，心理治療師會在與案主談論關於她們與孩子的關係時，不知不覺地將這樣的訊息傳達給母親。

大部分外行人從不曾聽過Mahler的名字，以及一些與她有著相同想法的同事，但是，許多隱含怪罪母親觀點的理論已經變得像是真理似的為眾人所熟知。在一個最近非常流行的心理治療典範中，那些酗酒者、藥癮者、嗜賭成癮的賭徒，以及沉迷女色者，他們的太太因為支持丈夫的成癮行為受到指責，因而使得她的孩子生活更為艱辛。這些理論的擁護者使用「共依附」與「賦能者」的語詞來形容這些太太／媽媽，說她們「需要」丈夫的問題來維持家庭系統的平衡：「她喜愛扮演拯救者」，或者「她以嘲弄丈夫喝醉時的行為有多麼糟糕與令人討厭為樂」。

然而事實上，當你問起這些女人，如果她們可以使用魔法，神奇地解決丈夫的問題行為時，她們會有什麼感覺？她們一想起來就表示負擔減輕多了。那些試著停止成癮行為的男人們發現，這是一種生理與心理的煎熬，太多人會將這種挫折感帶回家中，包括以語言虐待或動手毆打妻兒使她們屈服。當女人悲嘆這種惡性循環的行為時，許多心理治療師會說：「啊哈，她不想讓他停止酗酒」，心理治療師忽略主要的事實，那就是太太們想要男人能夠同時停止酗酒與虐待這兩種行為。

其他正在復原的男人羞於面對太太，因為太太已經知道他們過去酗酒的習慣，所以想要離開太太，難怪有一些太太對於丈夫復原後的未來會感到害怕——但這迥異於想讓丈夫的酗酒習慣持續下去。諷刺的是，這些與丈夫分開的太太，會因為拆散家庭，並且讓孩子與父親分離受到人們的指責，而那些留在丈夫身邊的女人，也會因為「共依附」的語詞被貶低，因為女人「愛太多」，與無法將孩子從他們父親的成癮行為中拯救出來而受到譴責。

你不必身為心理健康專家，就可以理解到我們的文化傾向將父親的酗酒行為怪罪於母親。電視明星Suzanne Somers曾描述因為父親的酗酒問題，造成她們兄弟姊妹對母親感到非常的憤怒。為了努力尋找解決之道，當她勇敢地面對酗酒與施虐的父親時，意識到自己置身於危險之中，於是他們將這種失望與憤怒指向母親。Somers的故事有個快樂的結局，那就是她們的父親不再飲酒過量，兄弟姊妹也懂得感激母親的堅強與關愛，使得他們全家人能夠克服那段艱困的歲月。

　　如我曾提過的，當病人不是母親的丈夫，而是她的孩子時，怪罪母親的現象仍然普遍存在。一個朋友曾對我描述她的經驗，當她的孩子生病時，她感覺害怕與無助，在這種情況下，仍被精神科醫生們視為應該受到指責的對象。Kumiko十歲大的女兒Laurel非常的疲倦，而且出現噁心的感覺，吃不下任何東西。Kumiko運用許多溫和的技巧引誘她吃東西，但是疲倦與噁心的感覺持續著；家庭醫師安排許多昂貴的醫學檢查，然而檢查結果卻顯示沒有任何生理問題，於是，這個醫生將Kumiko和Laurel轉介到三小時車程的州立大學附屬醫院。

　　那裡的醫學人員發現，Laurel檢查不出任何生理的因素，因此將她轉介到精神科病房。精神科人員告知Kumiko要將Laurel留在醫院三個星期，這段期間不要與她有任何接觸。當Laurel為孤單哭泣時，精神科醫生推斷「她與母親的關係太過親密，彼此是共生的關係」。三個星期後，當她們回到家中，Laurel仍有生理上的病痛，心理則感覺沮喪得很，現在Kumiko與Laurel兩人都已經被貼上精神疾病的標籤了，Kumiko也因此感覺內疚與羞愧。一個月後，Kumiko聽從一個朋友的建議，讓Laurel服用一種可以減緩消化作用的廣告藥物之後，Laurel不再感覺噁心，並且開始正常的飲食，同時她的沮喪心情也不見了。

　　當然，在這個簡短的例子中有許多的個別差異。在我自己觀察怪罪母親的現象時，我發現一篇文章，作者的目的在於研究因戰爭入獄的男子，他們的子女是否會因為父親的經驗而患病。這些父親們都是感到挫折與情緒疏離的人，而且子女也患有情緒困擾，但是研究結果後來卻朝向怪罪母親的觀點，理由是：女人因為看到丈夫的痛苦，心情沮喪，因而干擾她們妥善照顧子女的能力。相似地，如同Aphrodite Matsakis在她所撰寫的書中，提到有關越南退役軍人的太太，作者陳述這些太太應該為了丈夫的精神疾病症狀，以及這些症狀對家庭產生不好的影響而受到責備。

　　通常，女人並不是依賴她們的心理治療師跨越怪罪母親的迷思，而是獨自地或經由他人的協助達到這個目的。一個四十歲的職業婦女告訴我，她的心理治療師幫助她將自己對母親的憤怒表達出來，但卻無法超越這些憤怒：

　　　　從我四歲開始，我的母親被父親威脅，所以當時她利用我來面對丈夫。我們兩人都知道我有勇氣對父親說出她不敢說的話，而且她讓我承擔這個角色，對我來說是不公平的。我的心理治療師幫助我感受自己的憤怒，但是後來他也只讓我停留在感受這個階段，也就是說我對於母親這樣地操控我，我覺得非常生氣。

　　後來是什麼改變了這個女人對自己的看法呢？並非來自於心理治療師提供的療程：

　　　　後來只有在自己也成為一個母親，我對她的「操控」才有了真正的領悟。首先，我了解到以某種程度來說，她的確在操控我，但大多數時候，她是一位了不起的母親。但是，我的心理治療師卻只要我去談談她不好的那一面。擁有自己的孩子之後，我才了解到要成為一個完美的母親有多麼困難！這樣的領悟使我開始感激她為我付出的一切，而不再只是停留在她讓我去面對父親的那一面，於是，其他的回憶就慢慢地回到我的腦海，包括她為了向四百位女童軍義賣餅乾，自願開二小時的車去載回餅乾——然後在凌晨2:30分，當我們把餅乾堆滿整個房子時，她對我們說：「好，夜晚是生氣蓬勃的，我們只剩下薄荷口味的餅乾就完成了。」她有幽默感，而且支持著我所做的每件事情。在我治療的過程中，這些卻在我的腦海裡被遺忘了。

這是令人難以相信的，心理治療師竟然做了這麼多怪罪母親的舉動。因此，我們必須了解他們究竟做了什麼，以及為何他們會這麼做。

(四)心理治療師沒有承擔起應負的責任

對於地位高高在上的心理治療師，我們沒有積極地質疑他們的意見，其中一個強而有力的理由是，心理治療師沒有正當的理由去增加女人與母親之間的疏離感。一個以母親與女兒為主題的會議中，一位女性心理治療師播放一部她與一位母親、一位父親以及他們的年輕女兒會談的影片，心理治療師與觀眾們一起抱怨，並且嘲弄母親「沒有參與」父女的互動時，以及「坐在那兒，看起來很可憐」。但是實際上，女兒是那種典型的「爸爸的女孩」，她表現出不健康地崇拜父親，父親是一個走入真實世界賺很多錢的男人，而父親對待女兒的方式彷彿女兒是一個嬌縱的娃娃，一點也不需要母親。母親知道他們的互動方式是錯誤的，因為女兒需要崇拜父親，而父親需要受到女兒的崇拜，父女二人都需要繼續維持完美父親與完美女兒的心理遊戲。心理治療師似乎沒有察覺到，這位母親是家中唯一擁有高自尊的人。父親因為是個男性，而且是家中的經濟來源，所以受到尊重；女兒受到重視，則是因為她年輕、吸引人，以及全心全意地崇拜著父親。但這個母親是「只是」個家庭主婦，當時有一位觀眾反對這種怪罪母親的解釋，然而心理治療師卻忽略她的意見，由於心理治療師被人們視為專家，所以她所呈現出來怪罪母親的態度，塑造了大部分人對這個家庭的看法。

極少心理治療師的看法會受到人們質疑，大部分的門外漢誤認為自己對心理學與精神醫學這個「科學」（很少是真正、嚴謹的科學）了解太少，如果他們對心理治療師的主張有所質疑，害怕讓人覺得自己很愚蠢。事實上，大部分中學程度的學生都能夠在心理健康研究報告中，找到研究邏輯、研究設計與資料解釋上所犯的錯誤。此外，在個案報告中，對於病人問題的歸因與推理也會出現許多的錯誤，但是很少人會去閱讀這樣的報告，他們只依賴自己的心理治療師，還有一些心理治療師演講時所提供的意見，以及心理治療師在書中提出那些證據不全或不正確的主張。因此，心理治療師們怪罪母親的態度通常都不會受到挑戰。

(五)法院中的母親

在司法體系中，母親通常被視為完全沒有能力的人。Phyllis Chesler曾經以資料證明，法官長久以來使用沒有根據的假設，解除母親對於孩子的監護權，這種情況簡直到了令人驚嘆的程度。Rickie Solinger提到在最近的年代裡，母親喪失監護權的原因，包括「母親是殘障的、政治激進主義份子、太年輕、未婚……離婚的、從事性交易的、太老的、種族錯誤、無神論者、印第安人、聾的、重病、智障的……女同性戀者、曾被指控與孩子說西班牙語、大學全職學生、藥物濫用者、貧窮的」等等。Renee Romano報導在過去幾十年間,「高等法院出現了大約二十五個爭奪孩子監護權的案例,那是因為那些白人母親再嫁給黑人,地方法院因而否決了她們與前夫所生之白人孩子的監護權」,好母親喪失孩子監護權的原因,包括她們有工作(所以她們可能會關心事業勝於孩子),也包括她們沒有工作(無法提供經濟支持,不能提供孩子足夠的愛);既因為她們與男人同住(她們的男女關係混亂),也因為她們家中沒有男人(她們是孤單的,或不能提供一個穩定、異性戀養育孩子的環境)。

提到上述最後那個原因,雖然在過去二十年,同性戀母親的數量(包括先前異性戀婚姻者、單身的、擁有女伴的、親生母親與收養母親的)已經在增加,而且有相當多的研究文獻顯示──與一些人的假設相反──由女同性戀者養育的孩子在情緒調適或性行為上,和異性戀者養育的孩子並無不同,但是,法院仍不能免除法官自己對於女同性戀者的偏見。

另一種對母親的偏見以不同形式呈現:法官很少考慮以男人對孩子性虐待與身體虐待,或是在孩子面前虐待妻子的理由,作為合理否決男人對孩子的監護權。因此,一些受虐的母親或是看著丈夫虐待孩子的母親會感到無助,是完全可以理解的。

Katha Pollitt指出,法庭是如何偽善地面對藥物濫用的懷孕婦女。一般公認地,許多人聽到成癮者是個孕婦時的第一個反應是:「這個婦女不應該撫養孩子」;然而除了這個直覺的反應之外,Pollitt還指出,法庭並不是真的關心孩子或是母親的福利,因為「法院安排了上癮的孕婦入獄,卻沒有安排她們接受藥物處置計畫（這類型計畫的對象傾向排除孕婦）……更遑論安排房東不要把她們趕出去，或是產科醫生可為這些未投保的孕婦看診。而且，政府部門為婦女、嬰兒，以及兒童附加撫養計畫所提供的全部資金，真正符合資格者僅達到預算的三分之二」。Pollitt的文章將我們的觀點從單純地怪罪藥物成癮的貧窮孕婦，擴展至我們必須承認，我們的社會其實可以經由法院與其他許多的方式來幫助這些孕婦與她們的孩子，但是我們的社會卻選擇不去做，這是多麼令人震驚的發現！

當心理治療師以「專家證人」的角色出現在監護權的爭論中，他們通常帶著怪罪母親的觀點進入法庭，司法系統與心理健康系統提供怪罪母親雙重的致命打擊。許多母親認為，精神病學的評量可以幫助她們爭取到孩子的監護權，特別在父親是暴力的、不負責任，或是心理失常的情況下，然而結果卻非常令人失望，因為即使她們找到丈夫的患病證據，但是，這樣的丈夫仍能被肯定為「有能力充分照顧孩子」而獲得監護權。

如上述所言，大約在過去的二十年間，成千上百位亂倫倖存的成年婦女站出來陳述自己的故事，包括：在治療團體中，她們參與團體的目的是為了治療自己心痛的情緒創傷；在她們得知施虐者正在虐待子女時，勇敢地在家庭聚會中站出來對抗那個男人；在她們書寫的文章與書籍中，試著治療自己，並且讓其他女人知道她們並不孤單；在法院中，她們防止施虐者不要再傷害他人；一段時間過後，這些倖存者長大成人，比起遭受虐待的那段期間，她們可能會獲得多一點點的尊重，人們有時會願意傾聽並且相信她們，有時吧！

近來，出現一個危險的轉變，已成年受害者的陳述被看成好像他們對現行的虐待事件幾乎或完全沒有關係；而且，對於母親及兒童的陳述也表現出無禮的態度。這股潮流是說，母親會誤導孩子陳述他們的父親虐待他們，那麼這個母親的動機是什麼呢？她是個想要報復前夫的惡毒前妻，所以操控不適任或不道德的心理治療師，使孩子相信自己被虐待。這樣以偏概全的說法，以及不公平的指控，通常很快經由口耳相傳為人熟知。若是其中有一個男人被誣陷，的確是很悲慘，不可否認的，有一些清白的人的確會受到錯誤的指控，但是到目前為止，我們並沒有聽說因為這種理由，要求社會取消懲罰小偷或兇手的法律。事實上，大部分兒童性虐待的陳述是真實的。

父親對女兒的性虐待讓母親處於進退兩難的困境中：沒有告發虐待事件的母親被說成是父親的同夥人，甚至是故意或潛意識地觸發這個虐待事件；然而，告發虐待事件的母親則被說成她在說謊、厭惡男人，或是歇斯底里的女人。

我是多麼震驚地了解到，許多反女性運動是由律師所發起的。一個家庭律師的團體要求我，在他們領導者參與會議時，告訴他們關於「我們的法律系統苛待女性」的狀況。會議中，我立刻看到律師們（一位女律師和大約二十位的男律師）對於司法系統虐待女性的事實一點興趣也沒有，他們想要的是，談談有關那些詭計多端、報仇心切的前妻是如何虛構性虐待的故事，以避免前夫靠近孩子。

資深且公正的心理治療師如Peter Jaffe博士，他是倫敦安大略家事法庭門診部的主管，對此發表一個更為精確的圖像。Jaffe博士解釋，他在過去的六年中，曾看過五百多個關於爭奪監護權的案例，只有兩個案例是虛構的性虐待，而這兩件案例中的母親都是真正的相信虐待事件確實發生過。

令人傷心的是，太少人關心這個事實。在一個典型的案例中，一位評估家庭狀況的社工被問及這個父親是否曾經性虐待九歲的女兒時，社工做出結論：「我不確定這位父親是否曾性虐待女兒？因為這會牽涉到孩子監護權的問題。而這位母親對於前夫相當痛心，可能是她提出控訴的動機。」然而，當人們提醒這位社工，他們並沒有監護權的爭議時（在父母離異的七年中，母親已經擁有孩子的監護權，甚至在性虐待公開之後，並沒有出現監護權的問題），他只是稍微地把說法轉回來。因為這位社工持續堅持怪罪母親的論點，所以主要的議題——父親對女兒的性虐待也就被忽略了。

在整個北美洲，由於對母親的懷疑，阻礙了人們對於受虐兒童應該給予適當的關注。甚至在夫妻同住的情況下，南方各州社會服務部門裡的委任律師仍然聲稱，一些母親真的必須為丈夫對女兒的性虐待負起責任。他的證據是什麼呢？「一位婦女回學校去攻讀博士學位，加上她有一份兼職的工作，因而留下丈夫與女兒獨處」。一位婦女在看過我的電視節目之後打電話給我，她最近知道丈夫對他們年輕的女兒性虐待，於是前往區域醫院的性虐待門診求助。在她告訴他們女兒說過的話：「父親把他的東西放在我的屁屁上，它弄得我好痛」，性虐待防治團隊給這個母親的唯一建議是，要母親服藥，因為他們認為她可能患有躁鬱症，目前處於發作期。

這樣的故事令人難以置信，然而並非罕見。目標為防治兒童虐待的團隊成員為何如此遲鈍？其中一個原因是，不管他們如何提升對於兒童虐待事件的覺察能力，他們大部分都還是受訓於傳統的具有怪罪母親觀點的課程，他們與督導通常懷疑受虐者的陳述。再者，另一個原因是，防治兒童虐待團隊成員甚至不能免於來自反女性團體的社會壓力，這些團體聲稱性虐待是由孩子與母親所杜撰出來的故事。

由於這些「專家」建構如此錯誤、負面的母親圖像，難怪怪罪母親成為大多數人的第二天性。不只怪罪母親的態度是不對的，同時，它也促使人們對母親產生誤解與徒勞無益的憤怒。

二十世紀即將結束，一些律師和心理治療師一起創造一個可怕且具有驚人效果的方法，用來質疑那些陳述前夫性虐待孩子的前妻，現在它已經是一個很普遍的訴訟程序。這個方法的基礎是以女人對於孩子遭受虐待秉持的信念作為主要的證據，證明她罹患一種叫作代理孟喬森症候群（Munchausen syndrome by proxy, MSBP）的心理疾病，這是一種母親藉著敘說可怕的事情會發生在孩子身上以獲得注意力的疾病。一位富有同情心的律師曾告訴我，當一個誠實的個案陳述著孩子正在受虐的事情時，因為她們受到的傷害是那麼的深刻，所以律師們也不知道該如何給她建議。他不再能夠簡單地說出「告訴心理治療師與法庭裡的法官，他們自然就會做出審判，你的孩子將會受到保護」。現在，他們覺得依據個人職責所在，必須提醒她，如果她控告前夫性虐待孩子，法庭可能會找到她罹患代理孟喬森症候群的證據，因而否決她對孩子的監護權。

三、怪罪母親是一種目的

當我們開始檢核母職的迷思，並且發現相反的迷思是共生的情況下，我們將證實社會普遍的目的是在怪罪母親。例如，母親需要專家的意見才能健康地養育子女的迷思，與之相反的是，母親天生就知道如何養育子女，這兩種相反的迷思是共生的；相同的情形，母親是無怨無悔地持續提供撫慰的迷思，與之相反的則是，母親是無止境提出需求與耗盡子女的情感，這兩種也是相反且共生的迷思。這些不一致的迷思提供一種很重要的功能：它們都證明了這些迷思是貶低與虐待母親的方式。我與兒子Jeremy都曾寫道：「倘若我們的社會想讓任何一個群體成為代罪羔羊，那麼我們的社會就會擔心：如果這群代罪羔羊其中一個成員做了一些好事，那麼，要繼續指責這群代罪羔羊不是變得更困難了嗎？」代罪羔羊的存在允許握有這個權力的人們繼續保有他們的權力，因為他們主張自己應該留在權力的頂端，他們讓人們相信代罪羔羊製造所有的麻煩。因此，可能會對代罪羔羊做出這樣的事情：「拿走這個群體裡的成員可能做出任何好的，或甚至是不好不壞的事情，以作為這個群體是劣等的、罪惡的，或者應該受到責備的進一步證據。」為了繼續維持這種權力分配，所以，必須在每個情況下都創造出一種怪罪母親的迷思。

怪罪母親在其他方面也使得男女不公平的權力分配永久不變。首先，它藉由讓女人保持弱小、羞愧、害怕的方式達到目的。我們不是法官，卻做了審判。由於對母親的行為感到這麼不信任，所以，我們「急切地想成為比以前更好的母親——甚至和自己的母親比較，而不是為我們自己或其他的母親，努力讓事情更得更容易與更公正」。我們的子女被社會鼓動，加倍感覺母親是無能為力的，因而對母親生氣，如同我們不斷地為自己辯護（普遍的母親），以對抗所有社會病態的歸因——犯罪少年、離婚、藥物濫用等等，他們將這些問題都歸咎於母親。

複製怪罪母親的觀念，也讓我們比較沒有精力為母親與其他女性爭取更多的權力，並且取得更多男女之間權力的分享，為什麼男人反對女人擁有權力？——或者反對母親的權力呢？有很多的原因，但是現在我只想談談其中最主要的兩種原因：害怕與欽羨。

㈠害怕

男人害怕女人一旦不受羞愧、焦慮與恐懼的限制，她們就可能行使極大的權力。這種想法威脅許多人，特別是那些不願意與女人分享權力的男人，許多女人為了情感壓抑自己的潛能，因為她們受到鼓勵要停留在接觸情緒以及表達情緒的範疇裡。許多男人已經學習到對情緒不感興趣，或者對情緒感覺不自在，他害怕這種不熟悉的力量，而這種害怕則來自於未知。

再者，許多男人害怕在年幼時，母親曾擁有支配他們的那種權力。現在長大成人，他們相信被某人掌控是一種沒有男子氣概的表現，同時，喪失權力也會提醒他們過去那段比較沒有權力的兒童時期。回顧當時，母親可能成天支配著他們，所以現在他們必須避免母親的權力，以證明自己的男子氣概，因為母親會讓孩子同時感受到很好與很糟的感覺。不管是對男孩或女孩而言，母親似乎都具有很大的影響力，但是基於成人與男子氣概這兩種因素，當男人表達自己曾受到母親的影響時，他所承受的壓力遠比女人來得多。

雖然被愛，特別是被母親所愛，母親藉著提供我們支持、自信與力量，幫助我們變得更強壯，但是許多男人卻非常害怕被母親的愛所「吞噬」，以致於他們不能了解愛的正面意義，而母親的愛對他們來說似乎就變得非常危險了。

倘若僅僅是一位母親就這麼具有影響力，那麼一群母親擁有權力會是多麼的嚇人！女人在職場工作，若是成為男性的部屬，或成為弱勢團體，像是貧窮者、病人、殘障者的協助人員時，就沒有人會受到威脅——除了她們自己或其他女人。那些將女人的情緒影響力視為一種威脅的男人們，會預期自己在與女人共處時，女人將會行使經濟、社會與法律的權力，這種想法讓他們備受威脅。

在所有社會中，維持現狀的力量通常大於那些想要改變的力量，怪罪母親的支持者即屬於前者，那些想要讓母親們安分守己的人，使用母親所做的任何事情作為母親應該受到責備的證據，完美母親迷思與壞母親迷思就是很好的「明證」（請見第四章與第五章）。畢竟，如果我們不再以怪罪母親的方式去處理所有的問題，我們就會了解到，我們必須為了許多問題去和社會抗爭，並且必須做出重要的改變（例如：尊敬母親、男女薪資公平，以及家庭主婦給薪制）；女人們也會發現聯合起來促進這些改變會容易一些。所以，即使當我們想要讚美或欣賞母親，維持現狀的支持者就會找到一些方法，讓我們停留在怪罪母親的觀點裡。

(二)欽羨

男人害怕母親的權力是因為子宮欽羨仍然存在的原因，雖然它常常被偽裝起來。子宮欽羨的說法，某部分是作為對抗佛洛依德對於女人擁有陰莖欽羨的說法。男人被說成具有子宮欽羨的情結，許多人嘲笑這種說法，但是當男人愈是開放自己的感情，人們就會愈了解，其實男人羨慕女人擁有分娩與哺餵母乳的能力，他們渴望參與孩子生育的過程。我們可以從男人將這些經驗撰寫成書，以錄影機拍錄下來作為證明。

這種神奇的力量不只和子宮本身實際的功能有關，也和女人的情緒力量相連結。子宮欽羨不只是字面上的意義，不只是一種想要能夠懷孕與養育嬰兒的希望，也是男人羨慕女人能夠自由撫育與表達情感的一種象徵。許多所謂新男人們因為他們展現溫柔的那一面，被稱為「娘娘腔」與「懦弱的」的痛苦，足以寫下長篇的辛酸血淚史。這世界上大部分的人並沒有準備好去接納一個善於表達情緒的男人，所以大部分男人仍然壓抑著自己的感情，困擾於不知如何表達，並且渴望像女人一樣可以自由地表達感情。

由於他們對於婦女權力的害怕與羨慕，許多男人因而誇大母親不好的行為，將她們正面的行為貼上負面的標示，他們說上就是下，加就是減，總之，母親的一切都是不好的。現在是讓我們察覺到上就是上，加就是加，母親通常對我們是好的時刻了。

(三)內化怪罪母親

　　無論出了什麼錯,我們之中有誰曾經設法避免怪罪母親的社會壓力?這種壓力是這麼的普遍,以致於我們大部分的人最後將怪罪母親的態度與手段內化,不須等到外在的壓力,我們自己就開始怪罪母親,然後再由別人增強這種態度。我們真的就是這麼做,並且使得怪罪母親的觀念繼續保持下去。一個五十歲的朋友最近告訴我:

　　　　我剛與相識數十年的三位女人吃過晚餐回來,整個用餐時間,我們都在談論母親,我告訴你,當時我們真的狠狠地咒罵了自己的母親。但是當我回到家時,我感到非常不安,我回想起剛剛我們所做的事,我驚恐地了解到,自己正參與了一場厭惡母親的大陰謀,而我們所有人都已經為人母了,但我們只是怪罪母親,而父親卻能倖免於難。

　　這些女人的行為就像是我們社會中大部分的人一樣:她們甚至未經質疑地發表最惡毒或不公平的、有關怪罪母親的言論,那是因為過去她們在批評母親時曾受到懲惡與鼓勵。

　　怪罪母親能幫助我們暫時免於自我檢核與自我懷疑。我的一位學生說:「對於每一個降臨在我身上的錯誤,我找到一些理由去怪罪我的母親,以這種方式,我不必正面看待我與母親之間真正發生的事情。」雖然對母親生氣是痛苦的,但是和我們必須仔細、辛苦地檢核自己比較起來,它是比較不具威脅感的。但是長期看來,生氣是一種具有破壞力的處理方式:當某人去世,如果我們對死者擁有複雜或憤怒的情感,那麼比起擁有良好的關係,我們更難從悲傷中復原。一旦他們過世了,想要補償就來不及了，我們的罪惡感永遠不會真正的減少，只要我們努力地厭惡對方，罪惡感就會和我們連結在一起。責備、敵意與罪惡感是很有影響力的黏著劑，將我們與這些情感緊緊相連，很少出現正向的感受。再者，大部分的女人從負向的情感得不到任何的樂趣：我們所受的教育是負向情感，是沒有建設性的意義，而且好人（特別是女人）不能出現這些情緒，於是這些迷思釋放我們體內的化學物質，導致我們一直覺得心情很糟。

衝突可能是具有建設性的，也可能具有破壞力。彼此的爭執可能真的是一種努力的表示，表示兩個人為了差異尋求彼此可以接受的一致性。有關他們所擁有的害怕或強烈情緒，也可能以破壞性、貶低的方式去釋放敵意或行使權力。當我們思考一個問題時，我們試著去了解它的原因，或只是將錯誤歸咎於別人，其中的差別在於知道誰該負起責任，誰又該受到指責。責備是一種這樣的說法：「這不是我的錯，都是她的……」，指責他人可能使你暫時感覺比較好，因為它讓你相信自己是個好人；但是，如果你仍想要與這個受到指責的人繼續維持關係，或者想要改變自己的話，那麼你需要多做點別的事情。沒有一個人會在受到指責時表現良好的回應——所以，如果你繼續責備母親，你可能會忘記想要去增進彼此的關係。責備是一種溝通的障礙，它阻礙了你去尋求頓悟，還增加了憤怒與疏離感，使得彼此對於自己與母親的自主性無法表現出愛與尊敬。

四、它未必會發生

當我們面對所有的怪罪母親事件時，了解到怪罪母親並不是一定會發生的事實，我們因而受到鼓舞。Gloria Joseph在 _Common Difference:Conflict in Black and White Feminist Perspectives_ 這本書中寫道：

黑人女兒從小就學習到母親不能完全負責，也不能經由個人的努力為自己或孩子的生活做些改變。這種認知賦予女兒們能力，在往後的生活中，面對母親不能實現或是滿足她們在物質與情緒上的期望與需求時，能夠表現出更多的感激、寬容與原諒母親。

　　受到種族偏見的女人必須面對傳統包袱，也就是施加在母親肩上的種族主義，她們必須在一種貶低母職工作的環境下照顧孩子。以下是關於我的母親對抗一位自稱為專家者的故事，這位專家努力貶低我的外祖母，以及外祖母與我母親的關係。

反擊：勇敢去愛你的母親

　　出現問題的女兒通常被要求要將自己與聲稱是她們問題來源的母親切斷關係。不管是親戚、朋友、在媒體上提供建議的人，以及心理治療師們，都毫無節制地提供這種意見。它可能是很誘人的，遵循一個大家建議的方法以遠離我們所有的困擾。但是，你也可以忽略這種建議，幾年前，我的母親Tac曾為了與她的母親無關的問題去請教一位精神病醫師，他卻對我的母親做出類似的建議。

　　在Tac快要四十歲的時候，她對於母親Esther一再幫她購買肉品與日用品感到憤怒。她說：「根據心理治療師的主張，我把這解釋為母親想要控制我的一種企圖。於是我告訴她，你讓我覺得自己什麼都不懂，好像我不能為我的家人選擇一些像樣的食物。」於是，她的精神科醫師建議她為了「粉碎她想控制你的需求」，在這六個月內不要和你母親見面。在1960年代後期，當時精神科醫師的話就如金科玉律般，但是我的母親卻找到自我的力量去拒絕醫師的建議，因為她說：「我的母親是個非常友善、溫暖與風趣的人，基本上我對她的感覺很好，而且我也想要對她表現友好，與她保持著良好的關係，很多時候我們在一起是很快樂的。」根據那樣的建議，我的母親六個月不能見到她的母親，至少對於她們的關係是具有嚴重的殺傷力，它牽涉到的是精神科醫師過度誇大這個問題，以及無法了解母女關係所產生的正面力量。

　　我的母親能夠拒絕精神科醫師的建議，那是因為隨著她的成長，她之前低落的自信心也隨之增加，她對自己的感覺更好，且更相信自己的觀點。她知道：「如果我批評母親，可能暫時覺得好一點，但它真的無效，我只有採取正向的行動，才能讓自己感覺變好。」這些改變使Tac能夠開始去思考母親的動機，除了那些她所能想到是母親對她的侮辱之外，是否還有其他的可能性？

　　當她回想起母親的生活，然後問Esther，她才了解到母親提供食品與雜貨給她，與母親對她的信任感是沒有關係的。她的母親生來就相信，一個女人的價值即在於提供他人所需，Esther一輩子從事家務工作，等到孩子長大了，只有在她為家人煮飯與照顧孫子的時候，她才不會覺得自己沒有價值。為女兒購物是她在絕望中的一種嘗試，以她熟悉的架構，相信自己仍然是一個被需要、也是有價值的人。

　　當Tac了解到這點，無須精神科醫師的協助，她自己從一個憤怒、缺乏自信的孩子，轉變為一個富有同情心的成人，擁有與母親更為平等的關係。這個事件發生後沒有太久，Esther發現自己罹患癌症，她在發現罹癌後的六個月內去世。在醫院的那段時間，她們談到Tac不採納心理治療師的建議，對母親有更深入了解之後，她們有多麼快樂！

　　我的母親告訴我這個經驗，證明當我們對母親的了解愈多，就愈能減少我們必須怪罪母親的需求，以及減少以離開母親來解決母女關係的需求，進而減少我們之間的疏離感，相反地,得以提升我們對彼此的愛與尊重。對Esther來說,當Tac又對她發脾氣時,她也不會再感覺自己所能提供的那一點點協助會被Tac輕視,她們都能了解自己是被對方所愛與賞識的人。

母女之間的疏離感需要多少年的時間才能夠避免,就有多少意見分歧的橋樑需要建立。如果女兒除了只是怪罪母親,還知道進一步去詢問母親的行為為何看起來像是干擾子女、感覺遲鈍,或是不關心子女呢?當我們抽離自己怪罪母親的想法,我們對母親的憤怒就會減少一些,當我們了解到我們與母親的親密關係並不總是充滿擔心,有時是有趣與相互讚賞的,那麼我們的不安全感與自我怨恨就會減退。

怪罪母親是那麼的普遍,以致於女人選擇成為母親,以及女兒與母親說話幾乎是奇蹟。如果某人提供你一個工作,然後說:「從現在開始到六、七十年後,如果有任何失誤,你都會因此受到責備。」你會告訴他,算了吧!但母職工作就是這樣,全世界數以萬計的母親每天為他們的孩子餵食、洗澡、療癒傷口、和孩子說話,卻充滿憂鬱、恐懼與罪惡感,她們知道一旦出錯,她們將承擔幾乎全部的責任。

在下面兩章中,我們將會了解怪罪母親的基本態度,是如何藉著完美母親的迷思(第四章)與壞母親的迷思(第五章)來傷害母女關係,以及這些迷思如何妨礙我們去了解母親(和我們的女兒)的真正樣貌。接著,在最後幾章中,我們會學習如何才能超越怪罪母親的迷思,並且開始修補我們與母親的關係。

第四章

母女之間的障礙：完美母親的迷思

　　為了能夠理解我們與母親之間曾發生過的事情，並且講述我們母女之間真正的故事，就必須清楚地了解我們內在的需求與恐懼，如何與社會的需求與恐懼相互影響。

　　身為女兒，我們需要感覺自己像是一個寬容、令人滿意的人，而這些感覺一般是來自我們母親與社會的接納，有些則來自我們真誠的感受（雖然我們也需要感覺被父親接納，但是我的焦點是在母女的關係，而且我們比較不可能因為自己的低自尊而去責備父親）。我們也需要與母親有著愛與親密的關係，由於我們害怕被母親與社會拒絕，所以既然母親通常符合社會的要求，那麼如果我們能取悅母親，就能取悅社會。然而，當我們必須在取悅母親和取悅社會之間做選擇時，我們又可能受困於母親日常生活中對我們的控制，以及文化傳達那些母親的意見是不重要且不值得參考的訊息（令人諷刺的是，我們相信母親是社會的寵兒，以安靜的態度或語言來對抗社會壓力）。

　　社會的需求是什麼？它們包括了對女人——母親與女兒二者——的要求，它們要求母親和女兒要符合傳統女性刻板化印象。於是對母親而言，她們必須訓練女兒符合那樣的刻板化印象；因而形成彼此對立的關係，並且因此感到相當苦惱，以致於她們除了責備自己與彼此之外，不會注意到那是社會的期望引發了這些問題。這是關於母親必須符合這些需求的迷思。所謂迷思，就定義來說，它不是真實存在的，但它們在母女之間所創造的阻礙卻是真的。

　　至少有十條主要的迷思讓怪罪母親的觀念繼續存在，並且愈來愈強大。列出這些迷思是一個重要的開始,因為所有問題解決的過程始於命名,我們應該了解每一個迷思是如何製造母女之間的阻礙,我會以第二章中描述各種痛苦感受的方式,逐一敘說每一個迷思,以及我們可以怎麼做。本章提到有關完美母親的迷思,下一章則是說明壞母親的迷思。

每個迷思都是以第一章中所描述的,母親要不是天使,就是巫婆的形象為基礎。在女兒眼中,完美母親的迷思使得母親所有的努力似乎都顯得不夠,因為她們不夠完美;而壞母親的迷思則強調母親的失敗,使得母親一些不好也不壞的特質,甚至是她們的優點,似乎都變得具有傷害性。

身為女兒的我們,當我們了解到自己可能誤解母親的動機與行為時,我們就會學習到迷思是如何引導我們的行為。此外,如果我們在心裡清楚地記住這些迷思,我們就能看到它們是如何形塑母親與我們自己的行為。因此,我們就不會覺得母親是故意傷害、拒絕,或者擾亂我們。

母親們非常熟悉完美母親的迷思,甚至在她們的孩子注意到這些迷思之前,她們就會擔心自己不符合完美母親的標準,會因此讓孩子們失望。母親害怕自己會符合壞母親的形象,就如同害怕不能符合完美母親的形象一樣,在這兩個例子中,她們都害怕受到子女(其他人)的拒絕與輕視。你會注意到社會缺乏一系列有關好母親合理的標準(很少有心理健康中心的專家努力做出「夠好母親」的推論)。社會從來都沒有以人性化、有可能犯錯的角度來看待母親,並且看見她們做出許多的努力。母親必須是完美的,因為任何孩子身心靈的健康都是這麼急迫且重要的,而社會期待她們必須為此負起全責。

在這些章節中所討論的迷思,並未包含所有怪罪母親的迷思,所以你可能會想到其他的迷思,但這十個是最普遍常見的迷思,而我們都是在充滿這些迷思的環境中長大成人。

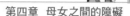

　　我所定義的這四個迷思，是建立在沒有任何一個母親能夠符合這些完美的標準：

- 第一個迷思：好母親的標準是養育「完美」的女兒。
- 第二個迷思：母親是無限的撫慰泉源。
- 第三個迷思：母親天生知道如何養育孩子。
- 第四個迷思：母親不會生氣。

一、第一個迷思：
好母親的標準是養育「完美」的女兒

> 女兒因為許多原因對母親發脾氣：她們看到母親壓迫自己去符合社會對女人的期望，或者她們發覺母親太少注意到這些期望，並且很少撫慰女兒，或是提供女兒情緒支持。母親也會對女兒生氣，因為女兒不是沒有符合她們的期望，就是女兒對她們期望太高了。
>
> ──Susan Koppelman,*Between Mothers and Daughters:*
> *Stories across a Generation*

　　每一種文化都會塑造出符合它所期望的新世代。在我們的文化中，塑造的責任主要在家庭。實際上，這個意思是說，母親有責任將孩子塑造成文化期待的典型。對我們大部分的人而言，母親比其他人更常說：「做這個」、「不要做那個」、「把你的玩具收好」、「不要和陌生人講話」。同時，女兒們也會聽到更多「必須做」與「不要做」的行為規範，例如「把你的腿併攏」、「要微笑」等等，而我們的兄弟則得以倖免。此外，女孩被認為天生是愛整潔與具有克制力的，如果女兒不是這樣，她的母親就會因為沒有把她教得夠好而受到責備。我們可能會問：「既然那些是女兒天生的習慣，為什麼還要母親去糾正？」當我們檢核怪罪母親的迷思時，我們會看到這個重複的型態：在一個文化中，社會只要仍將女人列於次要地位，並且限制或貶低女人，持續保持輕視女人的態度，這種明顯的矛盾就會持續下去。在這個例子中，我們費盡心思地將愛整潔與具有克制力變成女人的行為，甚至是女性化的表現，因此只要有人發現女兒不愛整潔或是缺乏自制力，則全是母親的錯誤，於是所有母親都會因此受到歧視。

社會已經將這個迷思深深烙印在母親的心中，它們不斷地說：「如果你想要我們覺得你是個好母親，你就得教導女兒要表現甜美，並且併攏她的雙腿（對今日的母親而言，這個訊息可能改變成：「你必須讓女兒接受教育、發展自己、盡可能保持甜美形象，並且併攏她的雙腿」）。

許多年輕女兒感覺到自己正在依循母親所引導的女性模式，這是一件很特別的事情。這種模式通常使母親變得不快樂，所以，女兒們覺得母親正在背叛她們，因為母親要求她們必須遵循這個模式，而這個模式正是母親自己痛苦的來源。Claudette告訴我，她小時候討厭清洗浴室與打掃廚房的地板：「部分是因為那是一件骯髒的工作，但主要則是因為我母親老是抱怨，她為了打掃家庭精疲力竭，我不了解為什麼她還要求我去做她討厭做的事情？這好像不公平。」

「完美」的女兒是好母親的標誌，這個迷思所呈現的可怕反面是：「壞」（或是非典型的）女兒是「壞母親」的標誌，這個等式造成母親與女兒許多不必要的痛苦。每一位母親都想成為人們口中的好母親，但不是每個母親都認為，女兒必須遵循傳統女性的典範，也不是每個女兒都喜歡這種既定的角色，特別是她的母親在那個角色上好像不快樂。一個母親應該符合社會的期望，以獲得好母親的名聲呢？還是應該為了女兒最大的利益著想？在女兒的幸福與自己需要受到讚賞之間，她該如何選擇？什麼是女兒最大的利益呢？充分發展她的潛能，並且冒險成為一個不適應社會環境的人嗎？

當女兒們對我述說她們希望取悅母親時，她們很明顯地表現出緊張的心情。有些女兒甚至不了解，為什麼遵循母親的規則是這麼的重要？但她們都已經了解到，母親的社會價值感是來自女兒正確行為的表現。我們之中有誰想為母親必須公開承認自己的失敗，承擔這樣的罪惡感？

再者，既然只有完美的母親才是好母親，所以不管母親遵循多少的規範都好像不夠。因此，也沒有女兒會覺得自己已經完成社會——經由母親傳達——要她完成的每一件事情。既然女兒要求自己總是表現出溫柔、有教養與自我克制，並且保持苗條身材，這是不可能達成的目標，難怪許多女兒會覺得自己不可能取悅母親。

身為女兒，我們認為母親對於規範的嚴厲要求，是來自她個人愛挑剔與愛操控他人的本性。我們不常了解到這些規範是來自一個主要的文化信仰，而母親只是個傳遞者——或者有些規範是來自母親想要保護女兒，使女兒免於遭受一般人對女人的批評或是暴力相向。然而，女兒覺得自己所看到的只是一位患有精神疾病、緊張兮兮，且製造一堆規定來折磨她的無情女人。

在我與女性工作的時候，我發現，女兒相信母親絕對不會贊同自己。事實上，這是女兒對母親身為規範執行者這個角色的誤解。令人傷心的是，母女並沒有同心地去了解到，她們的問題是來自一系列不可能達到的社會標準，母親受困於努力將女兒塑造成完美的典型（為了母女兩人共同的目的），女兒也因為這種不合理的要求憎恨母親，於是她們之間產生巨大的鴻溝。一位九十二歲的婦女Belmira告訴我，她很擔心女兒四十年的婚姻會破裂，她說：

我告訴她，我知道她的丈夫脾氣很壞，會沒緣由地毆打她。所以我告訴女兒，我的丈夫也是如此，女人就是得學習去忽略丈夫這些行為，但是這麼做卻讓我覺得自己很糟，因為忽略丈夫的脾氣對我而言，從來就沒有幫助，我知道這對我的女兒也會是一樣。

社會對於那些青春期的女孩有一套特別微妙的規範，那就是她們應該已經學會情緒控制，而且天生特別富有情感（比青春期的男孩多）。此外，她們所受的教育告訴她們，她們的情感不能讓別人感到不舒服，等到她們慢慢長大後，社會覺得她們應該富有足夠的情感提供愛與支持，在不須負擔她們的情感下，滿足男人與孩子們的需求。此外，人們通常又會覺得女人很難控制自己的情感——雖然一個情感克制的女人也可能會被稱為冷酷與非女性化。因此，女人應該只有在幫助男人與孩子的時候，才能自由地表達感情。有時候母親與女兒會覺得對彼此表達關心是令人困窘的，因為她們沒有把握社會允許她們這麼做。如果我們太過自在地對彼此表達情感，那麼，我們在回頭面對男人或孩子們的時候，會不會太容易犯錯？情感表達「不適當」或者太具有「干擾性」呢？再者，一些男人們會認為，親密的母女關係將會威脅到妻子對丈夫忠貞的表現。

㈠母親是個強迫者，父親則是親愛的人

女兒憎恨母親，就如同大部分的人憎恨強制規定的人一樣，因為母親對女兒所設下的規定遠遠多於兒子，於是女兒們痛恨母親對她們的管教這麼嚴格，畢竟，父親不會如此要求她們（母親常做出的警告：「等你父親回來的時候，你就知道了」，很少被解釋成父親實際的處罰是來自於那個引起母親生氣的行為。父親對女兒的性虐待或身體虐待，則完全與母親

這類的警告區分開來）。父親比較溫和，一部分原因是他比較
少介入孩子的管教，而女兒所知道的就是父親對她們比較好。
（當然了，當你不需要為某人的行為承擔主要的責任時，紀律
就可以比較寬鬆囉！）三十歲的Latoya在最近的一次會談中告
訴我：

> 直到去年，我還是認為父親比母親更愛我。原因
> 是在我成長的過程中，父親從來沒有懲罰過我。事實
> 上，當母親說要處罰我的時候，他總是說服母親要溫
> 和一點。
>
> 但是去年，我的孩子分別是四歲與六歲大的時
> 候，我才突然了解，相同的情況發生在我目前的家庭
> 中；丈夫告訴我，我對孩子太過嚴厲。但那只是因為
> 他處在狀況外，我必須對孩子嚴格一點，而我總是那
> 個約束孩子的人。然後在我處罰孩子之後，丈夫就輕
> 輕鬆鬆地走進來，帶著孩子出去吃冰淇淋。當然囉，
> 孩子們覺得父親非常了不起，而我則成為孩子們害怕
> 的人。你能了解到此刻我有多麼地感激母親，現在，
> 我不再認為父親比母親更愛我了。

(二)我們能不再害怕母親的不贊同嗎？

一位非常優秀且有能力的call-in節目主持人告訴我，關於
最近她去拜訪母親的事情，她從加州到佛羅里達州——她母親
居住的城市。當她步出機場，她的母親就告訴她，她身上的服
裝顏色不適合她：

> 我現在已經四十八歲了，仍然這麼在乎她的想

法。我一直以具有時尚感備受讚美，而她卻不這麼認為。她給予我唯一的批評，卻足以破壞我所有的自信，而這些自信卻是我花費好幾年才建立起來的。

我們是這麼容易因為母親對我們的觀感受到傷害。當母親似乎不太贊同我們的時候，我們就會變得一蹶不振，不管我們是個兒童、青少年、青年、中年人或是個老人。母親擁有讓我們覺得自己不夠好的力量，這種情況通常會令我們生氣——甚至因此痛恨她。事實上，一旦她對我們擁有巨大的權力，她就能把我們鎖在房間裡，或者從我們這兒收回她的愛，並且讓我們知道自己將完全得不到任何人的愛。當你還是個六歲的孩子，如果你的母親說她不喜歡你的衣著，當時，你若要跑出家門去尋找那些喜歡你穿著打扮的親友，對你來說是比較困難一點。即使在我們長大成人之後，我們也不能只是離家出走，再也不去探望母親，或是不再打電話給母親——我們大部分人並不想這麼做。我們想的不是將母親摒除在我們生活之外，而是終止母親擁有那些讓我們感覺自己不夠好的力量，並且終止我們讓母親感覺自己像是個失敗者的罪惡感。

既然我們已經成年，也能了解到，與其說母親是個製造規則的人，不如說她是個規則的執行者。許多她們所執行的規則，同時也限制了她們自己的生活。我有一個學生，在她快要三十歲的時候，努力尋求母女關係的諮商，她說當她還是孩童時，她就知道母親身為家庭主婦所受到的限制：

> 我的母親在她八年級的時候，因為升上九年級就得到另一個城市就讀，因此被迫中輟。她的母親告訴她，養育女兒比養育兒子麻煩多了。她幾乎是被迫與教會中一位已屆適婚年齡的成員進入一個被安排好的

婚姻之中，然後她的小孩就陸續報到——我們有八個
兄弟姊妹。噢，她真的覺得自己被孩子困住了。

雖然我的學生內心深切地了解母親受困的感受，然而在她
的成長過程中，她仍然對於母親令人窒息的教養方式感到生
氣。唯有當她開始去思考母親的選擇是多麼的有限，她才能夠
以另一種不同的角度去了解母親：

父親與叔叔習慣對母親咆哮。那是因為母親讓我
們這些女孩穿上牛仔褲而不是洋裝，母親認為除了上
教堂之外，我們不一定得穿洋裝，所以我們通常可以
打破女性化其中的一些規定。但是，他們卻要求母親
必須使我們遵循許多規定，唯一的理由就是她是親。
而母親最不能忍受父親與叔叔的地方，則是他們總說
她是個失敗者。

女兒應該了解到母親本身會擔心自己因為女兒的成就受到
評價——女兒的外貌或行為是一部分的評價標準。女兒自然會
怨恨這個事實，也就是母親是否被社會接受取決女兒的表現？
從小時候開始，我們怨恨母親害怕我們犯下任何的過失，會因
此暴露出她的缺點。一旦我們知曉那種感覺的來源是社會對於
所謂不適任母親的不贊同，我們就能夠比較容易地了解到，我
們的服裝並不會成為她是個失敗母親的象徵，但是，母親害怕
有人會這麼認為的感受，卻是可以理解的。

(三)彼此的審判者

部分青春期的女性，也就是女兒們，就像母親一樣，被期
待著成為擔任社會（這些規範主要是男性制訂的）規範守護者
的角色。也就是說，不只是從事照顧工作的母親而已，女兒在

早期也會受到社會的期望,開始監控母親的行為。以此而言,母女們都害怕會受到彼此嚴厲的審判。青春期的女兒一旦知道母親無法符合任何一種社會期待,通常就會感覺到自己被母親背叛(為什麼你不能為了我的班級同樂會烘烤一些餅乾),或者對母親表現出自己的優越感(我比你更像Matha Stewart──美國生活時尚大師)。這兩種表現都不會讓母親喜歡她們。

再者,當母親限制女兒的活潑、自信與積極進取的表現時,她會不知不覺地傳達以下這個訊息──「這部分的你是不好的,因此,我無法接受、喜愛或是珍惜它」。這個訊息降低女兒的自尊心,當母親讓女兒覺得自己是不好的時候,那就表示她在她們之間挖掘一道憤怒的鴻溝。

問題周而復始,許多母親特別焦慮地要求女兒不要去打破這些規範,那是因為母親想到自己的過去。當她還是個孩子的時候,因為打破規範受到處罰,當時是多麼的不快樂。四十八歲的Ashley在一次治療的晤談中,對我敘說她在兒童時期所經歷的一次意外事件,這件事對現在她教養女兒的方式有著深遠的影響:

> 當我十二歲大的時候,有一位老師發現我正在爬樹,當時她用一種非常厭惡的語氣責罵我:「難道你不知道,當你爬樹的時候,男孩們可以直接看到你的裙子嗎?」我不確定這件事有什麼不好,但是當時我覺得非常羞愧,她讓我覺得自己像個娼妓。
>
> 當我的女兒Janice升上六年級,開始發育的時候,我變得非常緊張,我想要保護她免於遭受性騷擾。這讓我感到很沮喪,雖然這些管教態度是為了保護女兒,但它聽起來就像是那位老師對我做過的事情一樣。由於我自己的害怕,我發現到自己對Janice說

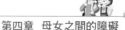

「不要大聲說話」的方式，就好像是她犯了什麼嚴重
的錯誤，而不只是表現出一些非女性化的行為。而我
所做的，只是想要保護她免於其他人的批評，但是，
我這麼做的結果卻是讓她成為我批評的箭靶，而這種
批評遠比陌生人的批評對她的傷害更深、更重。

在這種情況下，女兒通常會察覺到母親的害怕與焦慮，她
一定感受到了母親的批評，由於我們會傾向遠離那些令我們感
到焦慮，或是不贊同我們的人，於是母女之間愁悶的距離就會
愈來愈疏遠。沒有母親是有意這麼焦慮與嚴厲地對待女兒，但
是，只有極少數的女兒在母親擁有這些情緒的時候，還能維持
不受傷的感覺。如果我們從不思考或傾聽母親為何這麼做？這
些兒童時期所遭受的傷害會深深地停留在我們的心中，並且痛
徹整個人生。

二、第二個迷思：母親是無限的撫慰泉源

女人需要付出，她總是不自禁的……生命的目的不只是為了孩
子，也是為了她的丈夫……（女人的基本動力是）愛與為她所愛的
人提供服務。

——Irene Claremont de Castillejo, *Knowing Woman*

那是一種母親本身的罪惡感……在嬰兒第一次嚎啕大哭時表現
出來：「對不起，對不起……我覺得很抱歉，我不能讓你一直是飽
飽的、乾爽的、完全沒有臭味與沒有恐懼的感覺，並且享受完完全
全的快樂。」

——Nancy Mairs, *Plaintext*

第二個迷思是女人天生善於撫慰他人，並且能夠無止境地付出。成為溫暖、大方的人並不是一件壞事，但是，迷思中「無止境」的部分才是造成母女困擾的原因。

　　灰姑娘的故事是這種女性理想典範最為人熟知的例子。故事中，灰姑娘是個善良美德的代表，因為她遭遇了痛苦的、不幸的、被人剝奪利益的處境，仍然為了家人辛苦地工作，截然不同於繼母所生的自私姊姊們。灰姑娘的啟示在於一個女人即使有著痛苦的遭遇，但是，她所呈現的順從與無私就能為她贏得一位真正的教母與王子。

　　白雪公主與七個小矮人的故事也是同樣的道理。白雪公主為了變成一個成熟且準備好結婚的女人，就必須擁有照顧七個小孩的能力。而故事中七個小矮人正好是弱小，而且都是男性的事實，照顧七個小矮人的情節，就是為了讓白雪公主做好照顧孩子與丈夫的準備，她所做的──正是大多數母親所做的事情──獨自且孤獨地做著。

　　經過幾個世紀以來，女人們已經被期待著要去符合照顧者的角色，在*Letters to Mothers*這本書中，十九世紀暢銷作家Lydia Howard Sigourney建議母親教養女兒的方法應該是：

　　　　激勵她，讓她擁有使身邊的人們感覺舒適與快樂的熱情；訓練她科學的基本原理，這些科學的結果是這般的美好；教導她，不自私於個人需求的滿足，而是為了整個家庭的利益而付出，甚至是最微小的改善，都是她身為女人的本分工作……尤其是，當你去探望老人或是憐憫貧病者所表現的善行時，讓她成為你的同伴，並且讓她坐在受苦者的旁邊，學習那些有效減輕痛苦的照顧服務工作。

這就是我們的祖母與母親的命運，在她們三、四十歲，正在養育女兒時所閱讀的書籍，這些書就是提供上述類似的建議。

　　現代的人格理論也強調這個迷思，瑞士心理學者Irene Claremont de Castillejo曾經寫道，女人最基本的態度是「接納」，女人需要不斷地付出才不會感覺空虛。Toni Grant在他的*Being a Woman*這本書中也提出類似的主張。

　　幸運地，有一些作者特別注意到這些迷思所引發的危險。心理學者Harriet Goldhor Lerner寫著：「女人接受必須成為不具威脅性的妻子這種教育，因為男人是自我的建造者（ego-builder），這樣才不會讓男人感到沒有能力與沒有男子氣概。」在*The Mermaid and the Minotaur*這本書中，Dorothy Dinnerstein解釋女人被「視為……這麼特別的人，她需要去強調他人的權力、價值與重要性，如果她無法提供他人這些服務，那麼她就是一個妖怪，既不適任、也沒有用」。Sheila Rowbotham寫道，由於人們對女人強調這種危險性，所以，女孩們學會了只有在她們自我否定的時候，才感覺到自己是個真正的女人：「只能透過自我放棄才能達到自我肯定。」

　　研究顯示女人實踐了撫養的迷思，她們花費在照顧下一代、上一代、丈夫、兄弟姊妹與朋友的時間，遠遠超過男人們。女人－撫育（nurturing-women）的迷思是這麼容易出現，以致於在男人失業的時候，男人們甚至也不打算承擔更多的家務工作。相反地，女人除了繼續負擔那些瑣碎的家務事之外，還得找到有薪水的工作，負擔家庭的生計。

　　由於「女人是撫育者」（women-as-nurturer）的迷思深植於我們女性的自我認同之中，所以對我們而言，不再期待自己與母親兩人都能無怨無悔地付出，這是一件困難的事情。當我們自問：「我是誰？」大部分女人的答案會是：「一個助人者、一個照顧者、一個不斷付出的人，如果不是這樣，我就不知道自己是誰了。」當Huong——這位二十八歲的藥劑師告訴我：

> 在百貨公司裡，有人踩到我的腳，我卻順口說出：「對不起」，我是這樣被教養長大的，所以我會因為這麼做，感覺到自己是個非常女性化的女人。因此，每當我要肯定自己，或者母親要肯定她自己的時候，我們都感覺到非常挫折，這是因為我們的世界有些不對勁——對我們來說，確實有些不對勁。

(一)傷害是什麼？

母親的不完美通常會特別明顯，因為我們對母親有這麼多的期待，相對的，我們對父親的期待比較少，因為男性是不需要照顧別人的。一些科學家甚至聲稱女人天生是個撫育者，而男人並不是（諷刺的是，許多人相信父親能夠像母親一樣愛孩子，然後他們卻說母親是天生，而且比較擅長於日常的、無趣的或困難的養育工作，像是換尿片、準備食物，或是教導生活常規等等）。當母親為我們這麼做的時候，我們不太會感激她。但是，在母親無法完全滿足我們的需求時，我們卻責備她是個不近人情，而且沒有全心全意為我們付出的母親。理論學家Mary O'Brien曾說：「如果你不是一位好母親，那麼你就是一個不正常的人；如果你是一位好母親，那是因為你不得不這麼做。」

因為對父母不同的期待，導致父親只是提供我們一些些照顧的時候，我們會覺得父親很了不起；可是，當母親不能完全給予我們所需的事物時，我們卻覺得她讓我們失望了。這種雙重標準是這麼的普遍，以致於我們甚至沒有絲毫的察覺。既然慈愛意味著全心付出，那麼，我們就理所當然地認為母親應該符合我們所有的情感需求。然而，我們之中有誰能夠不斷地付出呢？誰又必須如此？事實上，想想有許多的地方，女人——特別是母親都遭受到這種不公平的待遇，而大部分的母親是不可思議地付出所有她們能付出的心力。

　　我記得當我的女兒還在襁褓中，兒子還小的時候，有一次我去採購日用品，當時我一邊努力安撫孩子的情緒需求，一邊拿著要購買的東西。這個舉動看起來很危險，因為下面的困境常常都會出現在我的腦海中：

> 　　我無法一隻手抱著Emily，同時拿著日用品，另外一隻手又要牽著Jeremy爬上樓梯。當時，如果我把Emily留在車子裡的嬰兒椅上，帶著Jeremy和日用品上樓，我擔心即使我已經把車門鎖上，確定她不會被綁架，但她可能還是會有被遺棄的感覺；如果我把Jeremy綁上安全帶，帶著Emily與日用品上樓，那麼Jeremy也可能會有被遺棄的感覺，而且他已經大到可以自己打開車門的鎖，並且在我回來之前跑出車外。

　　直到幾年過後，我才了解到這是一種很荒唐的生活方式。以我當時的處境看來，期望他們的父親從事購物的工作，是很自然而且健康的想法，我帶著孩子，無法負擔所有的日常工作，這既不是自私的行為，也不表示我無法勝任母親的角色，可是要我當時這麼想是多麼的困難！

　　撫育的迷思引起母女之間其他的問題：撫育是為了使他人生活得更好——而女人所能擁有的權力又是那麼的受限。母親能夠談話與傾聽，提供我們愛與支持，但是她沒有辦法預防我們遭受許多的傷害，特別是那些大部分由社會機構或個人（通常是母親自己的丈夫）對女人不平等的待遇所造成的傷害。不幸的是，我們沒有察覺到文化得為那些限制負責，我們的表現就好像母親並沒有受到任何的限制，反而因為「她們」受到的限制去責怪她們。身為女兒的我們，並沒有試著消除或改善母親生活中不幸的來源。因為母女通常面對的是彼此要求對方付出更多以治癒彼此的傷痛，同時因為她們做不到而感到挫折與慚愧。

(二)最深刻的創傷，最強烈的痛苦

我相信女人無止境撫育的迷思，比起其他的迷思，可能是女兒們最深刻與最劇烈的創傷，以及讓女兒對母親感到最痛苦的來源。為什麼呢？開放自己，傾訴自己的心聲，會使我們更容易受傷。那些傾聽我們傾訴的人是否能夠真正的傾聽？同時接受她所了解的我們呢？如果這些令人開心的情況真的發生了，我們會因此受到增強。如果不是呢？我們致命的弱點就會被刺傷。

通常，當我們對父親開放自己的時候，我們會小心翼翼地，不期望他能夠全然地了解與支持，所以，在父親不是完全了解我們時，我們不太可能已經揭露內心最隱私之處，所以傷害比較不那麼深，血也流得比較少。但是，一旦我們期盼母親全然地了解，我們比較可能完全地開放自己——這是很大的冒險，如果我們完全表現出真正的自己，而她也真的接受了我們，那會是多麼的幸福！也會給予我們多麼大的安全感啊！但是如果她不能全然地接受我們，那又會是多麼地糟蹋我們！Magda在快四十歲的時候，告訴我這個故事：

　　大約在我三十五歲的時候，我去拜訪我的雙親，

父親走進來叫我起床時，我正在作靈夢，我從夢中醒來，告訴父親關於靈夢的內容，當我說完之後，父親只是說：「好，現在是起床時間了！」我有點受傷，但是我主要的感覺是，下次我不會再告訴他我的感受了，當時我也想起許多關於他愛我的事情，以及他是以不同於母親的方式來愛我，所以我知道有關靈夢的事，母親可能更富有同情心。

雖然有幾次，當我告訴母親有關那些對我很重要的事，她都會表現出相當接納的態度。但是，一旦她不是這種態度的時候，我覺得她已經看到我最深層的內心，所以她不再認為我是個可愛的女兒。那時，我是多麼的絕望啊！

(三)轉向女兒

無止境撫育的迷思也會加深母親對女兒的怨恨：正如每個人普遍期待從女人那兒獲得撫育一樣，母親也會期待從她的女兒那裡獲得這樣的撫育。根據撫育的迷思，母親應該訓練女兒成為一個撫育者，她相信完美的女兒是判斷好母親的標準：有比訓練女兒去照顧母親更具有吸引力的開始嗎？尤其母親是女兒最親密的夥伴？這樣的訓練看起來似乎是正確的，會好好照顧母親的女兒將是為了符合完美的典範做好準備：能撫育丈夫與兒子的女人。如果她在嬰兒期或兒童早期就覺得這樣的行為是一種義務，那麼，對整個社會來說會是多麼好啊！女孩們認為，撫育他人是「自然發生」的行為，若不這麼做，她甚至會覺得不舒服與不自然！

Leah四十三歲，是離過婚、帶著兩個孩子的單親媽媽。在一次的晤談中，她告訴我，在她朝九晚五的工作下班後，從托兒所帶回孩子，為孩子烹煮晚餐，然後與孩子共度「相聚的時間」（quality time）後，她就快要病倒了：

> 我有嚴重的背痛，站了一整天之後，痛苦加劇。晚上，我那七歲大可愛的女兒有時會問我是否需要背部按摩，我總是感到些許愧疚，因為我應該去照顧她——但是她學會去照顧別人，我也覺得很高興，而她的行為就像是在照顧我。

這是一個很棒的故事，但是當我問Leah，她那九歲大的兒子是否曾為她按摩背部時，Leah回答說，他喜歡和朋友一起玩，而她不覺得自己有權中斷兒子的娛樂時間。雖然女人已經做了一些改變，但是在要求女兒與兒子幫忙的感受上，兩者之間仍然存在著明顯的差異。雖然我們可能期望從1970年代開始，在性別角色刻板行為的一些改善中，已經改變了這種型態，但是在千禧年之前的十年間，大量的研究結果甚至顯示出這種型態仍在持續增加中，所有年齡層的母女比起母子，或者父子與父女之間，企圖使彼此擁有更親密、更溫暖、更多情感表達的關係。

一些嬰兒的母親從盼望嬰兒討人喜歡的表現，不哭泣，讓她整夜好眠，並且對她展露微笑的行為中尋求撫慰。有些母親需要這些撫慰，因為她們早期的生活通常是孤單、沮喪與被人剝奪權益的，她們希望自己最後能夠得到一些些安慰、一些些寧靜，或兩種都要。對於母親而言，從女兒那兒得到撫慰的願望，是來自我們社會中大部分女人所要面對的困境——也就是母職工作的責任與孤單，女人遭遇性別歧視者各種不公平的對待，以及來自母職工作與職場工作這雙重的負荷所導致的身心耗竭等等，其中任何一種經驗都會讓女人感到強烈的需要愛與支持。

當小女孩或是青少女不能符合這種期待，而且母親又不能從他人那裡得到支持的時候，母親可能自覺像個失敗者，因此對女兒產生一種持續性的憤怒。Maggie的小女兒特別容易肚子痛，她有睡眠問題，而且不是那種討人喜歡的「你期望中嬰兒的樣子」。Maggie的母親是個精力充沛的女人，但是既不會表現出溫暖，也不會表現出支持的態度；而Maggie的父親是個特別拘謹且疏離的人，全心全意投入於事業中。Maggie覺得自己是一個被剝奪愛的孩子，在兩個雙胞胎妹妹出生後，她喪失了那少許且僅有的父母的撫慰，她聲稱「她們出生毀了我的生活」，由於感覺到愛被剝奪了，所以，她總是沒有自信能夠擁有愛別人的能力。Maggie從來就不想要孩子，現在有一個嬰兒不只需要從她那兒得到許多的撫育，而且這種撫育似乎沒有任何的回報。Maggie說，女兒Sara是不容易親近與討人喜歡的嬰兒，這是一種非常具有破壞力的想法。即使到了現在，也就是八年以後，雖然Sara表現出溫暖且可愛的模樣，Maggie依舊冷漠且易怒地對待她。

當母親無法給予我們足夠撫慰的原因，是因為她們將撫慰父親與兄弟、丈夫、兒子，甚至是她們的男性主管——任何男性都列為優先考量的時候，我們發現要原諒母親是特別的困難。就像我將在第五章中所討論的內容一樣，我們大部分的女人已經被訓練成為一個主要是去撫育男人的照顧者：「男人就像是個孩子，如果沒有將晚餐準備好，他就會茫然無措。他來不及煮飯，但是他討厭微波與冷凍食物。除非我能夠幫助他，否則對於處理情感，他會感到非常的困難。」像這樣普遍的評論反應出女人習得的信念，那就是男人比女人更需要我們的協助，因為女人比較能夠自己打開罐頭的蓋子，並且處理自己的情感。然而，與怪罪母親付出不夠比起來，因為母親所習得的性別歧視而去怪罪母親是不公平且沒有幫助的行為。母親會將性別歧視付諸行動，那是因為她就是接受這樣的教育。

女兒一旦了解自己對於得到母親與父親撫慰的期望是不同的，通常就會減少她對母親的怒氣。我們不應該貶低父親撫育孩子的能力（一些父親是深情且善於撫慰孩子的），同時，對於母親為我們所做的一切也要表達出相同的感激。當母親為我們付出了90%的心血，我們可能只感覺到80%，甚至只有10%，甚至全部都沒有感受到，因為那全都不是我們要的，然後我們就在母親與自己之間挖掘一條不必要的鴻溝。再者，我們也以這種方式，將母親真正的善意隔絕在我們之外，並且與母親切斷關係。

因為這種雙重標準作祟，我們通常只看到母親做不到的部分，而不去思考為什麼她做不到？家家有本難唸的經，有時母親不能滿足女兒的需要，那是因為在此同時，其他的家人也需要她，她可能是一個單親母親、一個不成熟的母親，或者是一個受到性別歧視而窮於應付的母親；她也可能是個殘障母親、一個領取社會福利金的母親、一個有生理疾病或心理憂鬱的母親、一個焦慮的母親、一個兼顧事業與家庭的母親、一個有憂鬱與酗酒問題、或是遭受虐待的母親；一個帶著許多孩子，或是帶著一個年幼、病弱且殘障孩子的母親。所有的母親偶爾都會有失敗的時候，只因她們是個普通人。然而，如果一個母親沒有盡可能地陪伴孩子遊戲，那麼，我們的社會可能會批評這位母親陪孩子的時間不夠，而不是檢討根本不可能有母親完全符合這種高標準。

三、第三個迷思：母親天生知道如何養育孩子

第三個迷思就是人們普遍地相信母親出於本能，天生就知道如何養育孩子，以及幫助孩子在生理與情緒各方面都能健康成長的所有必要事項。這與第二個迷思息息相關，既然女人撫

育孩子的能力是與生俱來的,那麼也就是說女人天生適合養育孩子。

根據這個迷思,在分娩過程中荷爾蒙流過母體的作用,使得母親立刻就開始全心全意愛著她的新生兒,突然之間,她就擁有了成千上萬筆必要的資訊,告訴她如何成為傑出的母親。不幸的是,這不是事實。在歷史學者Elisabeth Badinter所寫的*Mother Love*這本書中,她公開提出證據,說明生產並不等於能夠成為母親,前者不會直接導致後者。這是引人注目的證據,也是心理學家反駁過去那些母親在生產過程中立即和嬰兒產生連結,以及母親天生就能夠撫養嬰兒長大成人的論點。但是,因為母親已經被灌輸那些都是母親應該做的事,所以如果我們覺得自己可以多做一些其他非母親應該做的事情,那麼我們就會相信自己是個失敗的母親。如同作家Jain Sherrard曾說過:

> 在神秘的分娩過程開始之初,女人並沒有一個叫作「母親」的分泌腺。歷史上到處都有與這些迷思相反的證據,例如,不是所有的母親都是好母親,也不是所有的父親都是好的鉛管工人,我們能夠生育孩子,不保證我們也能成功地擔任母職工作。

感覺自己不能立刻且全心全意愛著新生兒的例子並不罕見,根據一個母親的說法是:

> 終於,在歷經二十二小時分娩的過程之後,我這麼不顧一切想要擁有的女兒……誕生了,我記得當我注視著她,並且看著我的丈夫眼眶含淚,我的丈夫真的很愛女兒,但是我突然懷疑自己是否能夠好好愛她?一直到現在,我仍然不確定。

一旦母親帶著嬰兒回家，她和嬰兒之間的愉悅時光很快地就會受限於無盡撫慰的迷思之中。因為這個迷思的標準是母親應該是自在、快樂與安詳的，所以，每當母親因為嬰兒需要很多的照顧感到疲憊或生氣時，她就會相信自己是個失敗的母親。事實上，身為母親的感覺苦樂參半，其中包括了欣喜若狂，但也有痛苦、害怕、憤怒與沮喪。有時候，嬰兒的需求似乎一直無法滿足，她會嚎啕大哭，但無法清楚地表達意思，甚至有時候只是因為她的雙親很疲憊，或是第一次離開她的身旁而哭泣。一個女人擁有上述的感受是很正常的，但是，迷思卻讓她覺得自己不是一個天生的母親。

　　Hillary Rodham Clinton曾說她身為一個新手母親，曾經感覺非常沮喪，因為她必須要求護士協助她餵哺母乳。此外，就像是我們大多數人一樣，面對新生兒，她感到手足無措。Hillary的沮喪是可以理解的，但是許多的黑人、貧窮的、未婚的母親卻真實地處於一種受到嚴厲指控為不適任、不是天生母親的危險處境之中，甚至在不是她的錯的情況下，也是如此。在1999年，Tabitha Walrond的七週大嬰兒Tyler因為營養不良死亡，Tabitha Walrond被判過失殺人罪。而整個事件是Tabitha曾試著哺餵嬰兒，但沒有成功。她曾尋求Albert Einstein醫院臨床門診協助，但因為她還沒收到Tyler的健保卡，所以無法看診。當她向社工人員抱怨這個情況時，社工人員只說她很快就會收到健保卡，但是，Tyler在很短的時間內即已病故。

　　隨著孩子成長，母親焦慮的心情一直持續著；她的負面情緒並沒有消失，她從來沒有感覺到，自己是立即且天生地知道怎麼對待孩子。當她無法直覺地了解兒子的需求時，她比較不會覺得那麼挫折，畢竟兒子是個男生，和她的性別不同。當她覺得困惑，不知道如何對待女兒時，她沮喪多了，因為她認為，自己沒有任何「藉口」會不了解女兒的需求。

Roxanne在婚前是個外科護士，她的女兒現在已經五十歲
了。即使在她擔任幾十年的母親之後，她仍能歷歷在目地回憶
著，當年身為新手母親的感受：

　　　　你難道不曾想過我在女兒出生前，由於自己身為
　　女人，加上擁有八年護士的工作經驗，這些經驗難道
　　不能使我成為一位完美的母親嗎？可沒這麼幸運，在
　　女兒哭泣的時候，我不只對她覺得抱歉，因為我不知
　　如何幫助她，而且我也覺得很羞愧，因為我並不是天
　　生就能夠了解嬰兒。可是，要我去告訴別人我對於正
　　確的育兒知識所知竟是如此的少，我會覺得很困窘。

　　在Roxanne的女兒六週大的時候，Roxanne第一次將她留給
保姆照顧，自己去參加橋牌俱樂部。俱樂部中有兩位成員也有
更大一點的嬰兒，所以，Roxanne希望她們能夠給她一些好的
建議：

　　　　當我說，我的女兒在下午的時候會不斷地嚎啕大
　　哭，其他的新手媽媽都說她們的嬰兒並不會這樣，其
　　中一人還特別說：「在我的寶貝哭泣的時候，我總是
　　告訴他，你是不是餓啦？還是需要換尿片？」聽了她
　　們的話之後，我感到很羞愧，因為我覺得自己是個不
　　適任的母親。

　　在一個星期之後，Roxanne的媽媽與婆婆來拜訪她，雖然
她很高興她的媽媽診斷出，女兒的狂哭不已是腹絞痛造成的，
但她卻因為不是自己發現的而感到難為情。Roxanne說，幸運
的是：

在我母親與婆婆離開之後，橋牌俱樂部裡其中一個成員打電話給我，坦承她的嬰兒也會在每天五點的時候狂哭不已，她完全不知道該怎麼辦？但是，她不想在其他女人面前承認這件事。

Roxanne與打電話給她的人，都不了解沒有任何一個女人天生就知道所有的育兒知識。在嘲弄其他母親的時候，這些人會假裝自己知道所有的答案，並且說自己能夠在設限與鼓勵孩子自主、愛孩子與放手之間取得完美的平衡。於是，大部分的女人接收這些訊息，心想：如果母親能夠這麼聰明，女兒這麼傑出，那為什麼不是我的女兒？為什麼我的女兒總是說錯話？為什麼她總是逼得我快抓狂？隨著女兒成長，母親愈來愈不快樂、愈來愈困惑、愈來愈害怕。可是，我們卻常要求母親應該保護我們，讓我們免於痛苦，並且教導我們如何獲得快樂，當母親達不到這些要求時，就會受到責怪。

這個迷思是如何在母女之間形成障礙呢？以最簡單的層面來說，女兒容易對母親生氣，那是因為母親不是每件事都做對，不是隨時隨地都能察覺她的需求，也不是永遠都是完美的。畢竟，女兒怎麼會知道母親並沒有比其他的母親糟糕呢？因為大部分的母親都是那麼努力地隱藏自己的弱點。就母親而言，由於女兒有一些需求是她無法滿足的，所以她就會對女兒生氣，因為那會顯示出她不是一個天生了不起的母親！

正因為以為育兒能力應該是天生就已具備的，所以很少母親會告訴孩子那有多麼的困難。我關心這個主題已經有好多年了——從我第一個孩子出生開始，我痛苦地告訴我的孩子們，我不是隨時都知道什麼是對的，也不是永遠都知道怎麼對待他們。即使如此，每次我說：「噢，我真的很混亂，我真的做了錯誤的決定。」他們還是會很驚訝。在貶低母職的文化中，要這麼做的機會是很渺茫的，因為除了母親之外的所有人，都在教導孩子，其他的工作是多麼的辛苦與不確定，所以子女長大後，自然而然會覺得母職工作應該是很簡單的。我們不了解母親屬於人性的掙扎、易變與不完美的那一面，我們只看到一個女人不能達到天生的無私、穩重與賢良的標準。通常，我們會因為母親某一方面的失敗就對她不滿。

身為成年女兒，當母親心中沒有所有問題的答案，或是母親無法使所有的事情變得「更好」的時候，我們會覺得她是個不適任的母親，或是相信其實她真的知道怎麼做，卻不為我們這麼做而感到失望。一個叫作Cyndi的女兒述說她的經驗：

在我的孩子分別為三歲與四歲大的時候，我之前的主管邀請我回去工作，我非常高興——但因為它是個全職工作，也就是說，必須把我的孩子送到托兒所。於是我去詢問母親的看法，當時我真的希望她告訴我，什麼是正確的選擇。

她說：「如果你出去工作，你會比較快樂，那麼對你的孩子是好的；但是如果你一天八小時在外面，你可能也會損失許多與孩子共處的重要時刻。」

她只是說出正反兩面的看法，卻沒有告訴我該怎麼做，我對她感到生氣。後來，我發現到自己並不會因為丈夫不替我做決定而狂怒，但我卻因為她是我的母親，所以，我期待「她」知道什麼才是正確的選擇。

四、第四個迷思：母親（「好」女兒）不會生氣

生氣這個情緒在母女之間形成一種特別的問題，它是所有親密關係中很自然的一部分，但生氣卻被視為不夠女性化的表

現。母女都不應該生氣,特別是對彼此生氣。如果她們真的生氣了,那麼,就表示她們其中至少有一個人是不好的。根據這個迷思,母女應該彼此相愛、相互扶持,她們的關係裡容不下生氣這個情緒。相反地,生氣的表現則與男性形象吻合,甚至使男人更像個男子漢,因此,父子之間的敵意被視為健康的,或是具有男子氣概的表現,但是女兒如果對父親生氣,甚至是一種禁忌。我能了解到當女兒跟我頂嘴的時候,我們夫妻兩人對女兒的態度比兒子嚴厲多了,因為我們覺得女兒生氣的表現似乎很不適合她的女性角色。

這種「女人不能生氣」的訊息,更加確定女人會撫慰他人的迷思:生氣是不支持他人的表現。根據其他的社會規範,也是要求母親應該教導女兒壓抑怒氣,有時母親是以明確的規則下達命令:「不要發火,好女孩是不會生氣的。」有時則經由讚美傳達她的意思,例如,母親告訴女兒她很棒,可以為了當弟弟的臨時保姆不去參加派對,而且沒有任何怨言。尼采寫道:「讚美比責備更為強迫人」,這很適用於母女關係之中:母親的讚美使女兒感覺很好,但也使得女兒難受,因為她必須限制自己的自由才能獲得讚美。

只有在沒有表現出自己生氣的情緒,並且專注在滿足別人的需求時,女兒們才感覺自己像個真正的女人。她們可能會對母親生氣,因為母親剝奪了她們在必要時,須藉由生氣來防衛或保護自己的能力。在維護正義時,必須表現出正直與自衛的生氣,與為了繼續得到母親讚賞而不能生氣,這兩種矛盾的心情讓女兒有種被撕裂的感覺。

由於女人的憤怒是被禁止的,所以它常常會演變成母女關係的核心。與母親爭論衣服或頭髮的型式是件困難的事情,雖然它是母女互動中可預見的一部分;在我們壓抑那些不應該出現的強烈憤怒時,我們的關係會變成一種酷刑。所以,母女剛開始是感受到彼此的敵意而感到痛苦；然後，她們就必須處理生氣在被禁止後所衍生的第二種問題。

倘若女兒沒有學會壓抑怒氣，母親會擔心這是一種指標，代表她是一個失敗者，或是女兒不能好好在世界上有所表現的意思。一個已經壓抑自己的憤怒長達幾十年的母親，她會非常不安地看著女兒努力地控制那些與生氣相似的情緒；女兒的憤怒表現會觸動母親表現出自己的怒氣。不幸地，我們會想要遠離那些令我們生氣的人，因為我們害怕她們會看到我們最糟的那一面。一位叫作Judith的中年母親在我的課堂上說道：

> 在女兒和她前夫離婚後的第一年，我不能忍受待在她的身旁，因為她充滿了敵意；我相信她有權利對前夫生氣，因為她的前夫已經出軌好幾次了。但是我實在不想在她旁邊，其中一個理由是，每次我見過女兒之後，我會變得更容易對我的丈夫生氣，我只是很生氣男人對女人所做的一些事情，它讓我更難去忽略丈夫對我缺乏熱情這件事。

正如所有關係中不可避免地都會出現憤怒的情緒，母女之間也是。她們試著去了解自己為何做不到不生氣？因此，她們也許會責備自己，也許會相互指責，但這兩種都不是好的選擇，它們都有錯誤的地方，因為也許問題根本不在她們身上，而是整個社會造成的問題。當我們覺得必須壓抑自己對某人的負面情緒時，這些負面的情緒會扭曲我們的觀點，尤其是在我們共處的時間裡。有一對理想母女典範中的女兒，曾經在一場我的公開演講中敘述這樣的經驗：

> 我第一次從大學回家——在感恩節的時候，母親

和我都期待著事情能夠順利進行。因為在我高三那年，我們曾經激烈爭吵，後來我們兩個人都歸咎於我即將離家的緣故。現在我住在另一州，我們都認為我們之間的爭吵階段已經結束了。

但是我們並非這麼幸運，在我這一次回家的時候，我們吵得更激烈，彼此互相指責，並且因此感到愧疚與自責。情況變得很糟，導致我一直到隔年的八月底，也就是在我暑期工作結束後，我都沒有再回家，她也沒有要我早一點回家。

當我們學會壓抑某種情緒，我們就會愈來愈覺得，如果我們表達這種情緒，就會有一些災難降臨在我們身上。如果身為女人的我們生氣了，我們不只害怕自己會被視為不夠女性化，同時我們也相信憤怒是具破壞力的。畢竟，如果母親不能接納我們的憤怒，那就表示我們的憤怒會有多麼危險啊！

在本章前面的部分，我曾提到母親與女兒害怕對彼此坦誠地表達自己的情感，因為這樣會讓她們在男人面前更難以壓抑這些情感，那麼男人可能會認定她們「太情緒化」了，或者嫉妒她們的關係太親密。母女之間的憤怒至少會以下面兩種方式危及我們與男人的關係：

1. 許多男人不能忍受看到一個憤怒的女人，即使他並不是她生氣的對象，因為憤怒的女人不符合男人心目中理想的女性形象。

2. 一旦母女生氣了，這種能量可能會轉向，並且遷怒於她們的男人。所以，對於大多數的男人而言，只要出現一位不管出於任何原因而生氣的女人，都會使男人想起如果因此被遷怒的話，他們的地位將會變得多麼的不穩固。

女人感覺到，自己的憤怒使大多數男人感到非常不舒服

（這是女人笑臉迎人與強顏歡笑的原因），一個想要與男人建立親密關係的女人可能會被自己對母親的憤怒嚇到。三十一歲的Dana就是這樣，在這個典型的例子中，她察覺自己有兩種危機：其中一個原因是，她對母親的憤怒使得丈夫感覺不舒服，另一個原因則是丈夫與母親可能聯合起來對付她。

　　當丈夫與我訂婚之後，我不喜歡他同時來看我與我母親。我花了一些時間才了解到，當他在我們身旁時，我母親對於我們要結婚這件事感到非常焦慮，於是她過於奉承他，同意他說的每件事，要我侍候他晚餐，甚至比平常侍候我的父親擺出更大的排場，我對於她這麼奉承感到很生氣。直到最近我才開始原諒她，因為我現在才了解到，她只是表現出那些所謂好女人應該有的行為罷了。

　　當時我對母親生氣的部分原因是，我不想恭順地侍候丈夫，即使在我們訂婚的時候，丈夫已經有了這樣的期待，我的丈夫George希望我做那些我並不想做的事情，而我的母親卻這麼做了。這是一種相當複雜的心情，我想要我的母親和George都能愛我，但我的感覺卻是他們聯合起來對付我。當我們三個人同處一室時，我對母親發火，然後George告訴我不應該對她生氣。當然，以輕鬆的態度來看這件事，他會這麼說的部分原因是，他們站在同一國。當時如果我能夠清楚地表達為何會這麼該死的火大，也許可以減少一些他想要擁有一位柔順妻子的期望。

　　為了保持適當的觀點，我們必須了解存在母女之間的敵意通常都被誇大了。事實上，在青少年時期，母女之間的敵意是

所有親子關係中最少的，甚至在青少年之前，大部分被說成
「比較少正向的」關係，也不是真的關係不好。研究指出，十
幾歲的女兒傾向於「很」信任母親，同時很少或者一點也不信
任父親。母女之間的敵意通常都被誇大了，即使只有一點點，
都會被看成非常大。

五、從這裡開始，下一步我們該怎麼做？

　　認清有關母女的迷思，以及這些迷思在我們日常生活中出
現的各種形式，對於提升我們的母女關係是很重要的。對大多
數的女人而言，了解到母親是在不知情的狀況下將這些迷思傳
達給我們，比起相信母親是故意的、自願的、沒有受到任何文
化影響的壓力，是她自己經由選擇後才將迷思強力灌輸給我
們，這種領悟讓我們感覺更好，並且更有能力去改變。是什麼
樣的母親會自願教導女兒這種自我毀滅的方式？又是什麼樣的
女人想要這樣做去為女兒負責呢？然而，還是有這麼多的女人
擔任這些迷思的傳送者，那就證明母親（事實上，大部分的母
親是誠心誠意為孩子付出的）會成為傳送者，是因為文化中社
會壓力的影響力，這種影響力使母親屈服（即使母親只傳送了
一小部分的迷思，卻常為了所有迷思的傳送受到指責）。

　　了解迷思運作的過程，會讓我們母女更容易成為夥伴，並
且不再受到分化去對抗彼此。在我們了解到自己為了受到社會
接納所付出的代價，是我們必須去對抗或怪罪母親之後，我們
就比較不願意付出這種代價。

提出問題，尋求答案

　　我們必須自己在心中、與母親，或是與其他人一起提出下
列的問題：

● 一個母親成功與否的評價是由女兒來證明，而不是由母親的

努力,或是這些努力所產生的影響力來評斷嗎?

- 女兒應該將自己的缺點怪罪於母親沒有能力去滿足她所有的需求嗎?

- 母親(或女兒)真的能無止境地付出嗎?而且期待任何人這麼做是對的嗎?

- 有任何女人能夠天生、直覺地成為一個完美的母親嗎?而且,這樣期待母親或自己是公平的嗎?

- 女人的生氣有時候是健康的表現,我們應該期望母親(與女兒)總是壓抑自己的憤怒嗎?

- 在母親受到責備的時候,是否可能去了解有哪些阻礙女兒發展的因素是被人們忽略的?

- 所有完美母親的迷思是如何危害母女關係?而那些迷思有任何的好處嗎?如果有,就不要一竿子打翻一船人,例如,讓我們鼓勵母女擁有撫慰他人的能力,但是不再期待她們能夠這麼不間斷地付出。

由於這些迷思是歷史悠久且具有深遠的影響力,因此要克服它們是困難的。然而,只要母女了解到,有開始就會使母女關係變得不一樣,那麼就能夠激勵母女共同努力以克服它們。一對母女Jasmine與Shelley在得知無止境撫慰迷思如何造成她們之間的障礙後,共同寫了一封信給我,她們說:

> 我們都覺得對方的期望太高了,但是我們並不了解自己也是如此。現在,只要我們其中一個人感覺對方讓自己失望,我們就先停止失望,然後問自己,接著問對方:「是我又在期待你全然的贊同嗎?」答案通常真的是這樣。
>
> 只要問這個問題就能解決大部分的麻煩,因為只要你遵循這個方式,你就會領悟到這種期待是多麼的

不切實際。而且,現在我們兩個都是成年人了,並不需要任何人全然的認同。但是如果說:「我需要你百分之百的支持」,這種說法就會好多了。其中一個原因是,另一個人可能會告訴你,她真的全心地支持你,即使你太沒有把握,以致於不知情。或者,她可以告訴你,她對你的情人、服飾或是工作有何異議,你們可以公開地談論此事,知道對方的擔心,總比只是覺得她不再為你付出來得好多了。

另一個母親與女兒的例子。這是三十七歲的Stephanie和她母親Ruth的故事,她們檢核其中一個迷思,因而成功地減少她們之間的障礙。Stephanie告訴我,她們母女的一段對話,是關於她們對於害怕生氣的討論:

當我告訴母親,我不再當全職的家庭主婦,我即將外出工作,擔任市場調查員的時候,她對我的態度變得十分冷漠。事實上,她似乎非常生氣。所以,在我開始工作的六個月中,我從未與她談論工作相關的事情。後來,她問我工作進行得如何,我因為很害怕惹她生氣,所以張口結舌說不出話來,結果她非常氣我不回答她。當時,我只能說出「我不認為你真的想聽」這句話。

她看起來被我的話嚇到了,她問我:「你怎麼會這樣想?」我告訴她,過去我花了六個月的時間去思考她生氣的原因,可能是我讓孩子在放學回家時,沒有母親在家中等候。聽完我的話,她的神情看起來輕鬆多了,並且說我誤解了她的生氣,其實是她氣自己浪費時光,在我和雙胞胎弟弟上高中的時候,沒有外

出工作。由於爸爸不希望她工作，所以，她就一直等
到我離家上大學才外出工作，後來當她真的開始工作
時，她開始擁有自己的時間，所以她總是對於枯坐在
家中的那四年感到不滿。每當我和弟弟去上學或參加
課外活動，而爸爸去上班的時候，她只能無聊地撥弄
指尖，做一些她並不是真的喜歡，包括她自己也覺得
沒有用的慈善工作。

　　在Stephanie和Ruth談論此事後，她們知道Stephanie已經不
再誤解母親的憤怒。之前，Ruth並不知道Stephanie認為，自己
在對她生氣（當時Ruth只是對自己的過去生氣），或者Ruth也
不知道Stephanie對這件事這麼在意。談談關於那些一般人不能
接受的憤怒，以及關於Stephanie害怕母親對她生氣的擔心，就
能消除這個迷思的影響力。

　　在這兩個例子中的母女都能夠承認女人基本的人性。我們
因為相信而這麼做──並協助他人也能夠了解：沒有人可以成
為完美的母親，即使是傑出母親的孩子也會犯錯；沒有人能夠
無止境地撫慰他人；母女都能夠擁有所有的情緒，包括生氣。
第二次及第三次的婦女運動已經對於改善這些迷思有所幫助，
部分原因是，她們告訴女人，傳統女性刻板化印象是多麼的不
公平與不可能實踐；部分原因則是，告訴女人，我們有充分的
理由對此感到沮喪與生氣。雖然現在我們許多人對於生氣與不
夠完美，比較不會感到羞愧與抱歉，但是，即使我們減少了對
於女人生氣的忌諱，與降低一般人對完美女人的要求，都沒有
因而減少我們對母親的期待，以及消除對於母親生氣的禁忌。
完美的理想化觀點，就是我們應該要真心地愛著母親，榮耀她
們，再加上真誠地感謝她們為我們所做的一切，這些全都會讓
我們在對母親生氣時而感到羞愧。相反地，完美母親的理想化

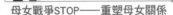

觀點則是,母親應該成為完美的、深情的、慈祥的母親,因此當母親覺得自己讓我們失望了,她就會感到羞愧。

　　想要更實際去了解母親的女兒們,去比較自己對母親與父親的期望有多麼不同,是有所幫助的。大部分的女兒很快地就會知道,比起父親,她們期待從母親那兒得到更多的撫慰、支持與好的意見,並且比較期望母親不要生氣。只要我們都能了解到這種不公平的期待,進而修正我們的期望,那麼我們與母親的關係即得以改善(對父親與母親期待的雙重標準,將在第五章中繼續討論)。

　　假如完美母親的迷思並沒有引起母女太多的困擾,也還有壞母親的迷思,這是下一章的主題,為了減少母女之間的障礙,我們必須了解它們。

第五章
壞母親的迷思

我們依據完美母親的迷思，對母親所設下的標準是每一位婦女都無法符合的。而壞母親的迷思，則讓母親的一般行為看起來似乎比它實際的狀況更糟。因為在壞母親迷思的協助之下，我們誇大了母親真正的錯誤，並且將她們不好不壞或是不算糟的特質，轉化成可怕的怪物。

無疑地，我們心中存著許多壞母親的迷思，而以下則是最主要的六個壞母親迷思：

- 第五個迷思：母親不如父親。
- 第六個迷思：母親需要專家的建議才能教養出健康的孩子。
- 第七個迷思：母親的需求是個無底洞。
- 第八個迷思：母女之間的親密感是不健康的。
- 第九個迷思：當母親擁有權力時，她們將是危險人物。
- 第十個迷思：不論是身為家庭主婦的母親，或是身為職業婦女的母親，都是壞母親。

一、第五個迷思：母親不如父親

母親不如父親可能是最普遍的壞母親迷思。在第四章中，我們了解到這個迷思的產生是因為比起父親，我們對母親有著比較高的期待，所以，我們很容易因為小事去批評母親不夠完美，但是對於父親只是嘗試去做一些事情，我們就心存感激。母親比較不好的這個迷思，也會以其他的形式出現。例如：傳統的母職工作——像是煮飯、養育孩子、打掃家裡、與凝聚家庭成員等等，這些工作都是沒有薪水的，而且大部分都是不被感激的。但是，傳統父親的主要工作都是有給職，而且能夠負擔家庭經濟的工作。即使在那些雙薪的家庭中，男人對孩子的養育工作多半傾向於陪孩子玩樂，而女人們則從事比較多的日常生活照顧，以及規範孩子的行為，像是餵孩子吃飯、幫孩子穿衣服等等，這樣的分工增強了父親的優越感，並且使得父親擁有較多孩子的感激（如同前文所言，母親所做的母職工作與家務工作很少得到應有的尊重和榮耀）。

母親比較不好的迷思，造成了婦女們更容易成為丈夫與孩子攻擊的對象，遠比男人成為老婆和孩子攻擊的受害情況多得多。雖然經由 O. J. Simpson案例的審判，一般大眾更了解到婦女們被毆打的嚴重性，但是當它涉及為何婦女們會成為受虐者的解釋時，婦女仍常常被假定為：「是她們自己召來對方的暴力行為」；然而男性受虐者卻常被認為不應該成為被虐待的對象，而且他們是值得同情的。

(一)性別偏見始於家庭

母親比較偏頗的迷思，導致女兒會以貶抑的態度看待母親和自己。通常母親自己就會將這個迷思灌輸給女兒，並且鼓勵女兒接受自己是次級的地位，例如：只要為自己設立小小的、「符合現實的」目標，同時要培養相當謙卑的態度，才不會嚇到未來的丈夫。母親努力協助女兒在一個不公平的世界中求生存，於是教育女兒要和男人們結盟，不要與她或是其他婦女同盟。與職場相較，最近十年內，家庭中這種情況似乎比較沒有什麼改變。

我在青春期的時候，曾經面臨一個道德困境，當我的母親與我討論此事時，她說：「等你爸回來的時候，你去問問他，因為他總是知道怎麼做才是正確的。」我的父親是個道德高尚的人，而我的母親也是。但是很不幸地，因為我母親這麼說，所以，我在成長過程中一直以為我的父親是這種人，而我的母親卻不是。雖然經過婦女運動，但是，今天仍有許多年輕的婦女說著相似的故事。

Flo Kennedy表示，男性比較好的迷思可能會產生所謂的「廣泛性敵意」（horizontal hostility）：

> 如果你覺得自己是沒有價值的人，而且與你同種族、同宗教，或是同一個社會階級裡的其他人也很明顯的不受重視，那麼造成女人出現病症，其中一個基本的說法是：「我不能和女人和睦相處，但我可以和男人相處，因為他們是比較優秀的，所以如果我可以和男人們好好相處，那麼表示我也是比較優秀的，因此我拋棄了所有原屬自己的社會層級。」

一位女人寫信給我，信中提到：「比較少對家庭奉獻心力的父親就比較不必面對家人的批評」，許多的故事充斥著這種現象，但是，故事中的男人也一直在努力克服他們在接受社會化時所形成的情緒無能，這種現象反映了在這場爭鬥中沒有人是贏家的事實。即使在今天，那些受過高等教育的異性配偶，自視為平等主義者的父母，這個典型的父親仍然對家庭花費較少的時間與情感，然而他對家庭的疏離感卻能促使妻兒渴望將他的形象理想化。

即使家中有個堅強的母親，女人比較不好的迷思還是一直存在，因此，必須扭曲自己的心理以符合這個迷思。一位老朋友告訴我發生在她家的故事：

> 我的母親是一個不可思議的女人，她幾乎是獨立撫養我們四個小孩，包括為我們編織毛衣、負責煮飯

與所有的家務工作，當她開始從事郵購事業時，她也經營得有聲有色。我爸爸每天晚上在晚餐後才下班，而且週末要上半天班，很少幫忙家務。媽媽卻清楚地向我們敘說爸爸工作非常辛苦，所以過去我們並沒有太感謝媽媽，因為我們從不認為她也在上班。

當爸爸每天晚上快要回到家時，她就會叫我們洗好臉，將我們安頓好。因為她這麼做，所以讓我們覺得爸爸回家是一件大事，但是卻沒有人為她這麼做。當爸爸在閱讀晚報的時候睡著了，她就會要我們出自於尊敬爸爸的心意保持安靜，因為爸爸工作很辛苦。相反地，如果是母親自己偶爾打個盹，我爸爸並沒有要求我們這麼做。

直到在我母親的葬禮上——牧師談到她是多麼的堅強，以及擁有過人的活力時，我才了解到我對父母價值的評斷一直有著不平衡的觀點。

即使到了今日，雙親通常對待兒子的態度還是不同於女兒，父母比較少限制男孩的行為，比較少要求他們照顧別人。根據Judith Arcana的說法：「兒子的行為比女兒的行為超出標準許多，但是兒子的行為仍然為父母接受。」這是另一個有關女兒是比較不好的訊息。

如果你因為父母重男輕女的觀念從小受到貶抑，後來你可能會了解到，自己為什麼沒有受到父母完全地接納，但是屆時許多傷害已經造成了。沒有安全感的種子在生命最初幾年已經深植孩子的心中。一個孩子經驗到自己不被珍愛，不是父母榮耀的來源，那麼，她會因為感覺到自己次級的地位而生氣，於是她通常會把憤怒轉向母親，因為母親總是在她身旁，卻不重視她。

在「Nuts」這部電影中，由芭芭拉・史翠珊（Barbra Streisand）所飾演的角色曾遭受繼父性虐待，這可能是男性優越的迷思所造成最嚴重的傷害。因為這個迷思的緣故，母親相信家裡必須有個男人。直到女兒長大後，母親還不知道這起性虐待事件呢！部分的原因是，她的丈夫採取極端的手段來守住這個秘密；再者，這位母親的第一任丈夫曾遺棄她，所以她很害怕失去第二任丈夫。由於第一任丈夫離她而去，讓她覺得自己毫無價值，加上她相信女兒需要有個父親，所以為了讓她的新男人留在她們身邊，她不顧一切地取悅他，並且答應他所有的要求。當女兒開始翹課、嗑藥、生活變得混亂的時候，有人建議他們去做家庭諮商。但是，這個繼父害怕秘密會在諮商中曝光，所以他用各種藉口以逃避家庭諮商，甚至說這個繼女才是問題所在，而母親為了不讓繼父生氣，也就接受了他的觀點。

這部影片很逼真，在那些被亂倫所困擾的家庭中，父親規避責任，以及母女受到恐嚇，是很普遍的現象。即使父親以其他的方式去虐待家人，情況也是一樣。在建立與保存傳統核心家庭的過程中——也就是要讓家中有個成年男子，以及要保護父親名聲的觀念下，母女的身心安全通常都會因此受到傷害。令人難過的是，這種情況讓女兒更理所當然地認為母親讓她們失望了。

男性優越的迷思造成其他的嚴重後果是，母女分別為了對男人表示忠誠，於是與對方保持疏離的關係，不管這個男人犯了多大的錯誤。我曾有個名叫Maureen的個案，她努力地克服與寡居的母親Pat之間的情緒疏離，她似乎有些進展了。因為Maureen了解到她的哥哥Ben已經成為嗜賭成性的賭徒，目前正讓他的家庭處於負債累累之境，而且他不想讓太太去工作，因此他是家中唯一負擔家計的人。

Maureen不遺餘力地鼓勵嫂嫂帶著孩子離開哥哥，由於Pat拒絕承認兒子的現狀，所以，她總是生氣地責備Maureen想要帶走她的孫子。同時，Pat急切地想要防衛兒子的形象，所以否認Ben會作奸犯科的可能性。由於她對男性優越的信念是如此的堅定（她說：「他是我唯一可以依靠的人了！」），因為不願相信兒子不成材的事實，所以她選擇了相信謊言，並且藐視Maureen對於修補她們母女關係所做的一切努力。

　　即使當男人因為藥物濫用，或是極端情緒退縮的問題，明顯地不成材，母女必須一起努力保護彼此。在免於受到丈夫與父親權力虐待的情況下，母女們仍然需要尋求男人的贊同。

㈡陰莖欽羨與陰莖憐憫

　　在第三章中，我們了解到科學時代的主張，讓怪罪母親迷思受到肯定與增強。佛洛依德有著非常卓越的研究成果，但都沒有經過科學證實。不過，他的陰莖欽羨主張卻很巧妙被運用於支持男性優越的迷思。根據佛洛依德的說法，所有女人都希望擁有陰莖，並且相信男人的生殖器官是男人們變得優越的原因，這個概念已經變成我們社會文化的一部分。

　　佛洛依德說，女人們認為母親必須為她們沒有陰莖負責。佛洛依德強烈主張在女兒的眼中，母親是全能的，而且她們相信母親可以讓她們擁有陰莖，可是母親卻選擇不要。佛洛依德也主張，小女孩對自己的「劣勢」與她輕視母親有關，因為她們說：「我看不起母親，因為母親只是像我一樣處於有缺陷的狀況。」

　　因為佛洛依德的影響是如此深遠，所以，我們必須審慎地思考陰莖欽羨這個主張。佛洛依德所說的「陰莖欽羨」：不只是對於母親沒有給她陰莖感到失望，更多的失望是來自於母親比父親更無能；同時，母親也沒有能力賦予給她們權力

（比起她們的兄弟而言），以及母親重男輕女的態度。再者，女兒們通常會很難過地了解到，母親的生活與選擇是多麼的有限，同時訝異於母親過去和現在的生活是多麼貧乏。如同Kim Chernin在*Reinventing Eve*這本書中所寫的：「當女兒在面臨重要抉擇，做下拒絕母親，轉而選擇父親的決定時，那是因為她在母親的世界中，找不到一種身為女性所該擁有的希望。」基於上述的理由，我們可能會因此輕視自己與母親，轉而尊敬父親與兄弟們。

使用陰莖作為父母之間，以及兄弟和姊妹之間不公平的象徵，所存在的危險是，這種不公平似乎是必然的。因為父親和兄弟們會一直擁有陰莖，那卻是母親和姊妹們一直無法擁有的。所以，如果陰莖是問題的關鍵，那麼我們就可能會相信男性一直是優越的，而女性總是有所缺陷。然而，陰莖只能顯示出男人擁有較多社會、政治和經濟的權力，這種權力的不平衡並不是母親的錯，而且這種情況是可以改變的。

當我們思考陰莖欽羨字面上的意義時，我們必須知道，不是所有女孩都有這種欽羨。兩性中都有一些人會認為陰莖是個很好笑、外觀奇特、搖搖擺擺、無法掌控，而且容易受傷的器官，我將這種感覺稱之為「陰莖憐憫」。事實上，在佛洛依德所說的陰莖欽羨會出現的那個年紀，二到四歲大的女孩會注意到，她們的生理器官不同於男孩，有些導致陰莖憐憫的重要原因是，有關自我控制、保護自己的身體與隱私的問題。那個年紀的小女孩可能會認為自己是很幸運的：因為她不必努力去控制那個不管自己願不願意都得吊在那兒，以及會隨意晃動的東西；也不必保護那個暴露在外面、外表脆弱與容易受傷的東西；對於這個可以看得見、也容易被看見的生殖器官，不必努力地維持它的隱密性，以避免尷尬。

對許多小女孩來說，陰莖憐憫是相當真實的，如同Simone de Beauvoir曾描寫的：「這個垂掛在男孩大腿之中的小肉塊，一點也不重要，甚至是可笑的東西，因為不管和服裝或髮型搭配起來，都是相當怪異的……同時，陰莖有可能也會被視為天生的、不規則的，或是垂吊著，像是腫瘤、胸部，或是疣之類不清楚的東西，而且它令人覺得噁心。」

陰莖憐憫的概念有可能改變我們對母女關係的看法嗎？陰莖欽羨的主張讓我們堅信，所有女兒會怨恨母親，都是因為母親沒有給她們陰莖，或是沒有給她們進入社會權力階級的權利，所以，所有的女人會輕視自己與其他的婦女，這種現象是天生且不可避免的。但是，一旦我們了解到陰莖欽羨不一定是必然的現象，而且事實上，小女孩可能對於沒有陰莖感到很欣慰，那麼怨恨母親的正當理由就不存在了。

如我們之前所了解的，母親是比較不好的迷思，是許多其他母親迷思的基礎，其中延伸出來的一個概念是，沒有男性專家的意見，母親無法養育情緒健康的孩子。

二、第六個迷思：只有專家們知道如何教養孩子

在這個世紀中，出現許多育兒專家們發表的育兒方法，這些現象讓母親們相信，有個正確的育兒方法就在某處，只要找到並且遵循，就能教養出良好的下一代。母親們閱讀最近出版的新書，看著最近的談話節目，然後發覺到自己應該為八歲大的孩子們設下明確的限制，堅定地要求孩子們遵守這些規範，這是因為這個年紀的孩子知道不能自由放任自己的衝動，所以，為他們設限讓他們覺得有安全感。另外一本新書則是另一位專家才剛剛發表的，母親們閱讀著這本新書，然後書中的意見是為孩子設下限制時，應該保持彈性，一切有關孩子們的行為規範應該經由民主家庭的會議討論而設定，孩子們應該在設

定違反規範必須承擔的後果方面，扮演著重要的角色。這個專家說這種方法會幫助兒童發展內控能力，並且讓孩子們感覺到母親尊重他們的想法。

母親們思索著這兩個專家表面上不一致的看法，歸結出兩者都有意義的結論。孩子可能需要每一種看法中所提到的一些方法，但……她們要怎麼決定孩子比較需要哪一種方法？這些問題的答案非常重要，因為關係著孩子現在與未來的幸福，以及身為母親的成敗。可是，可以告訴她們何時要遵循哪一個專家的超級專家又在哪裡呢？有責任感的母親在努力依循著專家們所提出的方法時，可能會犯下一些錯誤，因為沒有超級專家會在她的身旁引導她，說：「現在你做太多了」以及「你現在做得不夠」，肯定也不會有人說：「你現在做的正好！」

所謂的專家繼續不斷地爭論這些議題，包括使用牛奶或母乳哺育孩子？只要提出要求？或是提供明確的計畫表？要不要在學前教導你的孩子閱讀？是否給予營養補給品？怎麼養育孩子才是最好的？獨生子是不是不好？要不要讓孩子進入結構嚴謹的班級等等？一位與我母親同年代的女人告訴我：

> 一位專家指示母親應該留在家中陪伴孩子成長，一直到孩子就讀幼稚園為止。另一位專家甚至說，青少年需要知道如果他們在學校生病了，母親會在家裡等待著他們。還有另一位則說，母親應該外出工作，那麼母親就會對自己的感覺好很多。由於這些專家們彼此重要的觀點都不一致，所以我們絕望地覺得不管自己怎麼做，都是不適任的母親，我們究竟應該如何決定，才是對孩子最好的方法呢？

談到孩子的幸福感，我們在第二章中討論到許多關於專家們責怪母親的現象。即使母親不是直接受到責怪，但是許多專家在解釋孩子的行為時，也傾向於認為母親是孩子問題的來源，這種傾向仍然困擾著許多母親。自從1980年代以來，T. Berry Brazelton博士是一位特別例外的人，在他的書中，小心翼翼地描述著母親對孩子行為影響的正常範圍有多大，然而，只有少數的兒童保育專家會傳達這種訊息。

我認識一位努力工作的職業婦女，她帶著四歲大，患有腦性麻痺的女兒去做一項教育評量。這個評量者為小女孩做了一大堆的智力與發展測驗，發現這個孩子的分數介於平均數以上到非常優秀之間。這個評量者沒有見到任何有關小女孩的背景資料之前，就指責母親說：「你一定給這個孩子許多的壓力」，在這之前，這個母親曾經因為上班對女兒感覺愧疚，因為她認為自己也許應該整天留在家裡教導女兒。然而，現在她卻因而受到批評，好像她留在家裡是一件過分的事，給小女孩太多的壓力。母親們好像總是被告知她們要不是做得太多，就是做得不夠，而且孩子愈大，她們愈難為。Alexandra是一位母親，她的女兒十四歲，一進入高中就輟學。聽聽看Alexandra所說的：

> 我的家庭醫生告訴我，我沒有給Sally適當的壓力。他說：「你必須為她建立更多的規範，讓她保持規律的生活作息等等。」因為他覺得我受到Sally的威脅，因此他轉介一位精神科醫師給我，這位精神科醫師應該可以幫助我成為一個比較嚴格的父母。可是，當我去看這個精神科醫師時，他卻告訴我：「Sally覺得你對她的學業成就訂下太高的標準，成績低落是她向你抗議的一種方式。所以，請你完全不要管她的學校功課，甚至不要過問她是否完成家庭作業。」

另外有一些專家提出另一個會阻礙母女關係的問題是女兒的性取向。雖然近年來，女同志出櫃的數量已經有所增加，然而，許多心理健康專家仍然宣稱，不是異性戀的性取向都是一種心理疾病。雖然心理疾病主要分類系統的作者〔心理治療師的聖經 *Diagnostic and Statistical Manual of Mental Disorders*（*DSM*）〕在1974年的時候，已經公開宣布同性戀不再是一種心理疾病。但是事實卻是，它仍然留在 *DSM* 的下一個版本中。雖然同性戀本身不再出現於 *DSM* 手冊裡，但是手冊裡仍有性變態這個類別。性變態這個名詞，心理治療師想怎麼解釋就怎麼解釋。再者，心理治療師仍然持續地、公開地說，那些教養出女同志或男同志後代的母親是有些問題。由 Betty DeGeneres 所著 *Love, Ellen* 這本書，讀起來令人相當感動，那是關於母親努力接受女兒 Ellen 是個女同志的故事。其中令人辛酸的部分是，如果這個母親不必那麼艱辛地努力對抗專家的看法——也就是女同志是一種心理變態的形式，以及女同志的母親都是有毛病的，那該有多好啊！

　　還有另外一種由專家意見對母親形成壓力，進而傷害母親的例子是在1980年代，母親們經歷一場主要的兒童教養浪潮開始。這股浪潮過分地重視兒童早期或嬰兒時期智力發展的刺激（例如，在嬰兒床上握著字卡），而最近則演變為專注在子女情緒智力與「多元智力」的開發上，雖然這股浪潮在後來當然有些優點，但是問題就在這裡。比起父親而言，母親不管是自己承擔，或是被他人賦予更多的責任，那些無法執行這些任務的母親，常常必須承擔更多孩子在各種智力與學業失敗的責任，因為大部分的育兒工作仍是由母親承擔的。

　　法官是專家，他們對於怪罪母親所擁有的權力特別具有破壞力。有時候，他們自己怪罪母親的傾向會影響他們的決定，因為他們以怪罪母親的「解釋」為基礎，加上由心理治療師以「專家證人」的身分作證。在Molly Ladd-Taylor和Lauri Umansky所著的 *"Bad"Mother:The Politics of Blame in Twentieth-Century America* 這本書中：他們提到二十世紀的美國法庭充斥著怪罪母親的現象。法官們對於下列所述的母親存著許多的偏見：她們沒有住在傳統異性戀婚姻的核心家庭裡；她們不能保護自己的孩子免於受傷；她們的孩子不知為何犯了錯等等。Molly Ladd-Taylor和Lauri Umansky提出Jennifer Ireland的例子，當Jennifer在密西根大學上課時，由於她把三歲的女兒放在托兒所裡，所以她失去孩子的監護權。原因是法官認為密西根大學對於學業的要求非常嚴格，所以推測Jennifer一定沒辦法成為一位好母親。

有關母親需要專家意見來教導她們育兒的諷刺之事還有很多。首先，如第四章中所談到的，正直的專家們承認人類的行為是那麼的複雜，所以，他們通常無法解釋為何問題家庭中的孩子會變好？而擁有一切的孩子卻會變成一個罪犯。

再者，與只有專家知道育兒方法這個迷思共存，而且意見完全相反的迷思是，母親天生知道如何育兒（這個迷思曾在第四章中談論過）。正確的事實是，母親對於育兒既不是專家，也不是全然無知。大部分的母親都是憑著本能去做，然後從經驗中努力學習。但是，那些所謂育兒專家的說法卻助長了壞母親的迷思，因為他們使原本就沒有安全感的母親（也就是大部分的母親）認為，只有專家才知道怎麼做才是正確的。

更諷刺的是，許多母親犯下的真正錯誤是，來自於專家所給予的拙劣意見，或是專家們誤導母親們去遵循的那些意見。然而，這些專家卻反過來指責母親所做的每件事，而母親們通常也會傷心地覺得自己不適任。由於母親被那些自己無法達到的過高期待所困擾，同時她們必須努力照著「專家」的意見去做，所以母親產生嚴重的焦慮與愧疚感。而這些母親的焦慮與

愧疚感會進一步地傷害孩子，這種現象是心理健康專家們極少
會一致同意的看法之一。由於母親對孩子變得過度焦慮：包括
不信任自己的本能與感覺，常常擔心自己是否做對了？但是，
要母親為這種傷害承擔所有的責任是不合理的，因為她們並不
是自己去設立這個無法達到的標準。Ronni是一位三十一歲的
母親，她告訴我下面這個故事：

> 當我的孩子三歲和五歲大的時候，他們的父親和
> 我分居了。他沒有準時地探視或打電話給孩子們。我
> 的小兒科醫師說，我應該向孩子解釋：「即使爸爸沒
> 有打電話來，但是他真的非常愛你們。」那麼，他們
> 就不會覺得被父親拒絕。可是，我的精神科醫師卻告
> 訴我：「你的前夫非常自我中心，除了他自己之外，
> 他真的不愛任何人，不要告訴孩子們父親很愛你們，
> 因為那樣會誤導孩子們，認為愛是不需要對所愛的人
> 表達任何關心。」

> 我非常困惑，因為這二位醫師對我都有些影響
> 力，所以我一直很緊張，不知道該聽誰的意見。而
> 且，因為我的焦慮使得孩子們度過一段相當難熬的時
> 期，甚至造成五歲的女兒決定要照顧我，一直詢問
> 我，她可以做些什麼事來激勵我？而三歲的那個孩子
> 也出現真正的問題行為，我想，那是因為他學到了我
> 的焦慮。

只有專家知道如何育兒的信念，助長了女兒們相信母親是
不適任的，進而破壞了母女的關係（對兒子而言，情況也是一
樣）。由於女人害怕自己不能成為天生完美的母親，所以，她
們無法與女兒分享自己在育兒時所遭遇的困惑與不確定感。如

同我們之前所了解到的，這樣的結果造成許多女兒只看見母親的不完美，以及看到母親沒有努力遵循專家的意見，而不了解母親身在其中的困惑、掙扎與原本的善意。有一些已經成年的女兒認為自己的學業成就沒有到達她們應有的水準，她們告訴我，她們認為母親必須為無法「讓我守規矩」這點負責。其中有一個人說：「母親應該使用更堅定的愛來教育我」，其他人則說，她們的母親應該遵照專家的意見，將學校課業的責任交由我們自己去承擔。許多婦女一旦有了孩子，經由自己的育兒經驗才能體會「養兒方知父母恩」的道理，才會學習到更為感激自己的母親，她們這才了解要知道什麼是正確的育兒方法不只是非常困難，更是一種不可能的任務。

感覺到自己無法符合良好育兒標準的母親，常常會忍住不去告訴別人她們「失敗」的經驗。正因為這樣，很少母親們知道她們有著相同的處境，她們都害怕失敗，但那確實是她們都會有的經驗。

女兒不需要等到自己分娩後，才能明白這個事實。女兒們將會了解到，只有專家知道怎麼做的這個迷思對母親造成的挫折，與這個迷思強大的影響力，並且體會專家們的意見有多麼的分歧，以及大部分的母親是多麼艱辛地在教養自己的孩子。這些領悟可以帶領著女兒們邁向了解與感激母親之遙遠路途。

三、第七個迷思：母親（和女兒）的需求是個無底洞

> 「她到底想從我這裡得到什麼？」
> ——橫跨各個年齡層，無數的男人們對老婆共同的想法

許多故事和影像都會引發這個迷思，那就是女人的情緒需求是永遠無法滿足的，而且她們總是不停地要求別人。這個迷

思讓我們相信，母親使身旁的每一個人慢慢地耗盡他們所有的愛、自尊與自主權。我們知道巫婆、女術士、希臘神話中的女巫賽栖（Circe）、席拉（Scylla）和卡力布狄斯（Charybdis）女妖，與埃及豔后的故事，這些對於無法滿足女人要求的畏懼甚至深植於聖經之中，像是在傳道經裡提到的：「我發覺女人比死亡還恐怖，因為她總是在設計圈套，使人落入陷阱之中。」距離我們更近的年代，則有佛洛依德提出女兒對母親懷有強烈的敵對感受，那也是起因於女兒永遠無法滿足（也就是沒有人能滿足）母親「貪得無厭」與「毫無節制」的需求。

當母女關係出現問題時，人們常常會將原因歸咎於女人對情感的需求是永無止境的。事實上，女人也會責怪自己，是因為自己的「需索無度」才會造成這些困擾。Rosalie曾說到關於她和丈夫的關係：

> Sam總是想要我在他沮喪的時候，能夠表達我對他的支持與同情心。但是，每當我表示需要他一點點的同情與支持時，他就會絕望地說：「你到底想要從我這裡得到什麼？！對你來說，沒有一件事情是你滿意的，沒有人能夠滿足你的需求。」

由於男人是在充斥著女人需索無度的迷思中長大，所以，大部分的男性被教養成一個情感冷漠的人。許多男人會擔心，自己沒有辦法以同樣的方式來回應女人的撫慰（或者那不是男性會做的）；同時他們也擔心，如果自己無法適當的回應女人，那麼她們就會拒絕或遺棄自己。因為不願意承認自己的不足，所以，許多男人就反過來宣稱女人的需求是無法滿足的。這種現象使得這個迷思永遠不會消失。

一個因為自己情緒控制不好，害怕失去太太的丈夫，常常藉著不斷地苛求太太，要求太太許下承諾、表達忠誠，並且透過一再的保證來掩飾自己的害怕。然而，這個為丈夫付出一切的太太卻很容易受到批評，她會因此被貼上令人窒息、會吞噬丈夫的太太，以及吞噬孩子的媽媽，她用遠遠超過丈夫與孩子所需要的愛與關懷來淹沒丈夫與孩子。也就是說，這個「狐狸精」利用她的性慾與熱情來操控丈夫與孩子。既然女人也認同男人的說法，部分原因是，女人用這種認同作為取悅男人的方式之一，所以，女人就以男人的方式來看待自己，這種態度增強了女人更相信自己（與其他女孩和婦女們）的需求是個無底洞。

　　由於這些原因，女人的需求看起來似乎真的很大。通常女人從小被教養得比男人更善於表達情感，因此女人更能真實地表現自己內在的需求。相對地，男人的需求通常會被偽裝起來，即使在男人還沒有承認自己的需求之前，通常會被女人（媽媽、太太、女朋友或是女兒）所察覺。一位剛結婚的女人Marnie告訴我：

　　　　我的丈夫Bart下班回家，走進家門的那一刻，他期待我能夠知道他當時是否想說話？或是想獨處？但是當我告訴他，因為他一點都不關心我一整天在辦公室的感受，所以我有種受傷的感覺時，他反而回答我說：「如果你不告訴我，我又該怎麼知道你的感覺呢？」但是，當我真的告訴他我今天過得不好，他又說我不應該用「我的情緒化」來困擾他。

　　當女人表現無助、依賴和沒有能力的時候，會受到男人的鼓勵，因為這樣對男人來說，女人就會是個不具威脅性、同時又有吸引力的人。對許多男人而言，在他被女人的需求觸怒之前，這都是有用的。就像是Suzette在一封信中告訴我：「每當我突然放聲大哭的時候，Allen喜歡表現堅強，而且可以保護我的感覺。但是，我感覺到他好像只能給我三十秒鐘的同情心，然後，他很快地就會希望我能夠立刻停止哭泣。一旦我沒有辦法停止，他就會大聲嚷嚷，然後一味地說我像是個大嬰兒。」

像這些受到輕視或者被壓抑的女人們，有時候她們真的需要額外的支持，因為除了得應付日常生活中一般性的問題之外，她們還必須面對額外的壓力與傷害。我們的社會文化將許多額外的壓力與傷害加諸於女人，同時也就增加了女人對支持的需求，然而，我們的社會文化卻又利用這些需求來「證明」女人太過情緒化。事實上，這並不能證明女人一定擁有無止境的情緒需求。

女人會對情感有強烈的需求，主要的原因是，她們就和一些男人在小時候沒有受到適當的照顧一樣，心理治療師曾經報告，這樣的兒童會在長大後，感覺自己從來沒有得到足夠的愛，這種情況對女人而言是特別難以處理的。因為她被期待著應該要去照顧別人，可是，她們自己卻又是那麼需要別人的照顧。此外，還有各種令人不舒服的限制加諸於女人的生活之中，包括女人對於自己是否要結婚、生孩子，以及是否選擇留在家中照顧孩子等等問題，其實她們並沒有真正的選擇權。同時，她們也被期望著必須承擔婚姻成功與否的主要責任，而不是與她們的丈夫共同承擔這個責任。

以下是無數的女人感到不快樂，以及需求得不到滿足的重要因素，就像是Betty Friedan在*The Feminine Mystique*這本書中所提到的，在我們母親的那個年代裡，每一個不快樂的家庭主婦會認為，自己的痛苦將會成為她是個自私、不知感恩與不夠女性化的證明，所以，每個女人因為這種恐懼彼此孤立，不能將自己的「失敗」告訴任何人。在那個年代，幾乎每個身為家庭主婦的母親都有著相同的處境，而那些身為職業婦女的母親也可能告訴她們的女兒，工作與家庭雙重的工作量壓得她們喘不過氣來！

小小的奇蹟會出現在母親轉向女兒尋求關心、支持與同情的時候，然後，從這樣的互動中間接地確認自己是好的、慈祥的母親。女兒比兒子更能勝任這個角色，因為她們被教導為必須去照顧別人，而且要敏銳地覺察他人的需求。雖然目前在許多育兒方法裡存在的性別偏見已經有些改變，但是這種模式至少保存了一千年，對我們造成的影響既深且遠。根據Larissa所說的，她的女兒現在是一位成熟的女性：

> 女兒一直是我最好的朋友。她是個非常好、而且富有同情心的聽眾——甚至在她很小的時候，或是在她協助我為地板上蠟，或者我們一起做果醬的時候，我們都會促膝長談，我不知道如果沒有她，我該怎麼辦？

在這種情況下，這個女兒會想盡辦法去滿足母親的需求，因此，她可能會開始隱藏自己需要被照顧的需求，而這些沒有被看見的需求大部分都沒有被滿足，同時也沒有受到充分的撫慰。於是，當這個女兒長大後，她非常可能又會變成一個向女兒尋求安慰的母親。

母女通常會把這種模式說成：「我的母親對我而言比較像是一個朋友，而不是一個母親。」在這樣的關係中，母女可能會有許多真正的分享與親密時刻，但是如果它已經變成完全的角色逆轉，也就是女兒一直在照顧母親，那麼就會變成一種問題。但是，如果像是有些心理健康專家主張，女兒為母親所提供的任何照顧都是一種病態的「融合」，這種說法比起適度的角色逆轉，對母女關係危害更深，因為它將所有存在母女關係中愛的施與受全都污名化了（這是第八個迷思的主題）。

　　母女角色逆轉這種情況之所以會出現，部分原因是女兒照顧母親，部分原因則是因為比起兒子，母親傾向於比較少去照顧女兒。Renate現在快三十歲了，談到母親對待她的記憶，仍舊讓她感到痛苦：

> 　　在我七歲大的時候，哥哥當時九歲，他總是比我得到更多母親的注意——即使在我生病的時候也是如此。在我哥哥生病的時候，母親會放下所有的事情，為他燉雞湯，坐在他的床邊，陪他下棋和玩紙牌。可是換成我生病了，就只有雞湯，她會這麼說：「Renate生病的時候，總是那麼善於找樂子，讓自己開心。」其實，我當時真的是別無選擇，因為她從來就沒有費心想要讓我開心。

> 　　我知道媽媽是愛我的，我當時就知道了。可是，令我傷心的並不是我認為她不關心我，而是我想要得到她多一點的照顧。而她卻覺得我應該不需要，對此她還為我感到驕傲——對她而言，對我哥哥付出這樣的照顧顯然是一件更快樂的事。

> 　　然而，當時不管母親什麼時候生病，我哥哥都不會察覺，可是我卻被期待著要去照顧媽媽，而且從來也沒有人會為此稱讚我。她告訴我爸爸：「你不需要照顧我，Renate是我的女兒，她應該是我的左右手——而她確實也是。」當母親這麼說的時候，她總是自豪地笑著。看著她的笑容，我立刻覺得很開心，

努力地去完成她想要我做的事情，樂於成為她的左右
手。但令人煩悶的是，我必須一直表現得這麼成熟，
那種我需要被照顧的感覺從來就沒有被滿足。我有種
受傷的感覺，因為我認為她對於照顧我特別不感興
趣。

在任何時候，當女兒需要母親照顧，母親卻沒有提供任何
撫慰時，這會讓女兒覺得自己的需求沒有被滿足。等到後來這
位女兒成為一個母親，應該給予她的孩子那些她覺得自己從來
沒有得到過的撫慰，這種情況就像是要求一位飢餓的女人要去
準備一場盛宴一樣。

除此之外，女嬰的存在也會有意無意地喚醒這位母親感覺
被忽略的記憶。所以，當她要開始去照顧新生兒時，她的寂寞
感就會再度出現，而這種感覺很難和關懷與疼愛嬰兒連結在一
起。一旦這個嬰兒沒有受到充分的呵護，那麼這個循環會繼續
下去，形成一種惡性循環，一個接著一個的女人在長大之後，
都會感覺到自己好像從來沒有得到足夠的愛。

如果母親和女兒都能了解到彼此的需求會這麼多的原因，
那麼，她們就不會因為恐懼被迫分開了。但是，只要母親和女
兒相信女人需求無度的迷思，這種迷思就會在她們之間變成一
種阻礙。一旦相信這個迷思，每對母女都會害怕被對方傳說中
的巨大需求吸乾，並且對於對方期待自己為她提供充分的撫慰
心存恐懼，同時，她們也可能將對方一些些的需求誤解為無止
境的需求。Diane和Marie是接受我訪談的一對母女，她們述說
了這個動力出現在她們關係之中的方式：

DIANE：在Marie十五歲的時候，也就是她和第一位真
正的男友分手時，我覺得她從來沒有停止哭泣。首先

是我抱著她，輕輕地拍著她的背，但是經過了一個小時，她仍然濕透雙眼。我覺得好無奈，她要的安慰似乎比我可以給她的多得多了。但是當時，她一直是那樣的需要我，而我從來就不覺得自己可以勝任這項任務。有時候，我就是想要跑進我的房間，關上門，我無法忍受看到她有這麼多的需求。

MARIE：我對母親也有同樣的感受。在我七歲的時候，有一天晚上，我看見媽媽靠著爸爸哭泣，她說：「我只是一個不幸且痛苦的人。」我不知道她為何這麼沮喪，而她也沒有尋求我的協助。但她總是說，我給了她很大的幫助，我是多麼的可愛與敏感，當時我的感覺是我好像應該可以讓她快樂起來。

Diane和Marie都掉入這個常見的陷阱中，也就是相信當某個與我們親近的人心情沮喪時，我們必須做些什麼事來安慰她。然而其中最棒的事通常就只是陪伴與傾聽她們，或者只是關懷與同理地等待著。一旦我們相信自己應該能夠消除她們的痛苦，我們就會因此感覺無助與無能為力。Marie有個額外的負擔：沒有人，包括她的母親，曾經教導她孩子不應該有能力去解決大人的問題。

這種空虛的延續

我曾經參加過一個個案研討會，它牽涉四個世代的女性，並且呈現出女人的空虛是如何被延續下去，以及為何會將原因歸咎於母親而非父親？這個家庭會出現在門診中心的原因是，八歲的女兒患有憂鬱症，主要的心理治療師在提供處置之前，想要了解這個家庭的動力與歷史。

我打電話給祖母Bree、母親Resa，以及女兒Rosemary。根據母親和祖母的說法，外曾祖父（Bree的父親）天性樂觀，而外曾祖母則是嚴厲與冷酷的母親。後來Bree嫁給了Cesar，一個熱忱、但內心深處極度壓抑的男人。當他們有了孩子，Bree下定決定心不要讓孩子們擁有被她拒絕的感受，如同她的母親曾給她的感覺一樣。然而，Bree還是無法回應孩子們對溫暖的需求，所以她把父親當成角色楷模，努力表現著快活與爽朗──卻不是溫暖。所以，當她的女兒Resa長大後，從不計畫生育小孩，因為她意識到自己就像母親一樣，心中幾乎沒有愛可以提供孩子。

然而Resa卻生了孩子，而且她也發覺到，孩子根本就是個妨礙自己滿足個人需求的障礙物。於是她裝裝樣子，做一些所謂「正確的事」，像是買衣服給Rosemary，但是她們之間的母女關係基本上是空洞的，並且不時地受到雙方所爆發的衝突給破壞了。

在這個研討會中，這位主要的心理治療師將Rosemary憂鬱的原因，全部歸咎於外曾祖母、祖母和母親，這幾個世代的女人沒有被滿足的需求上。那是因為她們每一個人都只專注在自己的需求，而沒有注意到孩子的需求，才會造成Rosemary的憂鬱。沒有一位精神科醫師，也沒有一個身在這個家庭中的女人去問：「Bree的爸爸有沒有表達溫暖？甚至是他有沒有花時間與家人共處？家人會覺得他是個天性快活的人，而不是一個天性快活卻感覺疏離的人，會不會是因為他是個男人，所以家人對他並沒有太多的期待？Cesar的被動與沮喪，有沒有可能也像Bree爽朗的風格一樣，都是造成Resa憂鬱的因素？」畢竟，沮喪會嚴重地侷限一個人提供他人情緒資源的能力。由於Bree和Resa都覺得自己的母親擁有「無法被滿足的需求」，因此對自己的母親懷著深刻的敵意，這兩種心態造就了她們對自己的父親過度理想化。

當Rosemary更常與父親共處時，慈愛的父親幫助她開始減少憂鬱的症狀，她變得比較外向。所以，我們從Rosemary的案例中學習到，母親和父親的需求都會傷害孩子，而且，父母之中任何一方愛的表現都會對孩子有所幫助。當我們思考著，心理治療師通常會將孩子愛惹麻煩的母親納入治療之中，但是，卻很少努力地將父親納進來時，這會是個很重要的提醒。這種傳統的治療策略誇大了母親的影響力，同時也忽略了父親可以滿足孩子需求的可能性。

四、第八個迷思：母女之間的親密感是不健康的

女人喜歡和人建立關係，但是在一個恐懼親密關係，讚揚獨立美德的社會中，我們將關係與親密感誤解為「依賴」、「融合」和「合併」的同義詞。所以，大部分的母親擔心讓孩子過於依賴她們。當孩子因為第一天被母親留置在托兒所或營隊而哭泣，母親會擔心自己是一個失敗的媽媽，因為孩子表現出依賴她的行為，以及好像她必須把孩子緊緊拴在身邊，因而感覺丟臉。

我們生活在一個重視理性與獨立甚於感性與親密的文化中，男人通常被視為理性與獨立的一方，而女人則是感性、依賴及渴求親密感的人。

有了這些假定，在母女這個兩個女人之間存在的親密感，往往被視為過度依賴，因為她們兩人都被認為對親密感有著瘋狂的興趣。於是，在母女關係中被標示為「依賴」的危險性就更為嚴重了。一個嬰兒或小女兒必然要依賴她的母親，即使在女兒長大後，母親和女兒分別都變得更為獨立，但是她們仍然相信這個迷思，並且害怕她們會因為彼此「太過親密」，而遭受他人的批評與嘲笑。一位有個大一孩子的母親解釋說：

「Laura和我一直是這麼親密,直到上個月她離家上大學為止。每一次我走過她的房間,我都會淚流滿面。我知道自己不應該這樣,我想是因為我們太過親密了。」不幸地,沒有人向這位母親保證她的反應是正常的,這是人們與所愛之人分離的正常反應,並不是一種太過親密的徵兆。

同樣地,孩子因為第一天上學而哭泣時,母親對於過去自己第一天上學充滿著悲傷的記憶則會再度湧現,因為她相信,自己正在重蹈母親對她犯下的錯誤:「如果我的母親能讓我更獨立一點」,她想:「我將會知道如何對待我的孩子。」她責怪了母親,也責備了自己。

這種想法深具破壞力,因為這些母親與孩子的行為仍然落在我們所相信的正常範圍之內,那些因為第一天上學或者第一天參加營隊,母女分離所帶來的傷心,通常是母女關係中愛與溫暖的表現,一種來自你可以向母親求助的安全感,一種來自因為未知而出現的正常的害怕心情。如果我們生活在一個社會中,它鼓勵我們去了解一個因為第一天上學而哭泣的孩子,並且仔細去想想這件事對一個孩子和母親來說,都會是多麼的傷心!那是因為她們是那麼的關心彼此,才會出現這種難以分離的行為!如果我們能從這個角度去思考,那麼我們的感覺會有多麼的不同?一旦我們真的相信,母女分離的悲傷是病態的行為,那麼失去伴侶的悲傷還算是正常的嗎?

雖然使用「融合」、「吞沒」及「過度依賴」這些形容詞去描述母女關係是沒有什麼理性的,但是,母女不認為自己能與對方分開,這個信念卻很普遍。許多母女都接受了用這樣的形容詞去描述她們之間的關係,她們擔心任何存在於母女關係中的親密感,都會被視為她們是「融合的」明證。但是另一方面,如果母女關係中出現任何冷淡或是親密的阻礙,那麼母女二人都會被認為是不夠女性化的女人,因為女人應該是深情而慈祥的。

在我們的文化中，處於青春期的男孩會被鼓勵去變成一個愈來愈不像母親的男人。對男孩來說，成長意味著必須離開這個由母親所描繪的女性文化與世界，這樣他才能夠成為真正的男人。此外，一個和母親維持著親密關係的女人可能會被認為太過依賴，但不會因此被指控為不夠女性化，於是女兒就得到以下兩種訊息，一個是我們不能太過依賴母親，另外一個則是我們應該和母親保持親密感。然而，保持親密感又被誤解為「依賴」的同義詞，所以母女無論怎麼做都不可能正確，她們的行為沒有機會可以解釋成心理健康的表現。

這個迷思已經根深柢固。不像是兒子，他們最終都會離開母親，進入「真正的」世界，女兒和母親從未完成那樣的分離。於是，專家們想當然的就認為這種依賴是不健康的，他們相信女兒過於喜歡依賴，所以她們無法真正的長大成人。而母親則為了滿足個人無境的需求，所以想要和女兒繼續保持這種親密感。抱持著這種態度的心理治療師，他的女病人會直接受到這個取向的影響。只有很少數的女人能從那些正在接受心理治療的朋友，或是大眾傳播媒體中學習到這個概念，因而倖免於遭受這個迷思的迫害。

母親和女兒都沒有辦法和對方分開，這種說法是真的嗎？一般而言，並不是。在極端少有的情境裡，有些人無法承認對方已經離開自己了，那真的是一個非常嚴重的問題與心理疾病，但這並不是大部分母女關係的典範。當專家或我們自己談到母親無法將女兒視為一個獨立的個體時，我們有著各種形容詞來描述這種關係，像是「融合」、「捲入」、「共生」或是「情緒糾隔」等等，這通常都牽涉到母親壓抑自己的需求以迎合他人的情況。為了避免這種狀況，母親必須了解到自己是一個獨立的個體，否則她會將別人的需求誤認為就是她的需求。

充分的撫慰來自於自己和他人在心理上真正的分離，有時它就叫作「成熟」。母親壓抑自己的感覺會產生問題，而且即使孩子們的需求和她自己的需求不同的時候，也不一定會減少她對孩子需求的敏銳度。

(一)一個新的觀點

激勵我們更準確與更正面地標示女人行為，其中一個主力來自一些女性團體，像是衛斯理學院心理治療師的團體成員（包括Judith Jordan、Jean Baker Miller、Irene Stiver和Janet Surrey，以及最近的Alexandra Kaplan），以及社工師Rachel Josefowitz Siegel，她們已經注意到在傳統且具有影響力的兒童發展理論中，她們將獨立與分離視為情緒成熟的指標（像是學習自己吃飯、自己穿衣服，以及保護自己的身體免於傷害）。可是，兒童發展的另一個重要指標幾乎完全被忽略了，那就是兒童慢慢地增長與他人建立和維持關係的能力，這是兒童生存與盡情享受生活的必要能力（例如，學習在肚子餓的時候，如何向大人發出訊息，那麼大人就會餵你吃東西），心理學家Janet Surrey將這個能力稱之為「關係能力」。雖然關係能力很重要，但是在我們的文化中，任何偏離獨立的表現都會被視為令人擔心的心理失常，而不是朝向深化個人人際關係的重要一步。

衛斯理團體發覺：「女人真的不想和母親分開。即使當成年女兒和母親處於衝突之中，女兒通常仍舊認為母親是她們最好的朋友。她們想要讓彼此的關係繼續維持，然後去發展其他持續且親密的關係。」Surrey稱之為：「一種藉由關係的增加與擴展的成長模式。」

Jordan和Surrey指出，親密感牽涉到彼此情感的投入程度。依據Surrey的說法，母女關心著彼此的關係，而且發現

這是值得的：「自我得到活力與增強。」一位心理學家Kathy
Weingarten提到和這個說法有關的論點，她說母親公開地向孩
子提及自己的感覺和困境──通常這種情形母親會被批評為讓
孩子承擔「太多」，但這並非總是代表著母女有著界線模糊的
關係，有可能它是另一種增加親密感與相互尊重的方式。Irene
Stiver建議，雖然傳統的主張是年輕女孩必須與母親分離，然
後更親密地依附父親。但是在這種情況下，可能會導致母親全
然地拒絕女兒，這種轉換不一定是健康的，也不一定對女兒的
成長有所幫助。

　　那些參加由Siegel所舉辦的學術研討會的女人，也就是衛
思理團體的成員，以及其他像這些團體的女人，她們會描述自
己從與母親或其他女人的關係中，感覺到自己是個溫暖、樂觀
與有能力的人。我們許多人都曾被告知，我們與母親的問題是
因為太過親密，所以，我們應該立刻與母親情感分離。但這又
與我們原本必須與母親建立和維持關係的信念相互矛盾，我們
並沒有常常體認到這個矛盾。因為我們心中有著男性優越的迷
思，所以，它會促使我們在一開始被告知我們與母親太過親密
的時候，出現的第一個反應是勉強的同意。然後，我們會努力
將自己與其他女性保持情感疏離的狀況，以贏得讚賞。大部分
的母親投入許多心力來加強自己和女兒的關係，可是，一旦女
兒將這些關係貼上問題的錯誤標籤之後，她們就傾向於疏離自
己的母親。

　　諷刺的是，許多那些告訴我們與母親太過親密的朋友和心
理治療師們，卻鼓勵我們要將自己全然地奉獻給男人。將男人
當作個人生命的重心不會被視為病態，但與自己的母親維持親
密感卻是危險的。

(二)恐同性戀的出現

母女的親密感因為恐同性戀的心態被誤解為心理不健康，恐同性戀是一種很強烈的害怕同性戀的感覺。母親通常和孩子有著身體的接觸，而且大部分的人覺得這樣的接觸是令人愉悅的。然而，對許多北美洲的人來說，在任何兩人之間出現的身體接觸都充滿了衝突，那些仍然擔心自己的需求太大的女人們，會困擾於以下這樣的問題：我們什麼時候會跨越了愛和性之間的界線？有這樣的界線存在嗎？如果我在碰觸嬰兒時感覺到溫暖與愉悅，那會是淫亂、自私或有罪的行為嗎？我不應該碰觸她嗎？

有些母親害怕自己有著女同志的傾向，或者如果她們提供彼此任何身體接觸的愉悅，她們的女兒就會變成女同志。因此，許多母親嚴格限制自己與女兒在身體與情緒上所有的接觸。一位女人說：「母親向我明白地說明，當我大到可以了解她所說的話的時候，她就不再抱我或親吻我了。因為那也就是我要去學習不再期望從這個世界中得到溫暖的時刻。」這位女人說，她的母親並沒有那樣對待兒子，可是卻以上述的方式對待另外兩個女兒。

我的一位學生描述一段辛酸的早年記憶：

> 在我五歲的時候，我們全家一起去野餐……我們才剛吃完東西，躺下來小睡片刻。當我彎著身子靠向母親，並將我的頭枕在她的胸前時，她卻唐突地將我推開，告訴我這種事情對我來說已經不適合，因為我的年紀已經太大了。當時我感覺很受傷，並且生氣地離開她。

　　這個學生受傷與憤怒的感覺一直到最近才開始減少。她了解到她的媽媽並沒有少愛她一點，她只是覺得要與女兒的身體保持疏遠的距離，才算是正確的行為。

　　在某些案例中，有些不是母親角色的其他人可能會設下這樣的限制。有些父親會因為嫉妒太太和女兒身體上的親密感，所以會出現一些干擾的行為。不管當時她的母親有多麼的退縮，女兒通常都會相信是母親自己想要這種疏離關係，她們沒有覺察到社會反對同性戀的禁忌，只知道母親拒絕了自己，而孩子在面對拒絕的典型反應就是震驚，驚訝於自己到底做了什麼，才會讓母親比較不愛我？由於我們不喜歡待在那些讓我們感覺自己不被愛的人身旁（雖然我們可能還在繼續努力以贏得她們的愛），於是，我們從與母親的親密關係中退回來。

　　相反地，因為我們的社會是異性戀取向，所以，社會鼓勵母親和兒子在彼此的關係中間維持一種身體感官與性的緊張狀態。再者，因為男人傾向於認為女人是比較不好的，而且許多女人渴望與男人建立親密關係，以獲得一些代理男性的權力，母親與兒子的關係讓這種可能性大增。由於母親需要感覺自己被兒子需要，所以她可能會增加對兒子的撫慰，同時誇耀兒子在家中從來不用做任何事。根據法國作家Colette的母親Sido提到有關她的女兒和兒子時，她說：「沒錯，沒錯，你當然愛我，可是你是個女孩，和我同樣的性別，也是我的競爭者，但在兒子的心裡，我從來就不是個競爭者。」

　　母女之間的親密感是不健康的這個迷思具有強大的破壞力，因為它將女人能量的最大來源視為一種疾病，而這種能量是建立愛與相互支持關係的基礎。

五、第九個迷思：母親的權力是具有危險性的

　　女人的權力通常被認為是具有危險性，但男人的卻不會，

這很諷刺。女人的權力通常被用來促進其他人的權益——去滋養、保護和教育他人，而男人的權力則被引導運用在讓他們自己得到利益的用途上，譬如，午餐會議、政治運作、戰爭遊戲，以及對女人的暴力相向。在我們很小的時候，女人對我們有著非常大的影響力與控制力，同時也因為怪罪母親這種態度是受到鼓勵的，因此很多人認為，母親會用破壞摧毀的方式來操控我們的生活。更甚者，任何中下階層的團體所表現出來的權力，都會被視為她們擁有太多的權力。

有些母親在家中有著很大的權力——雖然如果你問她們，很少人會確實感受到這個力量。但即使是在這種狀況下，如果我們認為母親的權力大於父親，那也是一個常見的錯誤觀念。根據精神科醫師Teresa Bernardez的看法：「婚姻的現實面是婚姻是用來保護男性的心理健康，而不是保護女性的——我們常常在最貧窮的族群中發現，有愈來愈多的女孩和女人成為性虐待及身體虐待的受害者，這個發現很明顯地與上述的說法（母親擁有很大的權力）相反，母親的權力通常是被虛構的。

母親屬於我們社會中最沒權力的人之一，她們知道大部分的母職工作未被賦予價值，也不會被注意到。甚至，一旦我們了解了母親真切感受到的無力感，我們就能以不同的角度去看待她們在我們身上所施展的權力。當母親感受到她們身為母親所擁有的權力，通常會被這種權力的破壞性給嚇壞了。女兒們通常也以負向的形容詞去描述母親的權力，像是：「她擁有那種讓我覺得自己毫無價值的力量，她只要用某種方式看我一眼就夠了。」我們通常不會去思考母親所給予我們正向的力量，譬如滋養、支持，甚至賦予我們力量。可能是因為母親在外面的世界擁有非常少的力量，也可能因為母職的工作是這麼的不受尊重。

正在接受心理治療的女人，時常覺得母親的權力是具有危險性的。五十三歲的Margo寫信給我，她說：

> 每一次我做了一個重大的決定，我怕死了要告訴我的母親。這種害怕根本就沒道理，因為她總是那麼的支持我，但是我卻一點也不害怕告訴父親，雖然他總是懷疑我的判斷力。我並不是很確定自己是否了解我為何不敢告訴母親？並不只是害怕她的不贊同會讓我失望而已，還有更深的東西。有時候，我真的感覺她擁有毀滅我的力量。

我們之所以會害怕母親的權力，可能是因為我們還記得小時候她對我們的影響力。這種害怕也許來自我們想像母親是賦予我們生命的人，以及我們對於她既然有權力賦予我們生命，聯想到她也可能剝奪我們的生命。在孩提時代，當母親指出我們犯錯的事實，我們是非常無助的：因為我們既不能爭辯，也無法提醒自己，她只是採取了某個道德上的行為標準，而這個標準也許其他人根本就不贊成，但是，當時她的話就是法律。她有這麼多的資訊是我們沒有而渴望了解的；在我們很小的時候，她讓我們了解到世界是什麼樣子的。她告訴我們的事情大部分都是真實的（那是一隻狗狗）、重要的（不要闖紅燈），或是有趣的（沒有任何一片雪花是一樣的）。某種程度而言，她擁有知識的力量，因為她經歷過我們沒有的經驗，譬如空巢期、五十年的婚姻、老化等等。

成年後的女兒們在面對母親時，還是處在一種很無力的狀態中：「當我去探望母親時，她讓我感覺到自己又變成了一個青少年。」我們必須在關鍵的時刻提醒自己，我們已經不再像兒童般那樣無能了。我們可以餵飽自己，也可以為自己穿衣服，當母親無法給予我們愛、支持與贊同的時候，我們可以到別處尋找。

關於母親的權力這個議題，比較趨近現實的觀點是去了解她心中的憤怒和緊張並不總是我們造成的。一旦我們相信自己是她憤怒與緊張的主要來源，她就繼續持有讓我們覺得深深愧疚的力量。多年前，我在等待一份重要工作錄取與否的通知時，我覺得自己老是對著Jeremy和Emily尖叫。我拚命地說：「喔，孩子，我並不是針對你們，我只是非常擔憂我的工作。」試圖扭轉這個情況。但是，當母親對著我們吼叫時，我們很難相信她不是特別針對我們，特別是在我們年紀還小的時候。

當一個母親對女兒過分施展她的權力時，背後真正的理由通常是被隱藏起來的，它可能是導錯方向的狂怒；許多女性壓抑著內心許多的憤怒來展現女性特質，或者避免男性對她施暴，亦或是因為她們不確定自己的憤怒是否有正當的理由（我有權力生氣他從來不曾帶小孩去看醫生嗎？）。有時候，母親會將她的挫折感發洩到女兒身上，而這些挫折感來自身為女人所承受種種的生活限制，但是很少母親會覺察到這種情形，除非有人將它指出來。在我的工作坊中，我詢問母親們對於教導女兒「女性化」的行為感覺如何？母親們傾吐了一連串關於痛苦與兩難的故事：「每一次我告訴她，不要讓男人知道她的薪水有多高，我都感到很困惑。我不希望她把男人嚇走，但是她又應該不需要去隱藏她的成就。」這個女兒可能接受到母親所給予的過度壓力，而這個壓力其實是母親盡力想把社會期望傳遞給她。

聽起來可能很奇怪，母親通常也很害怕女兒的權力。一位四十一歲、擁有一個青春期女兒的母親跟我說：「我知道她會注意我的每件事，我的每個錯誤。沒有人比Bonnie更知道我的弱點在哪裡，也沒有人會比她更殘忍地將它指出來。」我們的文化使女孩和女人都得去符合那些既定的社會所規範的角色（見第四章），並且賦予母女力量去污辱那些不合乎社會規範的行為，以及讓那些不遵守規範的人產生罪惡感。這種力量是相當危險的，因此母親與女兒都害怕彼此的力量，因為每一個世代都有對方所欠缺的知識。女兒可以讓母親因為自己對某件事不了解，而覺得自己像是個笨蛋——「你沒聽過最新消息嗎？！」而母親則擁有女兒尚未得到的知識與智慧，這會增強女兒對於母親權力的憎恨。知識真的會賦予彼此力量。

當我的女兒Emily九歲大，兒子Jeremy十一歲大的時候，我了解到，只要我稍微注意一下，我就有權力讓他們感覺很好（雖然我經常擔心我的力量會讓他們難過）。我那時正帶著他們去上一週一次的網球課程。我對網球完全不懂，我問老師他們打得如何；他回答我，他們都做得很好，但是Emily由於年紀與身材的關係，所以進步比較有限。他說：「當她再大一點，她就可以學得更多，而且比較不會那麼挫折。」

得到這個訊息後，我對於Emily的進步感到非常佩服。我看著她很勇敢地去做那些我後來才知道那對她來說是多麼困難的動作，她是一個這麼好的運動員，我以她為傲。在這堂課中場休息的時候，我跟她說：「Emily，老師說你所做的動作，對一個九歲的女孩來說是很困難的。我真的很佩服你，雖然這件事對你比對其他孩子都還難，但你還是一直努力地嘗試。」我不確定她是否聽懂我說的話。很多天以後，Emily跑來找我說：「你真的很佩服我努力地打網球嗎？」當我很堅定地回答她時，她看起來非常高興。

這次事件讓我深刻地體認到，我們有多麼大的影響力可以讓孩子們感覺很好。很長一段時間，我就這麼注意與讚賞著她，這真的很重要。身為母親的我們常常很驚訝於我們居然能夠那麼正向地影響著孩子，部分原因可能是我們良好的母職工作通常會被忽略，一直到我們忘記去做才會被突顯出來。

　　就像大多數的母親一樣，我過去也相信，女人的權力是具有危險性的；即使在Emily這次事件後，我還是無法放鬆心情地去享受我可以對孩子有著這麼正向的影響力。體認到自己的力量真是嚇死我了，就像其他多數的母親一樣，我覺得我的母職工作剛好及格，很幸運地沒把Emily和Jeremy搞得一團糟。所以對我來說，我擔心我的力量必然會造成某些傷害。

　　母親應該要給予撫慰（第二個迷思），成為我們生活中的施予者與保護者。但是，任何一個接受她撫慰的人都會心存恐懼，因為如果她有權力讓我們感覺安全，那她也可以把這些全都抽走。如果她不再給予撫慰，我們的安全感可能全都會崩解。

　　當我們體認到母親的權力可以比我們所相信的更不具危險性，更能促進我們成長，那麼我們就可以和母親成為更好的夥伴。更甚者，改變我們對於母親權力的評估，可以改善我們對於自己權力的感受。在一個母女工作坊結束後，二十五歲的Lillian告訴我：「現在我有機會了解，在某些特別的時刻，我母親用非比尋常的力量來保護我們免於父親的虐待，這份了解讓我似乎對於使用自己的權力感到比較釋懷。當我想到我自己是個有權力的女人時，就不像過去那麼害怕。」

　　害怕女人對我們的影響力大過男人是沒有根據的，尤其是考慮到男人對女人使用暴力的頻率，以及他們在政治及生態上的權力，對於男人的權力感到害怕才比較正常呢！我們常常認為母親的權力是邪惡的，但我們很少這樣去認定父親的權力——除非，父親在生理或性方面虐待我們的（雖然這些父親的女兒通常還是會原諒父親，轉而控訴自己的母親）。

　　當我們愈來愈有自信，愈來愈被人們所愛與支持時，我們就愈不會害怕任何人的權力。我們會成為一個更堅強的人，並

且運用自己的權力去做更好的事情。當我們能改進自己與母親
的關係時，我們就不會再害怕她或其他人的權力。

六、第十個迷思：
身為家庭主婦的母親與身為職業婦女的母親都是壞母親

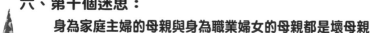

　　在艾森豪總統的年代，好母親的主流形象是全職媽媽，但
是今天，根據了解，大多數的母親都有份工作。儘管在艾森豪
年代的理想形象是如此，但實際的狀況是，大多數的黑人及藍
領階層的母親都有工作——而且實際上她們沒有別的選擇。而
今日雖然大多數的母親都有工作，但是仍然有一部分的母親是
沒有工作的。但是不管在那一個年代，這兩種族群的母親沒有
人會被肯定為好母親。

　　這個迷思讓我想起Ursula Franklin數年前告訴我的一個故
事，她是一位學術界的先鋒，後來成為冶金學的全職教授，在
當時，工程學的領域中幾乎沒有任何女性。在她女兒Monica
第一次親職座談會的晚上，Franklin教授請老師介紹Monica的
新朋友Emma的母親給她認識。老師微笑著說：「這位母親是
一切美德的模範，她都待在家裡，烤餅乾，並且帶小孩去公園
玩。」Emma的母親之前也曾告訴老師，她想要見見Monica的
母親，Emma描述Monica的母親也是一切美德的典範：「她給
予Monica責任感，而且不會總是在她的背後大聲問：『你為什
麼這麼晚才從學校回來？』」

　　也許讓某些母親願意選擇留在家裡，以及讓那些有工作的
母親擔心與焦慮的主要原因，是來自於母親應該盡量把所有的
時間拿來陪伴孩子的這個想法。但是，Ellen Galinsky在她的新
書*Ask the Children*中指出，她的研究顯示，只有10%的孩子希
望能夠有多一點的時間和母親相處。而那些家庭主婦的子女，
並沒有比那些母親有工作的子女認為他們的母親是比較支持他

們的。但是，不管孩子發生什麼事情，母親都是被責怪的主要對象，有工作的母親所承受的害怕與自責，看起來似乎並沒有因為這些研究結果減少一些。許多研究結果指出，「有工作的母親」並不會傷害孩子，但是，她們的害怕與罪惡感卻未曾因而消失。為什麼呢？因為研究別人的孩子時，很難去考量到，如果自己的孩子出了差錯時，她是否知道自己是被責怪的對象？母親既擔心孩子的福利，又擔心著不要去承擔傷害孩子的責任，因此使這些研究結果很難受到重視。

㈠怪罪身為家庭主婦的母親

那些不管是在經濟上獨立，或是需要丈夫與親戚提供經濟支持的家庭主婦，通常都被認為在不同的層面以不同的方式過度干涉孩子，是個懶惰、緊迫盯人的母親，不是一個女兒所追求的女強人典範，同時他們的丈夫會對她感到厭倦。諷刺的是，這些形象與真實生活中的家庭主婦正好相反，這個標籤給予家庭主婦很大的壓力，她們得提供啟發孩子智能的環境、供應完美且營養充分的食物（包含手工自製的麵包）、開車接送孩子、實施道德教育、舉辦最好的生日宴會、參加多元且豐富的課外活動，以及提供文化刺激讓孩子可以上最好的大學，還要有一個乾淨及井然有序的家。如同Arlie Russell Hochschild所說的：「這是一份看起來沒有任何範圍的工作清單。」

貧窮及依賴社會福利的家庭主婦母親——五分之一的美國孩子生活水準在貧窮與非常貧窮的情況下——通常比較容易被認定為是個「糟糕的母親」，她們是懶惰的寄生蟲，不值得領取福利救濟金，而食物券與社會救濟金無法讓家庭脫離貧窮的最底限，這樣的生活水準是連那些抗議社會福利政策的政客們都不想過的生活，而且隨著時間有愈來愈衰退的趨勢。另外，還有一個說法聲稱貧窮的母親傾向生育比較多的孩子以領取更多政府所提供的補助金，這個強而有力的說法，完全不理會通常接受補助的母親只有兩個孩子的這個事實。關於「懶惰的」這個形象，最近的統計則顯示，有四分之三的受資助人最近曾經有過工作。甚至，貧窮的母親希望自己能接受教育來改善自己與孩子的生活，但是卻發現自己受困於雙趨衝突中：如果她們繼續接受賴以維生的補助金，直到她們高中或大學畢業，那麼她們跟孩子們就成了「不值得補助的窮人」；但如果她們不繼續接受補助，就無法繼續求學。最終，一般貧窮的母親，或者特別是有色人種的母親，通常會被指責要為社會病態負責，包括暴力、犯罪與藥物濫用；但這樣的指責通常來自於政客們（以及他們的支持者），而這些人原本應該要提出政見及實際的步驟，以改善這些母親與孩子們的社會問題。

非裔美國人以及其他種族的女性，常常必須去因應那些種族主義者地錯誤地加諸在她們身上的假定，她們被認為是龐大社會福利的主要受助者。也許其中一個原因是，這些黑人女性所得到的薪資比白人女性少，而白人女性的薪資又比白人男性少。但這不會阻止針對個別母親的指責。

表面上，因為第二波女性主義者的大聲疾呼，政府的保守勢力以及主要的大眾傳播媒體開始注意到這些被女性主義者視為毫無價值的母親，以及那些因為自己身為家庭主婦感到羞愧的女性。許多女性主義者會受到質疑，為什麼他們不相信母職工作的重要性。事實是，大多數的女性主義者都相信母職工作是很重要的，而且身為母親是否要跟她的孩子留在家裡，應該是女性在相當自由、自主的狀況下所做的決定。最終，大多數的女性主義者認為，母職工作值得崇高的敬意。就像Alix Kates Shulman在一次的演講中說：「我從未感受到女性主義運動與母職之間有任何衝突。女性主義治癒了我的衝突……事實上，就是身為母親讓我深深地與女性主義連結在一起，我為母親發聲,並且捍衛她們。」這是多麼的嘲諷!包含Shulman的言論其實都錯誤地指控了第二波女性主義者是反抗母職工作的。像這樣錯誤的假定已經引發了一些家庭主婦擔心,包括:(1)你不可能是一位女性主義者,因為你和孩子待在家裡;(2)這些家庭主婦所接觸到的任何女性主義者──或受到女性主義影響的人,都會瞧不起她們所做的決定。

(二)怪罪身為職業婦女的母親

任何職業婦女都會跟你說,她好像一直感覺到自己同時欺騙她的家庭與工作。她們幾乎是固定性地受到指控,指控她對孩子投注的心力不夠多──她們怎麼可能做得到?她們如果不是一個全職的媽媽,就不可能當PTA的主席(雖然有一些職業婦女也有這份義務性的職位)。而且,如果這位母親並沒有經濟上的壓力還外出工作,那麼她就會被認為是個自私的母親。工廠及公司裡充斥著許多焦慮的母親們,她們擔心把孩子放在托兒所裡,擔心自己不能陪著孩子一起去參加幼稚園所舉辦的動物園之旅,擔心她的青春期孩子從學校回家,想要找人談談時,她卻不在家。

甚至在二十世紀,也很少有父親因為不常關心孩子的生活而受到指責,這個事實無法減輕母親的愧疚,許多豐富的研究結果也不能,例如:

- 托兒所不會對孩子造成傷害,相反的,它可以幫助孩子增進社會互動能力,對孩子是有所幫助的。
- 外出工作且擁有剛進入青春期的孩子的單親母親,跟一般家庭主婦比較起來,她們認為自己的家庭是比較有組織,而且具有凝聚力。
- 不管母親有沒有工作,對於孩子發展的影響,不管在長期或短期都沒有任何相關性。同樣地,不管母親有無工作,對於激發孩子或是母親與孩子互動的質與量也沒有關係。

　　許多母親並不知道這些研究的結果，甚至是那些經常害怕自己沒有成為完美母親的女性。這是多麼重要與緊急啊！萬一她們的小孩不像其他小孩在托兒所適應得很好呢？如果她們的小孩不像其他全職媽媽，或者甚至是其他職業婦女的小孩一樣快樂地成長呢？小孩的幸福是不能輸的賭注，哪個母親願意冒險讓她的孩子是個不快樂的意外？倘若孩子發生任何不好的事情，母親都會被視為主要的負責人，那麼加諸在母親身上的壓力就不可能消失。

　　Arlie Russell Hochschild在她的*The Time Bind: When Work Becomes Home and Home Become Work*這本書中指出：女性發現家中充滿挫敗感，因為母親仍然需要負擔大多數的家務，以及照顧孩子的責任，但是，她們卻很少從這份工作中接收到該有的認可與感激，同時她們的丈夫很少會幫忙。相反地，外出工作能讓她們得到比較多的感激，也比較清楚他人對她的期待，工作做得好比較可能得到讚美（甚至是額外的津貼），而且還有朋友給予她情緒上的支持與樂趣。但母親不可能贏，只要她在工作場合中感覺快樂，或是覺得自己比較具有競爭力，她馬上就會出現羞愧感，並且警覺到這個錯誤的假定正在指著她。

　　事實上，幾乎所有母親都會感受到這種壓力，不管她們是不是職業婦女。

　　已成年的那些年輕女兒們，尤其是那些母親出生於1960年代前後的女兒，令人驚訝的是，她們通常沒有發覺在母親那個年代，母親所擁有雙重角色的模範是那麼的少。只有在最近的這二十年間，才開始有比較多的女性投身法律、工程或醫學的領域，更不用提那些中小企業的工作或其他非傳統性的工作。有一個廣為流傳的活動叫作「我該做什麼？」，它所描繪的女性職業選擇，包括芭蕾舞者、服務員、老師、明星、護士或選美皇后。在這麼艱困的時代裡被養大的女兒們，也許會發現，光是想像母親當時有多麼難以平衡家庭與職場的工作，就是一件困難的事。大多數的非裔美國女性通常沒有機會留在家裡，她們經常在嚴酷的條件下做著最低薪資的工作，而她們還得面對工作與家庭兩難的局面。儘管研究顯示，她們能有效地承擔這樣的雙重壓力，而且子女也都因此尊敬她們，但是，她們仍然必須對抗主流社會認為她們「太強勢」的指控。

㈢人們正在討論：尋找解決方法

身為家庭主婦的母親是個壞母親，這個烙印並沒有減輕，除非母職工作能夠得到更多的尊敬，但是這在近期，可能性並不大。但每個女性可以很謹慎地去覺察這種烙印的出現，並為這樣不公平的狀況發聲。女性或男性、個人或團體、私下或公開地支持法律與政策，都能提供職業婦女實質的協助。這個議題很少被討論，因為母職工作是低階層的工作，幾乎不被認為值得公開討論，或是需要透過政府進行干預（除了處罰那些被視為忽略及虐待子女的母親）。

對照之下，最近有一個非常鼓舞人心的進展，那就是職業婦女開始有比較多的機會去討論她們的擔心與她們感受到的壓力，這是找到解決之道的第一步。有很多的書籍直接在標題上點出了這個問題。在*Not Guilty! The Good News about Working Mothers*這本書裡，Betty Holcomb提到，女人問題的真正原因在於缺乏關注而產生，並且為此感到惋惜。這些議題也同樣出現在Joan Peters所著的*When Mothers Work: Loving our Children without Sacrificing Ourselves*這本書，以及Susan Chira的*A Mother's Place: Taking the Debate about Working Mothers beyond Guilt and Blame*書裡。

第十項迷思會持續存在的原因，是因為儘管人們針對這個困境的討論一直在增加中，但是，還沒找到令人悅納的實際解決方法。

　　隨著第二波女性主義浪潮的開始，許多人開始把她們的期望放在兩性公平地分擔照顧孩子與家務工作上。我們看到許多新好男人出現，這些男人願意分擔一半的工作，使得母職工作變得容易一些。這些年來，媒體報導這樣的男人已經大量地出現，但其實很少有人真的遇到過。一直關心這個議題的學者Joseph Pleck，在他的研究中指出，父親與孩子共處的親密時光大約只有母子的五分之二。雖然這與十年前的三分之一比較起來，的確是增加了，但是，我們可能可以注意到不管哪個性別，在過去的二十年間，每個月的工作時間也是增加的。因此，父親們參與家務工作的時間，比起過去雖然稍微增加了，但這並沒有顯著地減少太太的負擔，因為這些太太們必須花費更多的時間在職場中，同時還得去處理那些「好母親」工作清單裡不斷擴充中的工作。再者，男性大多數從事的家務工作，例如加機油，都是屬於那種比較不是日常性、與家庭壓力有關的工作；而女性的家務工作則幾乎都是日常性的工作，像是照顧孩子。女人花了很多時間去照顧孩子，而男人的工作則幾乎是陪孩子玩樂。依據丈夫與她們自己的觀點，女人花費很多時間在處理多重的家務工作，並且承擔比較多的責任。Pleck提到，研究者尚未找出任何一個照顧孩子的工作是男人天生就會擔負起責任的。最後，在雙薪家庭中，女人不像男人，因為即使男人在週末需做些家務工作，但是，他們還是比較傾向會在週末為自己安排空檔。

　　第十個迷思的一個副標題是，男人會很樂意從事所有的家務工作，但是，她們的太太卻不願意讓他們做，因為這些太太不是堅持自己做完全部的工作，就是她們過度挑剔男人所做的每一件事。這個議題經常出現在婚姻諮商中，但經常會有兩種腳本出現。其中一個腳本是，女人會覺得如果自己沒有像個女超人一樣，無怨無悔或是輕輕鬆鬆地做完所有的事情，那麼就會自覺羞慚。因為她們會擔心，如果讓先生幫忙，別人會怎麼說身為太太和母親的我呢？另外一個腳本則是不用懷疑，男人是很社會化的，通常會打從心底相信家庭工作需要分擔的男人是很稀有的。男人通常會承認，自己很少會去注意到哪些家務工作是需要做的，因為他們下班後通常都很累了（顯然他們的太太不會！），所以他們需要獨處來釋放工作壓力。女人了解男人這個想法之後，通常不會再叫男人們去分擔家務工作，以免讓他們覺得更沮喪，因為如果不這樣做，恐怕會引發意氣之爭。於是為了維持家庭和諧，女人們通常選擇自己走開，擔負所有的家務工作。至於因為女人會堅持必須以正確的方式來完成事情，所以女人會被稱為「喜歡控制」這點，我無法告訴你，有多少男人在婚姻諮商中會誠實地承認以下的事實，那就是其實他們不清楚、也不關心自己到底有沒有把寶寶的屁股擦乾淨。比較勇敢的男人則會承認，他們有時會隨便做做，那是因為他們希望自己再也不要被叫去做這件事了。令人難過的是，那些無法說服丈夫分擔家務的太太們覺得好像是「丈夫」做不到，以及他們還找不到如何被說服的方法。

當我們在家裡等待，或是努力讓事情變得更好的時候，只要想到職場的環境已經好轉了，那是一件很棒的事情。我們確切地得知，職場已經轉變為「對家庭更友善」（family-friendly）的環境，包括出現留職停薪、彈性工時，以及彈性工作場所（在家辦公）等等制度。但是事實上，男人很少使用育嬰假來迎接新生兒，也很少使用彈性工時或彈性工作場所的福利，甚至在孩子還小的時候，他們也不會要求將工作轉為兼職。這是可以理解的，總括來說，男人的薪資平均比女人高，所以在異性戀的家庭中，如果必須有個人離職，或是將工作轉換為兼職，以家庭經濟來考量，那就是女人了，所以這個選擇也會得到女人的支持（而研究者也發現，兼職會受人嘲諷，特別是那些屬於高壓力的工作，像是律師等）。這並不是說，如果男人與女人的薪資差距不是這麼大，那麼他們就會做別的選擇，而是說，我們的社會要達到真正的平等，看起來還有一段長遠的路要走。

太多女人在家庭與工作中心力交瘁，因此，彈性工作場所似乎對母親特別具有吸引力。然而，在家上班從事的工作就像是母職工作一樣，很可能被認為不是「真正的工作」。再者，最近有一本剛出版的書更是令人沮喪，書中訪談主張性別平等的母女，它提到許多在外面工作的女人，因為在孩子的成長中缺席受到辱罵；然而，那些在家裡上班工作的母親也同樣會被各種的原因辱罵，像是「在與不在」的問題，就是「沒有設下清楚的界線」（她們在工作時要求孩子不要去打擾她們，但是，當孩子在她們工作期間與她們說話時，她們又會有所回應），又或者，在家工作的母親比外出工作的母親更容易「太常在孩子身旁」。無論如何，除非有更多的資源可運用，像是品質優良的托兒所、安親班或是老人安養中心，否則，比起男人而言，人們對女人的全職工作、兼職工作或是彈性工時，甚至是彈性工作場所存在的偏見仍然會持續，並且演變為實際的問題，因為男人並不覺得照顧孩子，或是照顧年老的、生病的或殘障的親戚是他們的責任。

最近一個減輕這種雙重工作量的計畫，則是有一些美國的大學針對教授的留任問題所提出來的。由於了解到大學要求女教授出版著作以獲得留任的時間，正好是她們主要生育及養育孩子的時期，所以，有些大學就提供一個「暫緩留任時間」（stop the tenure clock）的政策。傳統上，大學會要求在她們被雇用的幾年內，就要提出留任的申請，如果她們沒有在預定的時間內完成，就無法繼續留任。這個新的政策提供大學教授在孩子出生後（不論是親生或是領養的），可以多一年的時間提出申請或接受留任。為了確保性別平等，甚至鼓勵男人多做一點照顧孩子的工作，所以這個政策適用於父母雙方。結果如何呢？跟大部分以女性為主要對象的計畫一樣，這個計畫很快失去人們的尊敬。女人──以及特別是男人會被認為，他們「利用」生小孩來買到更多的時間，以從事他們的研究工作。就某種意義而言，養育一個孩子就多出一年時間的政策的確有些奇怪；每個曾有過養育孩子經驗的人都知道，養育一個孩子的工作量能夠減少所需的時間遠遠超過一年──甚至只為了得到一夜好眠。即使這個政策實際上並沒有給予父母很多的時間休息，仍然很快地失去人們的尊重。

嘗試使用「對家庭友善」政策的兩性，很可能被認為他們不認真工作、想要特別的協助，以及想要擁有鬼混的時間。除非是高階或中階主管全力支持這些政策，並且採取主動的態度，確保使用這些政策的人們不會受到各種方式的處分（像是降職、沒有獎金、無法加薪等等），否則兩性工作者都會有不舒服的感受，以及可以理解的疑慮，這將是員工在使用這些政策時很大的障礙。還有很重要的是，我們也要了解到，那些職位低及薪資少的員工最無法享受這種「對家庭友善」的福利，即使他們擁有這個福利，他們也是身在最不可能使用這些福利的處境之中。

㈣社會真的關心嗎？

大約十年前，有一篇相當大膽的文章是由心理學家Louise Silverstein寫的，文章中，她挑戰了我們專注在托兒所與母親就業問題的爭論與研究結果，她認為，研究焦點不應該是兩者可能會造成的不好結果，應該是社會無法提供家庭負擔得起，且品質良好的托兒所，才會造成這些結果。這篇文章讓人深省母親所面臨的兩難困境。但是在十年後，人們關注的焦點只有微乎其微的改變。這是很容易了解的，因為一個堅信怪罪母親迷思的社會，是不會心甘情願地放棄之前的取向；同時也會害怕一旦我們的觀念有所改變，那麼我們就會明白一切事實的真相。

我們的社會在談論這個議題時，拒絕面對窮人最艱難的困境：有90%的美國母親對於要不要就業根本是毫無選擇的機會。缺乏品質優良與家庭負擔得起的托兒所，一直是大部分職業婦女面臨最大的困難，加上男人不認為自己得分擔家務工作，以及男人對家務工作沒有責任感，讓大部分的母親感覺孤立無援且難以承受。

不僅如此，大眾媒體暗示著，一個就業的母親不管成功與否，都只是取決於她個人的能力問題。因此不論原因為何，這種暗示都讓那些全職的母親感覺羞愧，因為她們兩種工作都沒做好。

還有更糟的，如同Pamela Trotman Reid、 Valora Washington和Patricia Hill Collins指出的情形，女人們已經為彼此樹立以下的看法：身兼雙重工作的「白人」母親是個超級媽媽，是真正的女人無法做到的；反之，那些身兼雙重工作的非裔美國人母親，則很可能受到指責，說她是一個「太過強悍」的女人。Washington進一步指出，雖然大多數非裔美國人母親長久以來對於自己就業與否，並沒有選擇機會，然而隨著白人母親缺乏這種選擇權的比例愈來愈多，以往被用來輕視這些「就業母親」的形容詞也開始緩和多了。

這些就業母親的女兒們似乎在超越第十個迷思的努力上，是有所進展的，然而她們的進展並不相同，或者不是很順利，如同在最近一本書中所引述的一樣，同一個母親的兩個女兒會

有著不同的反應。Trina Stevens的母親是個職業婦女,她說:
「我想念母親,但是我並不孤獨或害怕。我知道她為何要去工
作,同時我也沒有被忽略的感覺。我的父親離開了,總得有人
負擔家計。」可是,她的妹妹Kianga Stroud卻因為母親上班,
讓她覺得自己被忽略而憎恨母親。

我對於女兒Emily的反應感到非常欣慰與感激,在Emily上
小學的時候,有一次她接受電視訪問,她被問到,是否會因為
我得去上班感覺不舒服。她看起來對這個問題感到非常驚訝,
然後回答說:「當然不會,因為我知道母親喜歡上班,而且在
母親回家後,她會告訴我許多有趣的事情呢!」然而擁有這種
態度,並且能這麼表現的孩子,是必須對抗那些要她們為了任
何不好的事去怪罪母親與母親工作的主流思想。

㈤關於第十個迷思最後的注意事項

大部分對於第十個迷思的討論,都把焦點放在就業的母親
身上,而不是整天在家的母親,這種情形不令人意外。部分原
因是,很少有人會注意到家庭主婦受到輕視的處境上,所以很
少討論到她們。然而很重要的是,我們要提醒自己,幾乎在本
書中其他部分所說的,關於怪罪母親的每件事情,都適用於身
為家庭主婦的母親。

七、對於壞母親迷思提出的質疑

如果你對於過去和母親的關係已經徹底想清楚了,那麼,
現在你要努力弄清楚你們二人目前的狀況,問問自己以下幾個
重要的問題:

- 如果我們心中仍然相信女人不如男人、只有專家才知道教養
  孩子的正確方法、母親和女兒的需求都是個無底洞、母女之
  間的親密感是不健康的、母親和女兒擁有權力是具有危險性

的，以及所有母親都是壞母親的迷思，那麼，我們該如何減少橫跨在我們之間的阻礙呢？

- 我們能夠主動地停止對女人做出這些負面的假定嗎？這種偏見同樣困擾著彼此。

仔細想想這些迷思，可以促使我們以更好且及更實際的觀點來看待母親（或女兒）的行為。例如，當我們認為母親不想放開我們，努力將我們和她們融合在一起，或者讓我們一直依賴著她們（迷思八），我們就會想要責怪母親。但是如果我們了解到，母親只是想與我們維持親密關係，那麼，我們就會看到彼此可以形成同盟關係的可能性，並且領悟到自己正以負面的解釋來標示我們之間的互動關係，同時也貶低了自己與母親。和母親保持同盟而非敵對的關係，我們就比較能夠處理關係中出現的挫折與禁令，並且可以運用那些許多女人都已經擁有的同理心與良好的溝通技巧。

在某種程度上，壞母親迷思比起完美母親迷思更難讓人看到母親人性化的那一面。但是，只要有一次能夠見識到些許壞母親迷思的威力與普及性，我們就可以開始了解到這些迷思是多麼的荒謬。回頭看看這個章節一開始的地方，大聲地唸出六個迷思，這就是一個好的開始；只要這麼做，你就會更了解，只有極少數的人類才會這麼可怕。

接著，當我們假定大部分母親只是個普通人時，我們一次只要仔細思考一個迷思就行了。像是男性優越的迷思：大部分的母親遠遠不及父親這件事，它不可能是真的。如同只有專家才知道育兒的方法這個迷思一樣，難道你的母親不曾過做一些不錯的事情？而這些事情卻是違反專家的建議嗎？當我們企圖相信母親與女兒是情緒需求的無底洞時，我們無法想起一些經驗，是我們以無止境的需求不公正地去描述我們自己和母親普遍且正常的人性需求嗎？當我們回想起與母親親密共處的時光中，沒有一些是增進我們成長、而不是想要將我們綁在她們臍帶上的經驗嗎？以及母親（或女兒）的權力沒有一些是慈愛與有建設性的表現，而不是具有破壞性威力的嗎？

　　我不是建議我們要以盲目樂觀的方式取代悲觀的態度，而是以現實的取向來看待母女觀係。我的建議是，我們來看看摧毀母女之間障礙有效的方法是什麼，那麼母女雙方對自己的感覺就會好多了。責怪女人、憎恨女人的訊息是很有影響力的，它們引誘女人相信，如果我們與母親保持疏離，我們就會被視為不同於母親，或者是比我們的母親更好認。現在我們對於這種將女人分成兩邊、彼此不和的取向非常熟悉，那是很危險的作法，它會促進我們怪罪母親與憎恨自己的心態。但是，只要我們以正向的方式來看待女人，就會出現神奇的、與上面所述相反的結果。

　　我們無法總是能夠完全地區分出母親和女兒是否真的犯錯，或是做了不好的事，還是只因這些迷思讓我們這麼認為。關鍵在於，我們要常常問自己是否有一個或更多的迷思，可能會扭曲我們的觀點？自我反省至少可以讓我們更趨向真實。因為我們若是對彼此有著不好的觀感，那麼，對母女關係或是母親與女兒的自尊心都有非常大的破壞力，所以我們應該常常省思，並且質疑它對彼此關係的破壞力。

非此即彼的鋼索

　　母親總是無止境地付出（第二個迷思）與母親總是無止境地提出需求與要求（第七個迷思），這二個迷思共同存在可以完全證實我們對母親行為的接受度是多麼的小；這兩個迷思使我們將母親最基本的需求誤解為無止境的需求，並且將無法完全得到母親的支持誤解為她們對情感是貪婪的，或者甚至是情感的背叛者。任何母親無法給予我們的都會變成一種徵兆，也就是她們是不近人情且不是女性化的母親。相反地，即使是她們基本的要求，都會變成她們的需求是永遠無法滿足的證據。這兩種迷思一起對女人施加壓力，讓女人繼續不斷地付出，並且要求自己毫無所求。

我們對母親行為的接受度很小，通常也是因為我們對女人的接受度是小的。女人被社會窄化成兩種類型：第一種類型我們稱為性感的—柔弱的—順從的—值得讚賞的；第二種則為強悍的—主導性強的—脾氣暴躁的—沒有能力的。誰可以想像到自己會被歸於哪一種類型呢？那些想要實踐完美母親迷思的母親們，很可能會被封為第一種類型的女人；也就是說，如果她們努力表現溫柔與全然的自我犧牲，那麼，她們就會被認為太過情緒化、過度涉入與令人窒息。可是如果母親不這麼做，很可能又會被認為是第二類型的女人，一個拒絕孩子的母親。所以，要找到母親令人欣賞的行為是難上加難啊！

母親想要表現第一種類型的行為，是因為下列幾個原因：首先，這種行為被視為「女性化的」。第二，它是一種比較溫和的形式，會讓人們將它與溫暖和慈愛聯想在一起。第三，第一種類型的行為比第二種類型的行為更能取悅我們的家人與同事。

重要的不是母親是否花費比較多的時間在表現第一種類型或第二種類型的行為，而是大部分的女人——特別是母親仍然持續地監控著自己的行為，深怕自己對孩子不是過於溺愛就是太冷漠，不是管太多就是太放任。我曾訪談過的每一位母親都說自己好像走在鋼索上，不是感覺對女兒表達太多的愛，就是覺得對女兒表達的愛不夠多。如果母親是慈祥的，那麼她是不是與孩子「太親密了」（第八個迷思）？如果她比較拘謹，那麼她對孩子的撫慰是不是不夠多呢（第二個迷思）？儘管女人努力反抗這些壓力，但是，母親們的心理治療師、家人和朋友從來沒有減輕她們走在鋼索上的壓力。

我所遇到的每一位母親──不管別人如何讚美她，沒有人對自己的母職工作覺得有信心。我自己身為母親的經驗也是如此。「你的孩子有氣喘病？氣喘病是因為母親太過保護造成的」這是一位身為心理學家的同事告訴我的。「你讓你十二歲大的孩子單獨搭乘地下鐵？難道你不會擔心嗎？」這又是我一位好心的朋友說的話。

　　三十歲的Susannah來找我做心理治療，無疑地，她是一個可怕的媽媽，因為她輪流出現「忽略孩子與用情感讓孩子窒息」這兩種管教態度。就像我許多的女性病人一樣，她最大的問題是嚴苛的自我批評：就像是教導孩子有時候自己玩並不是一種拒絕；同時在孩子探望前夫的時候，她會想念他們，也無法建構出太過保護的徵兆。

　　女兒很快地就能了解到，「非此即彼」這種兩難的困境，是如何影響她們與母親的互動：當一個母親不管做什麼事，都會被人以上述兩種負面的分類方式歸類於某一種類型時，那麼，她對待女兒的方式也會冒著同樣的風險。母親走在鋼索上：如果她的女兒沒有從事傳統的、女性化的家務工作，那就是她對女兒的要求不夠多；但是，如果她們的女兒想要幫忙做一些家務事，母親就會覺得自己太嚴苛與太自私。許多女兒都會抱怨：「如果我在母親家吃完感恩節大餐後，沒有幫忙洗碗筷，她會認為我不夠女性化且不知感恩。但是一旦我真的要幫忙，她會叫我不要打擾她，她並不介意做這些事情，而且廚房裡也容納不了兩個女人。」

　　我們已經被塑造成使用迷思的觀點來思考母女的關係。在我們已經經歷過這些主要迷思之旅後，現在你已經可以開始使用一種新的詞彙、一個比較不那麼怪罪母親的方式，來解釋母親（女兒）的行為。你可能並不是常常選擇使用新的詞彙，但是，現在你已經知道你有這個選擇。

第六章
建立安全感：超越迷思

　　你已經閱讀並且思考過怪罪母親所造成的影響，以及這些迷思對於母女關係所造成的傷害，現在你可能已經比較不那麼痛苦，同時對母親也比較不那麼生氣。但是你可能還沒有解脫的感覺，因為只有在認知層面了解這些迷思，並不足以改善你們的關係，那是你們花了幾十年時間共同建立的緊張與負面的感受，並且克服這些經年累月的衝突、疏離、害怕或愧疚感所造成的影響。所以，你可能仍然覺得最好的辦法就是住在距離母親三千公里遠的地方。堅持想法是一回事，付諸實行又是另一回事，正如一位年輕的學生Karen告訴我：

　　　　我已經了解到，自己常常因為許多事不自覺地怪罪母親。我覺得在想法上我已經能夠比較同情她，而且比以前少對她發脾氣。但是當我真的見到她的時候，她仍然容易激怒我。有時候，當她以一種非常堅定的方式述說某些事情或是注視著我，我仍然會突然激動地發怒。

　　如果在開始閱讀本書之前，你已經試圖改善過去對待母親的行為，或者甚至以不同的想法看待她，可是至今尚未成功，那麼別沮喪！本章以及後面兩章的內容，將會協助你將這些迷思與怪罪母親的領悟發揮作用。

首先，我們可以想想好處：藉由建造你與母親之間的溝通橋樑，將會豐富你們的生活，而且如果你不採取任何行動，就一定會失敗。接著，你會學習一些方法，可以重新思考你們母女的關係，以便在你與母親試圖直接做改變的過程中，建立安全感。再者，我們要想想的是，每個人在克服母女之間的障礙時所採用的一般步驟，包括我們要確認母女二人在共同開始改變的時候，都能感受到被支持，以及擁有力量去改變，同時女兒能夠以人性化的觀點看待母親，與母親創造同盟的關係。最後，我們應該著重於去找出、並且定義那些需要改變的具體問題，以決定下一步怎麼做。

　　當你讀完接下來的章節，記得將這些步驟運用於你自己、一些夥伴與小團體之中，或者直接與你的母親一起練習，如果她還健在的話。你可能需要依據你的情況、需求與風格做一些修正。所以，我建議你讀完本章與後面兩章之後，寫下那些你覺得最重要，或是最容易採用的步驟，然後決定最適合你的實施順序。同時也要記得，有許多的技巧能夠幫助你達到不只一個目標，例如，與母親談談可能不僅僅讓你們其中一個人、或是兩個人都能感受到被支持與有力量的感覺，同時它也可能使你更人性化地看待母親，並且幫助你與母親建立同盟關係。

　　沒有人能說這是容易的，但是，如果你認真地遵循我所建議的步驟，而其他女人已經發現這些步驟對於改善母女關係很有幫助，那麼這就是個好機會，因為你們的關係很快就能夠獲得改善。我兒子Jeremy創造以下的諺語：「樓梯上只有一個階梯是真正的目標，其餘的只是一路上幫助你到達目標。」你要跨越的最大階梯在於改善你與母親的關係，但是你不能期待自己單獨地跨越它。

　　同樣地，如果你直接與母親談論有關你們之間的問題，你不會總是期望當場知道如何回應，記得沉默與時間的重要性：

允許你們兩個人擁有一段沉默的時間，可以去想想你所聽到的內容、你的感受，以及你想要如何回應。許多不必要的困擾來自，我們必須倉促地對於別人的批評或要求做出立即的回應，母女二人都需要沉默與等待的時間，以及在回應之前擁有思考與感受的時間。要求沉默與要求對方給予一些時間，是回應彼此的一種方式，另一種說法是，「為了使我們之間的關係變得更好，我想要給它一點時間與能量」。因為我們生活在一種必須立即回應的文化中，所以我們並不常想到向對方要求一些時間，可是，這個方式卻在我們解決關係的問題時，扮演非常重要的角色。

　　對於一些女兒來說，閱讀與思考可能足以讓我們做好準備，直接與母親對談，但是，許多女兒需要先和其他女人談一談，部分原因是，她們必須事先練習想要詢問或告訴母親的內容；有些則是因為她們必須了解這種感覺不是很特別或是很奇怪的；另一個原因則是可以集思廣義，包括聽聽其他女人對媽媽的感覺，那些感覺是怎麼改變的？是什麼改變她們的感受？以及其他女人對於身為母親的感受。

　　基本上，我們大部分的人想要的母女關係，是比較少生氣、感覺更放鬆與更親密。如果擁有這樣的母女關係，那麼生活就會容易一點。但是我們常常忽略這個目標，因為我們很容易就陷入怪罪母親的迷思中、並且從母女關係中一起退縮。

　　在大部分的女兒感到挫折的時候，她們會告訴你：「你不了解『我的』母親，她是那麼令人難以置信的專制、冷漠、依賴他人、喜歡操控別人，以及愛批評別人」等等。大部分的女兒也會告訴你，她們已經嘗試數十年，並且與母親長談過幾次，但是一點效果也沒有。如果你要求女兒們去描述她們長談的內容，通常她們會說，她們告訴母親：「不要再緊緊抓住我不放」、「不要再告訴我該怎麼生活」、「不要再這樣批評我」等等。很少女兒（或母親）會使用正確的方式，向母親說：「我想要修補我們之間的鴻溝，為我們的鴻溝建造橋樑，我想要我們更親近一些……在這種情況下，是的，更親密與更放鬆。」這樣的說法真的很重要，因為它讓你與母親站在同一陣線上。

為什麼知道你們是站在同一陣線有那麼重要？因為如果我們認為對方要傷害我們，或者是對方為了保護自己不惜一切代價地對付我們，那麼我們就會變得很防衛與偏執。一旦女兒表示，要開始改善與母親的關係，母親很可能就會想起過去女兒曾經說過的這個承諾。如果母女二人都想要改善彼此的關係，她們共同分享的願景會帶領彼此邁向更美好的未來，這條邁向更好關係的道路不總是那麼平順與一致，它將會出現險阻，並且偶爾會退後幾步；但是，只要堅持你的承諾與目標，就會幫助你度過那些艱困的時光，只要你不放棄努力，就不會功虧一簣。

不管你已經獲得多少領悟，或是擁有多少動力想要改善你們的母女關係，某部分的你可能仍然會感覺害怕。因此，對你們某些人來說，害怕、擔心與希望忽視這整件事仍然是最重要的感受。

一、風險考量

如果有一部分的你想要放棄思考，或者放棄修補你們的母女關係，想想以下這些要點：

- 如果你放棄了，你就會失去很多。
- 如果你不放棄，你就會得到很多。

如果你放棄了，那麼過去的努力就會功虧一簣，你可能會失去那些與母親曾經擁有過的美好時光，可能也會喪失機會了解與接受自己那些與母親相像的美好部分。到一個安靜的房間躺下來，想像放棄後的結果，盡可能具體地描繪以下的畫面，想像下一次的假日或家庭聚會——回想你在她面前的時候，你所感受到的那些憤怒、悲傷或疏離感，注意此時你內心深處所形成的疙瘩。記住，當你想到自己無法減少這些感受時，你覺得多麼生氣？問問你自己，是否想再次感受這種糟糕與沒能力的感覺？

你也許想要思考最終的問題：當母親過世的時候，你會有什麼感受？到了那個時候，大部分已經放棄的女兒會覺得非常愧疚，因為再也沒有機會可以使母女的關係變得更好。失去機會的感受是特別慘痛的，因為在一個人死後，她們最溫暖與最美好的回憶就會湧上心頭。一個女人在六十五歲時，曾說到這段經歷：

> 我的母親在生病三年後去世，這個疾病是逐漸地惡化，並且改變了母親整個人格特質，從溫暖、有活力到嚴苛、易怒與消極。在這三年中，我只是全心全意地適應著她的變化。但是在她死後，對母親超過五十五年的極美好回憶又回到我的腦海。

這個女人的母親已經去世了，而我從這個女人的經驗中聽到最重要的訊息是，努力解決臨終的問題是必要的。誠如Kenna所說：

> 當我的母親告訴我，她只剩下六個月時間可活的時候，我們開始好好利用這段剩餘的時間。雖然我們的關係曾經像是狂風暴雨般的激烈，在許多道德與政治議題上的看法從來就不相同，但是在她活著的最後幾個月，我們對彼此的愛與尊敬是如此的明確與堅

定,即使我們無法克服彼此之間所有的問題。在她去世後,我們知道最重要的一點,就是我們已經盡力去解決我們的問題,我們真的努力過了。

　　當你試著修補與母親的關係,或者修正你的看法時,你會比較能夠保持溫暖、有趣或可愛的樣子,那麼你對自己的感覺會更好。死亡的威脅不總是足以使母女能夠化解她們之間所有的鴻溝,有一些冷漠或苛刻的母親在面對死亡時,負面特質會變得更嚴重;但是,一個曾經盡其所能去化解鴻溝的女兒,可能會留下許多母親的回憶,並且增進她對自己的了解。

　　一個沒那麼戲劇化的例子是在二十五年前,我與母親非常冷默地對待彼此,那是因為當時我第一個孩子Jeremy出生,導致我們之間產生不必要的疏離。我的父母住在一千里遠的地方,他們在Jeremy出生幾週後才來看我。數年後,我告訴母親當時我感到很受傷,因為她沒有在Jeremy出生時立刻趕過來。她解釋說,她擔心如果立刻趕過來的話,我可能會覺得她打擾了我,以及過分保護我,或者對我照顧嬰兒的能力缺乏信心,所以,她決定等到我開口的時候才過來。而我當時並沒有這麼要求她,主要有兩個原因:一個是我害怕自己表現出太過依賴母親;另一個原因則是,我想我的母性天生就會出現,所以根本不需要任何人幫忙。

　　如果女人的依賴、女人的權力,以及母職天生的迷思沒有妨礙我們,而我們當時也沒有對此事保持沉默的話,那麼我們應該會更了解彼此。在當時就告訴對方自己所關心的事,能夠讓我們以真實的情境作為決定的基礎,而不是因為我們害怕自己的行為可能被對方誤解,或者是它也許會被用來「檢驗」我們,而決定了我們的行為。

　　如果你沒有放棄改善你們的母女關係,你就能夠得到愈來愈多的溫暖與滿足，那是來自你努力地改善母女關係與提升自我的自尊心，然後從中發現母親身上所有值得你尊敬與喜愛的特質。因為我們常常都會覺得自己很多地方像母親，所以在母親身上找到更多值得尊敬的特質，將會提高我們的自尊心。當我們與母親的關係獲得改善時，我們會覺得自己像是有能力的人，對這個世界具有影響力。如果我們能做一些真正的改變，不管我們在那樣的關係中顯得多麼的短暫或是微小，我們都會覺得自己有能力去面對其他的挑戰，我們改善了與其他女人相處的品質，包括自己的女兒。如果你不願意改善與母親的關係，問問自己，你想要與女兒建立什麼樣的母女關係呢？想想如果「她」對你很失望，你會希望她放棄嗎？

躺在一個安靜的房間裡，想像如果你再試一次的話，可能會出現的美好結果。例如：清楚且詳細地回憶你與母親曾有過最溫暖、最美好的時光——回想現在就是當時的情景、聲音與氣味，如果你曾經快樂過，那麼你就能再次感受到快樂。Molly，二十歲，有一次嘗試這個練習，那時是她與母親曾經「為了背叛我們母女而結婚的哥哥發生口角」：

> 母親認為哥哥的行為很糟糕，可是我卻不認為有這麼嚴重。在幾個月的時間裡，這個議題在我們的關係中投下陰影，不管任何時候，只要我一想到母親，我的感覺全都是挫折與憤怒，因為她的態度正在撕裂我們的家庭。於是，我開始想像我們在一起經歷過最美好的時光，我記得那是在我十二歲的時候，我們曾經精心策畫一次家庭聚會，當時我們一起去逛街、買裝飾品、做餅乾、拼貼家庭照片等等，我對她充滿著溫暖、快樂與親密的感覺。那個回憶提醒我，母親絕對不是「在家庭中引起痛苦的那個女人」。

一些女兒比較少有好的回憶可以寫下來，如果你是其中的一個，回想並且找出有關母親的一些事情，不只是聚集在她不好的那一面，可能也會有所幫助。有一位叫作Nora的學生提出，她在了解母親以提升自尊的過程中所遭遇到的困難，她寫道：「我曾經看過母親發瘋的樣子，那是很可怕的感覺，我是不是也會像個瘋子呢？」Nora小時候曾經受過母親的虐待，而且她在四歲的時候，遭受鄰居男孩性侵害，這兩種經驗都讓她因此責備自己。

　　Nora努力了解母親的生活，並且獲知母親虐待她的原因。她小心翼翼地探索著自己對母親的記憶，並且傾聽其他施虐母親的故事。她得知母親被一大群孩子壓得喘不過氣、貧困，以及接受安排與那個會毆打她的丈夫結婚所經歷的種種痛苦，並且在她發現Nora被性侵害的時候，她那種悲慘的、混亂的與無能為力的感覺，這些事件與情緒完全將她淹沒了。

　　Nora的領悟並沒有讓她覺得，母親的所做所為值得原諒，但它的確澄清了Nora對母親的看法。她的母親在強大的壓力下，用一種不是故意傷害Nora的方式來應付這些壓力。更重要的是，Nora從此了解到，不論身體或性虐待都不是她的錯，其中也沒任何一種虐待是她應該承受的。

　　有一些和Nora一樣忍受這種巨大痛苦的人，她們藉著探索母親的過去，讓自己的感覺好一點。因此，對於比較少受到母親傷害的我們來說，這無疑是一個希望。在你準備改善你的母女關係時，記得與母親共處的美好時光，並且督促自己更進一步地了解母親，都會使你心中更清楚地了解到，你必須得到（或者收回）的部分。這是在棒子前端、吸引你努力往前的紅蘿蔔。

**二、建立安全感**

　　一旦你已經仔細考慮過在修正對母親的看法的過程中，以及再次親近母親時，你想要獲得什麼樣的結果；同時也考慮過當你不再努力的時候，你可能會失去什麼，那麼，你就必須盡可能地找出使你感覺到安全的方法。不管我們覺得眼前這個任務是多麼的樂觀，我們女人都太常忽略自己的憂慮，特別是關於母親。然而，否認並不能消除我們的懷疑與恐懼，只有在我們面對它們的時候，才會比較容易克服。使用以下三種好方法，可以增加你的安全感。

1. 賦予母親人性化的形象

　　將她從完美天使或邪惡巫婆的形象中還原，或者從這兩種形象中變成一個單純的普通人。面對一個真正的人，比面對一個非比尋常的人，比較不會令人提心吊膽。許多技巧都能夠幫助你賦予母親人性化的形象，例如，她不會總是為你工作；你會覺得使用某些技巧比其他的更為自在，你可能不必使用全部的技巧等等。當你讀過第七章「賦予母親人性化的形象」這個部分的時候，再選擇對你來說最為自在且有效的方法。

2. 如果你對於再次嘗試感到猶豫，試著找出可能的原因

　　如果你試著與母親談話，你會擔心自己太過生氣，因而害怕自己失控，並且做出非常可怕的事情嗎？如果是的，請你重讀第二章生氣的那個部分，並且試著找出在你生氣背後的感受，那麼，你可能會比較自在地與母親談談那個感受，而不是生氣的情緒——你也會比較有收穫。或許一開始，你需要在一個安全的地方，那裡沒有批判、沒有指責母親的人以抒發你的憤怒。那麼，在你第一次試圖與母親接觸時，就不會讓壓抑不住的憤怒在你們的關係中投下陰影。

　　也許你因為害怕更多的失望而裏足不前，你已經嘗試這麼多次了，卻一點效果也沒有。如果是這樣，將本章一開始的內容重讀幾遍，問問你自己在談到你們之間的問題之前，你是不是真正試著與母親站在同一陣線？（這個議題將在本章最後的部分做更詳細的探討。）

你可能被母親威嚇太多次，所以不敢再次接近她。如果是這樣，試著使用那些曾由心理學家Albert Ellis博士提出，並且獲得許多成功經驗的技巧。他建議你問問自己，最糟的情況會是什麼？如果它真的發生了，隨之而來的可能是痛苦、丟臉或沮喪——但絕不是世界末日！我們這麼在意與母親的關係，所以我們不常了解到，即使我們再次接近母親，而且徹底失敗，我們還是會活下來的。

一旦你確認了自己最害怕的事，你就可以採取步驟去減少這些不好的結果。你會害怕如果你運用新的方法與母親單獨相處，結果卻不成功，那麼你會身心崩潰嗎？你會害怕她拒絕你，或者只是像現在一樣，完全不愛你嗎？你會害怕自己在她面前眼淚潰決或大為光火嗎？或者，她會使你感覺愧疚或以自己為恥？大部分的女兒有著相同的恐懼，面對這些恐懼，你能做什麼呢？

你能試著克服它們，徹底地了解它們，請你重讀第二章，並且閱讀後面的第八章，這兩章中所提到的那些特別的感覺可能可以幫助你。然後你就可以完全地面對它們，如果你已嘗試以不同的方式對待母親，但是事情一點也沒有好轉時，你的感覺是什麼？藉由這樣的思考會讓我們少一點驚訝，也就不會那麼容易受傷。你會提醒自己不再是個孩子，所以，你不需要像過去一樣完全地需要她的愛與贊同，你可能仍然需要它，只是不需要那麼多。如果她拒絕了你，現在你是一個成人，你不必再走回房間生悶氣，感覺自己不被愛；你可以打電話給朋友，翻翻舊情書，或者看場電影。我們有成千上萬種成人可以做，而且足以提醒自己我們基本上是可愛的與被人接納的事實。

你最害怕的是當你嘗試與母親談話的時候，你會哭出來嗎？如果是這樣，重複地提醒自己——如果必要的話——你可能會有愚蠢或容易受傷的感覺，但這並不是世界末日，你害怕她會使你感到更為愧疚與羞愧嗎？問問你自己，如果在你們談完之後，感覺比現在出現更多的愧疚感，你會害怕與她再發生衝突嗎？問問你自己，再一次的衝突會是什麼？最糟的情況，不就是再發生一次衝突嗎？最好的結果則是，因為你再一次親近母親，所以，帶來了一些改善。記住，你此次親近她比以前準備得更為充分，所以現在的你已經能夠以一種比較不會與母親爭辯與自貶的方式來面對母親，因此不僅能夠體會自己的感受，也能體會與理解母親的所做所為。

你可能會受到阻礙，因為這麼長久以來，你的母親幾乎是不可理喻的，所以你無法想像她會改變。面對她似乎是不可能的任務，因為她幾乎是完美無缺或是非常可怕——超乎常人的完美，或異於常人的令人不舒服。你的下一步是尋找一種人性化的方式看待母親，以及找出一些方法來了解母親其實是真正的普通人（參見第七章「賦予母親人性化的形象」部分）。

如果在你所有的努力之後，你們的關係還是沒有改變？那麼，當你使用一些超越怪罪母親與這些迷思的新想法與母親談話之後，至少你不會苦惱地過日子，因為你已經有所突破。

3. 決定採取一小步

不要以完全消除你們母女關係之間的緊張為目標。想像你自己一次只對母親跨出一個緩慢微小的步伐，製作一份你所能想到最小步驟的表格——例如，送她一張簽著你的名字，但沒有其他訊息的生日卡；問她一件在她的生活中與你無關的事情，或者問她一個有關你們之間的問題；對她露出一個微笑；在你拒絕她下一次的晚餐邀約之前，就只要多考慮一秒鐘

（即使你仍然拒絕了她）。在選擇採取小小的第一步時，想想什麼對你是容易做到、對她卻意義非凡的事情？如果生日對她是重要的，試著以一張生日卡開始；如果她每次在親自迎接你的時候，都會顯得非常猶豫，那麼，試著給她一個立即且主動的微笑。不要期望你的一小步會立刻出現效果，因為母親需要一些時間去了解你的行為之所以改變，是為了對她表達友善，而不是一種掩飾，或是一個無意義的姿勢。

在這個階段中，一小步可以讓你更自在地以不同的方式面對母親。沒有法律規定必須一次做出大改變，現在你對於改變的機會感覺愈無望，那麼，讓自己去經歷一些小小的成功就顯得更為重要。沒有人——不只是我們或母親——能夠在突然之間做出大改變，如果你覺得自己必須立刻往前躍進，那麼幾乎可以確定是你一定會覺得丟臉，因為你和母親都沒有做好心理準備。

任何一個讓你感覺安全的方法，都需要你花費時間與努力。從你決定試著以普通人的角度來看待母親，而不是以完美的角度，或是令人無法忍受的惡劣角度時，賦予母親人性化的形象可能就突然且戲劇化地開始了。但這個過程是持續的，而且最好永遠不要停止，因為我們常常被迫陷入完美母親與壞母親的迷思之中。

同樣地，正視我們的人際困擾，並且試著去解決它，通常不是件容易的事情。事實上，每一個人在過程中都會出現一些擔心與害怕。在我們了解這件事困難的原因之前，試著去解決它，就像是企圖穿著厚重的工作鞋去跳高一樣，事倍功半。當我們在處理母女關係中的每一個問題時，我們必須停下來去了解，是什麼阻礙了我們，這種暫停一下的要求並不是一種奢侈的想法，而是一種絕對必要的步驟。

了解怪罪母親與這些迷思確實提供我們一種思考的架構，

它使我們更容易去標示出母女問題的原因，因為它也是一種人際困擾，而且通常已經存在數十年之久，因此它們需要很多撤除防禦的工作。雖然我們所採取的通常是很小的步驟，但是即使它們很小，至少是往前進，而不是往後退的，在足球場中，前進目標的每一步都比朝著錯誤方向往前衝更令人振奮。

三、為兩人建立關係

　　儘管看起來這麼明顯，但我們還是常常忘了，這是牽涉到兩個人的關係。有時候，我們花費太多的時間只去找出自己的缺點、困擾與需求，以致於我們忽略了我們生活的方式其實是受到他人的影響，要改善彼此的關係也需要二人共同努力。在某種程度上，我們可以自己建構想法、解決問題、享受生活。在改善我們與生活中重要他人的關係時，倘若我們缺乏具體的作為，這樣努力的效果會很有限。

　　通常我們從心理治療師或其他人的身上聽到的訊息是，如果母親不尊重你的隱私，你就必須離開她！而不是說，我知道你的母親快使你發瘋了，所以這裡有一些可以保護隱私的建議，尤其是你無法讓她完全閉嘴時。然後我們就變成自以為是、容易衝動，並且苛求他人要滿足我們的需求。在進行心理治療的時候，有許多人會聽到一種很合理的建議：「為了讓你擁有更好的感覺，你必須承認你真正的需求」──結果它被誤解為：「我有權力去要求我想要的，而我應該都能要得到。」

　　如果你只想到自己的需求與憤怒，那麼，即使你多麼努力地解決你們母女的問題都是沒有意義的。倘若你是這種狀況，試試第七章中賦予母親人性化形象，以及與母親建立同盟關係的練習。畢竟，如果你覺得你們的關係是很火爆或是疏離的，她可能也會有相同的感覺，而且她並不會比你更渴望下一次的爭吵，或是冷淡的相處模式。倘若她覺得從你們的談話中並沒有獲得什麼好處,那麼,為什麼她應該認真地與你談一談呢?

例如,儘管你已經注意到母親做得比預期的好,但她卻因此削弱了你的自信。因為你只是以單方面的宣告作為開始,而且對於改善你們的關係並沒有建立合理的期望。為什麼呢?因為大部分的人沒有辦法好好地回應憤怒、批評或是指責,尤其親密關係更是如此。改善你的生活或是你們的關係不只是她的責任,也不完全是你獨自去找出你們關係中的問題。如果你基本的願望不只是從困擾中獲得解脫,而是想要與母親建立更好的關係,那麼你就必須提供母親更多的訊息,而不只是她快讓你發瘋了。

記住,這樣的努力之所以會成功的契機,在於母親擔心了好幾年,自己是不是一個好母親?會不會使你蒙羞?你是否覺得她對你做了一些糟糕的事情?你是否比其他人更熱衷於找出她的缺點?如果你現在指控她的自責與自我懷疑,那麼你不需要看書,就會了解到她回應你的方式,就像是所有正常人一樣,她將會以一些混雜著憤怒、否認、自責、愧疚與沮喪的感覺來回應你,這些感覺並不會增強她的能力,或是使她答應你去改善你們之間麻煩的關係。

即使有時候你會覺得她應該受到懲罰,記住,你的目的是想要使你們的關係有所進展,指控或批評她並沒有任何幫助,除了讓她覺得自己沒有能力、充滿無力感,以及改變是可怕的之外,她會覺得很氣餒,因為她無力彌補曾經對你造成那麼明顯的傷害。你所指控的,正如大部分母親犯下最嚴重的罪,那就是她們造成孩子不快樂,根據大部分母親的想法,她無法為此做出任何補償。

當你正朝著改變邁出一小步的時候,母親非常需要相信自己只要能夠邁出一小步,關係就可以有所改變。她需要受到支持與具有能力的感覺,才能面對你們共同的阻礙。我們都需要受到支持與具有能力的感覺，以便相信自己能夠從事那樣的工作。使母親具有能力感的兩個最重要來源是：(1)她相信你們兩個人至少在一些議題上的理念真的能夠形成共識；(2)她希望未來與你的關係會更好一些。

四、支持與具有能力感

什麼樣的步驟可以使我們覺得自己受到支持，並且具有能力足以著手處理有關我們母女之間特定的困擾呢？進一步的自我教育與練習會特別有所幫助！

(一)進一步的自我教育

在與母親談話之前，你可能需要與一位同伴、朋友、姊姊、其他的親戚、一群女人，或是與一位優秀的女性諮商員談一談。有關你特定且尚未解決的問題，以及你們母女所關心的議題這兩方面，藉著聽聽她們的看法，你將會更了解自己。你也可以加入一個正在進行的小團體，或是考慮自己組成一個小團體，透過朋友或工作夥伴的口耳相傳，教會宣傳、猶太教堂、社區的即時通訊，或是婦女報紙與雜誌等等各種方式，召募組成小團體。

不論你與另外一個人或是小團體一起工作，非正式且非結構化的討論也會有所幫助。然而，如果你需要更有結構性、指導性的討論，而情況確實是這樣，你可以閱讀本書，或是閱讀其他有關母親與女兒的書籍與文章（請見我提供的參考書目），使用本章的標題與步驟，並且依循它作為討論的開始。

例如，運用第四章與第五章的內容，討論有關母親的迷思是如何影響你的生活方式，以及你對母親的看法。如果適用的話，也可以討論你自己身為母親的經驗。Hannah了解到，在她七歲生病臥床的時候，父親就像是一個天使，當時他對她所表現的溫暖回憶，全都清楚地烙印在她的心中；而她卻很難回想起母親曾對她表現溫暖的事件，對她來說，這似乎太戲劇化了。她解釋說：「我猜這是因為母親通常是溫暖與慈愛的，而父親是比較沉默寡言的人，所以我想，我也期待母親總是表現關懷與慈愛，可是我卻不會對父親有如此的期望。」因此她開始思考自己對母親有著無止境撫育的迷思，最後終於改變了Hannah對母親的看法，因為她開始去注意那些她以前很少注意到母親曾對她表現的溫暖。

自我教育的下一步，努力去描述你的母親，專注於那些讓你們母女感到最苦惱的困擾，你會希望使用那些曾在我的課堂中使用過的方法：當你一聽到「母親」這個詞的時候，你心中浮現的前三個字詞或句子是什麼？請你把它們寫下來。然後，以長一點的句子來形容你的母親，並且將這些句子寫下來。最後，完成以下這些句子「關於我的母親，我希望……」。如果你是和另一個人或一個小團體一起練習，你們每個人都可以一起做這件事情，接著你們可以輪流說出這些形容（如果你希望的話，可以在小團體中以不具名的方式說出），之後，你就會看到在母女關係中你們相同與相異處。在每一個人都讀過這些形容之後，你們可以討論這些內容，把它當作一種可以幫助你將母親視為普通人的練習。

在第七章中，有一個完整的段落稱為「賦予母親人性化的形象」，裡面許多內容都牽涉到自我教育，你也可以直接與母親一起練習。這裡有兩個有效的練習，在你與母親之外的人，不管是與另一個人或是一整個小團體練習時特別有效。首先，重新詮釋每個人對於母親負面的形容詞，像是權力這個詞；以及那些至少不是故意傷害女兒的錯誤。第二，找出女兒形容母親正向特質的實例，女兒會以正向形容詞來形容母親，可能是因為她覺得自己必須保護母親，或是擔任母親的公關代表。當然，所有母親都有一些缺點，不只是那些曾被貼上錯誤標籤的正向特質，一個女兒形容母親好的部分可能真的是好的特質。但是，這些練習有助於我們以一種合理的觀點看待母親，沒有我們文化強加的偏見。

這個團體本身可以建立一些團體規範，這些規範禁止怪罪母親的言論，以及使用這些迷思去「解釋」你對母親感到失望的原因，接著你被迫得找出新的方法來思考母親的行為與動機，以及你與她互動的新方式。例如，有一位女人說她的母親讓她失望了，因為母親總是這麼嚴格。此時，團體成員不能讓這個女兒以此作為逃避的藉口，成員們應該告誡並且提醒她：「危險，這是需求無底洞的迷思！」然後，這個女兒必須對母親的行為舉出一個特定且具體的例子，團體成員或夥伴應該與這位女兒一起想想在這個例子裡，母親的這個行為是否可以作為母親無法被滿足，以及她的需求總是太多的證明？或者，這個行為是否有其他可能的解釋？在一些例子中，團體成員或夥伴會同意你的母親做錯了，因為她拒絕與心理治療師，或是她的朋友談談有關你父親的婚外情，堅決只跟女兒談這件事，很少女兒會想要承擔起全部的責任以滿足母親的需求。在這個案例中，團體成員或夥伴可以幫助這個女兒超越怪罪母親的觀點。我們不去說：「對呀，你的母親真是令人無法忍受！」反而會鼓勵這個女兒去觀察母親，並且說：「也許你的母親相信一個好女人，就是不管丈夫對她做了什麼，也絕對不可以將家醜外揚。所以在這個事件中，也許你能讓她知道，其實告訴別人沒有什麼不好。而且，至少你不會覺得母親這麼做是錯的。」

㈡分享願景與解決辦法

自我教育單元中第二個有效的練習，是在會議結束前，相互討論你們在處理母女關係時發現有效的特定步驟。Mary是怎麼告訴母親，她想要與母親談談，為何母親要批評她的男朋友呢？Jane使用什麼樣的言語去詢問母親，她是不是比較偏愛妹妹？鼓勵團體成員腦力激盪，每個女人都要提出她曾使用過的方法。當我們無法想像該怎麼實際地提出這些敏感的主題時，這樣的練習就會開啟我們的創造力。

我們是提供彼此技術與具體做法的最佳來源。在我的課堂與研討會中，女人向團體成員敘述她們覺得很棘手的困擾，她們發現，其他人會提供一些她們從來沒想過的做法。因為我們內心渴望對母親放聲大喊：「為什麼你不能讓我主導我的生活？」，對於這個渴望，我們感到害怕與不知所措，所以不知道該如何傳達這樣的訊息？因此我們什麼也沒說。但是很多次，我看到有人傾聽另一位女人敘說自己處理問題的方式時，她們總會大聲說：「就是這樣，這就是我要說的，我從來沒有想過這樣的處理方式！」

我們必須互相提醒不要期望太高：我們不是在找尋那些從小就已經存在的問題，而今突然就能解決的神奇故事。因此，我們以這樣的陳述給彼此最好的教育——感受到支持與賦予能力：

> 我能夠了解母親為我們十二個孩子準備感恩節晚餐的理由，不是因為她喜歡忍受痛苦，或是喜歡享受因準備工作而引發的背痛，她只是擔憂如果不邀請我們，她就會被批評為壞母親，而且她喜歡我們都能夠陪伴著她。一旦我了解這點，我注意到上次我在感恩

節看到她疲累的表情時，不經思索就出現愧疚混雜著憤怒的反應。我雖然無法使自己非常溫柔與支持地對待她，但是，我覺得自己對於媽媽真實的那一面有些了解，而我的感覺也好多了。

(三)預演與角色扮演

不管是與小團體或一位夥伴一起練習，預演與角色扮演都是一個好點子。讓團體中的每個女人都能挑選某人扮演她母親的角色，並且告訴這個扮演者，她母親最糟糕的特質。然後，讓她們預演女兒接近母親的情境，而其他成員則是小心地觀察，並且，針對她們的行為中有效與具有危險性或破壞性的部分，提供這位女兒一些回饋。

增加有效的行為，並且減少無效互動的預演方法，稱為「表達訓練」。表達訓練的原則與逐步指導列在附錄一。在你嘗試練習之前，我希望你能詳細地閱讀它們，像是在「為兩人建立關係」這個部分就指出：如果你以威脅、要求或批評的態度接近母親或其他人，雖然那是我們覺得自己被傷害或生氣的情況下，才傾向這麼做，但是只要我們這麼做，我們注定會失敗。所以，我們必須以另一種方式去表達我們的感受，一種可以使母親願意傾聽，並且讓她知道，自己有能力在我們之間做一些改善的方式。

如果我說：「媽，你總是干涉我的生活」，根據表達訓練的原則，這是一種批評，所以她不是封閉自己就是加以反擊，例如：「那是因為你的判斷力這麼差，看看你嫁的那個傢伙。」如果我的言詞只是簡單地陳述我的感受，而不是她所做的事情，那就會有個好的開始：「媽，當你告訴我，要我離開我的丈夫時，我有種受傷的感覺，那是因為我與他已經一起經歷過一段艱辛的時光。我感謝你的支持，但是在你給我這麼強勢的建議時，我的感覺是你好像不認為我擁有足夠的判斷力。」在這些句子裡，你不只描述自己的感覺，也告訴母親她做了什麼具體的事情造成你這樣的感受，你以不攻擊她的方式表達你的感受。如果她能開放自我去傾聽你所說的話，你可能會因為她不需要為了防衛自己，而表現出批評或攻擊的反應感到驚訝。當你攻擊她的時候，她很難注意到你的需求，因為她必須防衛著你來保護自己。一旦在沒有攻擊的情況下，她可能會說：「好，讓我知道你真正想要的建議是什麼？」或者她會注意到你真正感激的，是那些她表達支持的意見。

如果你小心地陳述你的感受與生氣的原因，而母親並沒有好的回應，反而生氣了，並且翻舊賬，或是表現像個瘋子一樣，那麼，你就再重複一次單純地陳述你的感受與生氣的原因，然後說：「我只是讓你知道我的感受與生氣的原因，我並沒有希望你立刻對我的話有所回應，但是如果你能考慮一下，我會很感激，也許我們可以稍後再談談。」這個技巧很簡單，但是在我們熱愛說話的社會中，卻很少被使用。母親也許會覺得比較放心，因為聽到你並不期待她立即回應的簡短話語。而我們能夠表現對彼此尊重的其中一個方式，就是去要求或提供對方一段時間，以理解彼此真誠的話語。

即使你很小心地用字譴詞，但是仍有一些母親沒辦法好好地回應，她們可能會回答：「我會這樣對待你，就是因為你沒有良好的判斷力，而你真的沒有！」我不能假裝如果你找到了神奇的說法，所有母親都會表現出理想的回應方式。但是，至少如果你保持尊重，沒有批判、要求或威脅性的態度，簡單地說出你的感受與造成這些感受的原因，你會更喜歡自己，這是很重要的一課，它讓我們不會將自己與母親的弱點相互混淆，並且將我們與母親想要挑釁與傷害對方的行為區分開來。記住，如果她的表現令人失望，那麼就去了解這是她的弱點，不一定得連結到怪罪母親的觀點。最好的做法是，進一步探索造成母親如此表現的原因，也許是母親迷思的包袱與其他所有可能的原因。即使我們不能達到理想的目標，但是讓自己從例行的攻擊與反擊中解脫，對我們來說都是有效且具有力量的做法。

與一些除了你的母親之外的其他女人練習表達訓練的技巧是有效的，而有的時候，直接與母親對談也會很有效（在其他的關係中也是如此）。

考慮讓母親知道你想要與她談談你們之間的障礙，建議她也組成一個母親團體，並且，與你的女兒團體進行相似的活動。在兩個團體分別聚會幾個月之後，你可以讓兩個團體聚在一起。為了這個合併的團體，運用你的創造力安排一些有趣的活動，例如，提供每一對母女一些機會，談談彼此對於母女之間問題的看法。確認在分開的團體中，每對母女已經針對彼此的問題做過角色扮演的活動。然後，在合併的團體中，由這對真正的母女擔任觀察員的角色，請扮演這對母女的女人再做一次情境扮演。最後，鼓勵這對真正的母女去演出這個場景，然後團體中其他的成員直接給予回饋。

現在，你已經有一些架構可以去思考你們母女之間特定的問題，同時，你也已經了解怪罪母親與母親迷思。藉著想想什麼是危急的情境？以及如何建立安全感？同時，倘若你與母親兩個人都能感受到自己受到支持，以及具有能力的感覺，那麼你就已經準備好使用這個架構了。

第七章
修補關係

　　你可能正在計畫直接與母親談談有關你們之間的障礙，可能也已經知道如何向她示好，或者你還沒有——也可能不再——與她進行這樣的討論；也許你希望你能，但是被她拒絕，或者她已不在人世了。你也可能介於這兩種極端之間，不管怎麼樣，現在你已做好心理準備，要好好處理你們母女之間特定的困擾，那你應該仔細地閱讀本章，確定採取這裡所提出的三個必要步驟，你必須：

1. 賦予母親人性化的形象，不管你是否曾與母親討論過你們之間的問題，或者只是以新的想法去看待她，你必須了解這個隱藏在母親迷思背後的真實女人。
2. 與母親共創同盟關係，不管是在現實生活中或在你的心中。
3. 選擇或找出一個問題作為開始。

一、賦予母親人性化的形象

　　你愈是寵愛孩子，即使他們發現你只是擁有單純的矛盾與負面的情緒時，他們就會感到愈震驚。由於我們是這麼貪婪地期待著愛應該是全心全意地付出，所以，我們無法諒解它只是人性的表現。

　　——Marilyn French, *Her Mother's Daughter*

　　對我們而言，還有什麼奇蹟比我們在瞬間看透彼此的眼神更神奇呢？

　　Henry David Thoreau, *Walden*

賦予母親人性化的形象，包括對母親的特質與行為有一統整性的了解。有些女兒們主要是以理想化的方式看待母親，而有些女兒則是以責備或苛求的方式，當然也有介於兩者之間的。比起那些我們視為比生命更重要的人，我們可能對一般人的感覺比較不那麼害怕與生氣——不論是好或不好的方面都是如此。

　　在這個章節中包含了一系列的技巧，用來修正你心中對母親的形象，以減少迷思。在你讀過之後，試著使用其中你覺得最自在的部分，當然，你也可以想想其他的方法。大部分的女兒們以去除迷思（demythologizing）這個最普遍的技巧作為開始，如果你主要是以理想化的形象看待母親，你也許最想使用的技巧，是那些可以幫助你看到母親內心最為掙扎的部分（曾困擾母親真實生活的問題）；如果你主要是以責備或苛求的方式看待母親，那麼對你而言，最重要的技巧可能就是那些可以幫助你看到母親最糟糕的部分。當你想要了解母親的本質，你會發現她們不如你所想的那麼一致與徹底地糟糕。在女兒們都能夠樂觀且持續地注意母親，並且都能發現母親身上一些值得尊敬的特質之後，賦予母親人性化的工作就可以結束了。

(一)去除關於母親的迷思

　　在評價母親好或壞的時候，在人性化的考量上，我們必須先去除那些掩蓋她真實面貌的迷思。你可以從直接覺察自己（不是故意的）使用這些迷思去歸類與標示母親的行為作為開始。進行的時候，你會想要使用一些心理學上有效的誇大化技巧，以達到澄清的目的，盡可能將母親的行為列成一張表格，然後，把她每一個細小的行為歸類至天使般或是巫婆似的兩個類別中——有必要時，可回顧第四章與第五章的內容。你可能會發現，她有一些行為並不真的適合這兩個類別，試著勉強把它們放入這兩個類別之中，這將會幫助你了解到，她的許多行為只不過是人性的一部分。

　　一個女人在母女專題研討會開始的時候，抱怨自己無法忍受回到母親的家裡：「她總是堅持要我吃一大堆東西」。我指出，她並沒有把這個抱怨放入「天使或巫婆」的表中，她回答說：「當我開始要把它寫下來的時候，我就發覺它既不是天使的，也不是巫婆的行為。真的，不是嗎？」我告訴她，當她在描述母親懇求她吃東西的時候，我聽著她的語氣，並且看著她臉上生氣的表情，我非常確定母親的食物是她痛苦的根源。因此，我要求她把這個抱怨列在巫婆的類別裡。在討論她們個人的表格時，小團體裡其他的成員聽到她說：

　　　　我了解到將母親的所有行為放入這個列表裡的結果，就是她有些行為並不是那麼的可怕，足以證明我的情緒是合理的。如果她是那麼惡劣地想要餵飽我，而我卻無法只是簡單地回答說：「不，謝謝。」反而對於她把食物推給我感到極度的憤怒，那麼我必須仔細地想想，為何我對於這整個狀況感到這麼愧疚與生氣。

　　只要我們假定母親不是普通人，我們就不可能只以普通人的角度看待自己。如果母親是完美的，或者我們真的相信她們應該是，那麼我們就比較不會去反省自己。如果我們認為她的破壞力超過普通人太多，我們最害怕的是我們也會如此。天使－巫婆兩極化的迷思，使我們不去問母親那些我們在聚會時可以輕易詢問任何人的問題。

　　你可能已經了解，你的母親比你想像的還要複雜，你可以在賦予母親人性化形象時使用這些知識，並且根據你的知識，對於日常生活中的細節做一系統化的研究。問問你自己,你會與母親分享以下哪些項目:你所憂慮、高興與挫折的事件、價值觀、政治態度、朋友類型、宗教信仰、最喜歡的食物、獨特風格、習慣動作、生理特徵等等。你可以將你們相像之處列出一張表格。你可能對她會產生一些非理性的高期待,以及對自己有著非理性的低評價,但重要的是,你知道自己「只是個普通人」,所以,找出你和母親之間的共同性,可以幫助你賦予母親人性化的形象。

視母親為一個普通人,通常是感人與充滿愛的過程。你比較不會害怕她發現你的憤怒或能力不足,你會喜歡且樂意去了解她,如同你對其他人一樣。試著去回想你所知道母親的童年生活,因為童年對我們大部分的人來說,似乎是非常具有人性化的表現,我們比較不可能像對待成人一樣去崇拜或苛責他們。我記得母親在幾年前曾經告訴我,在她還是個年輕女孩的時候,她渴望擁有一隻小狗,因為她想要抱著牠睡覺。我知道她害怕貓咪,所以我以為她害怕所有動物,就在她告訴我兒時的願望時,我有個衝動想要擁抱她,就像是擁抱個可愛的小女孩一樣──當時她既不是一個完美、典型的母親,也不是一個擁有邪惡勢力足以毀滅全世界的女人。

她告訴我兒時的另一個故事,這個故事顯示出,過去的她與現在有多麼的不同。在她小學一年級的時候,她與另一個比她早到學校的小女孩共用一個置物櫃,這個女孩常常把午餐中的醃黃瓜留在她們的置物櫃中。當母親打開櫃子時,濃濃的味道從櫃中散發出來,在那幾個月的每個早晨,母親都會偷偷地吃一點那個小女孩準備的醃黃瓜。對一個循規蹈矩的孩子而言,這是一件多麼頑皮的事情啊!我現在對母親人性化的那一面有著非常鮮明的印象,它既不是理想化,也不是被指責的形象。

(二)撰寫母親的傳記

　　顯然，你所能做且最重要的人性化工作——不論你的母親是否還健在，寫下或錄下她的傳記。將母親視為一個普通人，始於了解她並不是在長大成人之後才神奇地出現。現在的她是由童年經驗、養育她的家庭、成長時期的大環境，以及她的家庭歷史與文化歷史所塑造而成的。如果你的母親還健在，並且願意與你談談，我強烈地建議你獨自去拜訪她。常常在你懇切地傾聽她的故事時，就會確實地賦予她人性化的形象——不只是你對她的想像而已。女兒對母親過去的故事表現出高度的興趣，使得許多母親比較少生氣與表現疏離的感覺，因為她們覺得比較不需要防衛自己，以抵抗女兒們傲慢與興致缺缺的態度，因此，她們得以從必須表現完美以得到女兒的尊敬中獲得解脫。

　　如果基於某種原因，你無法直接造訪母親，那麼就去拜訪熟識她的人，從中得知她的生命故事。如果你的母親已經過世了，回顧前面的章節中，我的學生在思考她們已逝母親的生活時所使用的方式（見第十七頁）。

　　如果你的母親還健在，在拜訪她之前，先拜訪其他人的母親，然後寫下筆記。從這個練習中促使你改變觀點，這種改變可能會讓你感到相當驚訝。如同Anna Quindlen觀察到的：

　　　　我的朋友們在談到自己的母親時，說到有關母親的控制、批評與尖酸刻薄。可是當我碰到這些母親，我只能從她們的描述中指認出極少數的人，而且她們口中的母親，通常看起來是聰明的、有思想的，而且仁慈的。而我並不想評價她們。因為對我而言，她們只是尋常人，並非終生的陪伴者，也不是一個評量我

自己的評價標準，公開地發現母親的願望，並且私下
發現其中的錯誤。

　　請你的母親（或者你訪談的那個人）告訴你，她記憶所及
母親生活中的每件事情。從她出生的環境開始，如果她比較想
談談她的父母，那就從那兒開始也無妨。另一個開啟話題的好
方法是，從你們共同的祖先中選擇一個人，與她分享一件有關
這個人有趣的事情開始。從彼此共同的背景開始談起，會讓她
在開始談到自己的生活時，感覺比較放鬆。

　　在你開始之前，請先讀讀附錄二，它包含了心理學家Kar-
en Glasser Howe建議她的大學部學生，在撰寫母親的傳記時適
用的主題，加上我自己構思的問題，其中有一些是關於母親的
迷思，當然，你可以修改這些問題。Howe提到，撰寫母親的
傳記可以幫助她的學生更了解自己的母親，對母親更富有同理
心，並且更能親近母親。

　　問問母親她一開始與你接觸的經驗，多花一點時間談談在
你出生前的事情，因為你不太可能知道太多她當時的生活。如
果當時她已經結婚了，問問她對於新婚第一天的感覺？如果她
冠了夫姓，她的感覺是什麼？她對於這個婚姻關係的期待是什
麼？婚後第一年過得如何？是什麼會讓她感到驚喜、失望或興
奮？她有自信成為一位好太太、好伴侶、好廚師與好管家嗎？
如果你不是她所領養的孩子，那麼她是有計畫懷孕的嗎？當她
發現自己懷孕時，她的感覺如何？她為何開心？又為何害怕？
懷孕的過程順利嗎？在子宮裡的你是什麼樣子？會一直踢她？
或者是安靜地躺著呢？你出生時的情形如何？如果你是被領養
的孩子，她是怎麼決定領養你？如何安排？在進行每一個步驟
時，她的感覺是什麼？

　　問問你的母親，當她第一眼看到你的感受　（讓她知道如

果她沒有什麼感覺，那只是和大多數的媽媽一樣，並不代表她是不正常的），她還記得第一次與你單獨相處的經驗嗎？是在家裡嗎？會害怕嗎？當你還是個嬰兒時，她在陪伴你的過程中得到什麼樂趣？在照顧你的時候，什麼事會令她抓狂？她對於身為母親隨之而來的限制，感覺如何？她曾告訴別人她感到害怕嗎？如果有，他們的反應是什麼？她覺得自己是個不好或者是能力不足的母親嗎？

當母親開始談到身為母親的感受時，讓她知道，你了解沒有女人覺得養育子女是一件輕而易舉之事，你想要聽到她真正的想法、她的記憶、她的觀點，而不是尋求真理。

問問她從哪裡得到養育子女的建議，以及這些建議是什麼？對她有用嗎？（或者仔細地觀察她的書櫃，找尋當你還小的時候，她曾使用過的育兒參考書籍，讀讀那些書，從中找出那些她曾經努力實踐「應該」的意見。）

在訪談過程中，仔細地注意她的反應，如果她的眼神閃爍著光芒，那就多問一點。當她開始緊張，看起來很悲傷或是生氣的時候，也不要倉促地轉移話題，她的緊張或悲傷有可能是因為過去沒有人想聽她這些特別的經驗，或者沒有人願意傾聽。緊張、生氣和悲傷是一種指標，表示有些事情即將浮現出來，那麼它就有被治癒的可能性。有時候，你必須特別記住在她出現負面情緒時，你們之間發生了什麼事情？等一會兒，再回到那個主題，有時候，你只須靜靜地等候，她就會繼續。

我讀過一些優良的書籍是有關身為母親的難處，我自己的母親也曾經坦誠地敘說她的經驗，但是，只有在我有系統地問到她的困難與努力時，我才稍稍看見整個不受質疑的生活經驗，包括她人性化的那一面，以及我們之間的關係。

正面的部分是，我對於我還是個嬰兒時，她是這麼的快樂感到驚訝。因為我喜歡我的孩子，但是，育兒的責任與身體的

疲累常常令我感到不知所措，我以為她也是這麼覺得。但是，當她解釋在我出生的那段時期，醫師們建議新手媽媽不要太過辛苦，要讓自己充分的休息。今天，女人們被壓迫成為超人——生產之後，必須離開產房、煮晚餐與養育新生兒。相反地，母親說當時她需要休息是得到醫生的批准，所以由她的媽媽與其他女人來幫助她，她並不感到愧疚，也因此讓她得以充分地享受與嬰兒相處的時光。

負面的部分是，我從不知道母親哺餵我喝母乳時遭遇的困難。當她告訴小兒科醫師我有腸絞痛時，他告訴母親這是她的錯，是她使我緊張造成的。這個權威式的解釋令她緊張，她也因此不再分泌母乳，這顯然印證了醫生對她不適任的評價。對我的母親而言，這個困擾是由以下的危險因素所造成的：她的不知所措、女人天生知道養育子女的迷思，以及專家才了解如何育兒的迷思。

倘若某個女人的母親還健在，當她要直接與母親接觸時，會讓她感到非常的痛苦，於是，她會想盡辦法發展出個人的技巧，重新開始去思考她們之間的關係。Arielle告訴我，她不想跟母親說話，因為在她小時候，母親曾經習慣性地打她，令她覺得自己是個沒有價值感、應該被虐待的孩子，特別是因為她排行老大，而且也是唯一被母親毆打的人。因為母親的關係，所以在她後來的許多年當中，這種沒有價值的感覺一直存在她的心中。她決定她所能做的，就是寫下她所知道母親生活中的每一件事。她真的做了，當她開始根據母親生活的年代來整理這些生活紀錄時，她突然有所領悟，她一直都知道外祖父母是嚴格與禁慾的人，她也知道他們曾警告母親要「遠離男孩們」，為了反抗他們的警告，母親在十五歲時就懷了身孕，身處在那個農業時代，懷孕少女必須強制退學。當Arielle記錄母親從高中退學的時間之後，接著記錄下一次意外事件的日期，正好是她自己的生日，當時她突然發現母親退學的原因正是肚子裡懷著她，這是多麼的辛酸啊！因為母親對她們所做的最有價值的貢獻，就是不斷地鼓勵他們盡可能接受教育。Arielle了解到，自己的存在是母親必須放棄美好夢想的原因，包括繼續接受正規的教育，新的領悟並沒有讓Arielle覺得母親虐待她是合乎常理的，但是它解釋了Arielle被打的原因，而不是因為Arielle「應該挨打」，因此，也引出了她對母親一些傷痛的感受。這個故事並沒有非常快樂的結局，但Arielle開始覺得在母親面前比較不會那麼痛苦。

三想想母親的困難

當我們從遠處觀看人們，我們很難看到他們的缺點。想要消除母親理想化形象的一個重要方法，就是仔細地想想她們的困難，以及她在真實生活中所面臨的考驗。就我記憶所及，父親的辦公室有一個牌子，牌子上寫著：「仁慈點，因為你遇見的每一個人都正在面臨一場艱困的戰鬥」，可是，我們卻常對母親的困難視而不見，期待母親肩負巨大的責任——評估我們的現狀，指出我們需要改變或修正之處，在她察覺我們的行為即將出軌的時候，使用社會所認可的權力來處罰我們，同時她也有責任知道何時該停止這些懲罰。也許我們不該對此感到驚訝，因為我們只期待她全心地付出，卻常常忽略她的困難——或者甚至她有困難的事實。

再者，許多母親對於必須符合理想化的母職形象備感壓力，所以她們隱瞞了自己的困難，不讓我們知道。許多母親受到的教育是，孩子不應該負擔父母的不完美或不確定感，結果就是我們大部分的人不曾聽到太多有關母親生活的真實情況，這種訊息的鴻溝使我們相隔遙遠。一旦我們愈知道對方的事情，我們就會愈親近——因為我們愈有可能發現彼此可相互分享的事物。

在幾年前的一次經驗中，我發現一個擁有權力的女人背後所隱藏的困難。這是非常戲劇化的例子，我直接接觸到一個似乎不會受傷的女人，在她的背後人性化的那一面。她是我的主管，並不是我的母親，但她就像是個母親一樣，她似乎很厲害，她晉升到以前從未有女性擔任過的職位，她負責督導許多員工，而每個員工都在從事一些複雜與精細的工作。有一天，我聽說她的眼睛即將動手術，而我想為她買個小禮物，由於我對她的私人生活所知不多，我只知道她喜愛音樂，於是我找到一個音樂鑰匙圈。但這個禮物似乎不太適合她，因為我想這個小禮物必須適合她的感官享受——除了視力之外，以便在她手術復原的時期可以使用。於是，我買了一個菩提味的香皂送給她，這個香皂的觸感有如天鵝絨般柔軟光滑，聞起來就如糖果般的味道。

我輾轉得知她對於我送的禮物非常感動，因為她覺得我了解她很害怕失去視力，並且試著對她傳遞這樣的訊息：「即使你失去視力，你仍擁有其他的感官可以享受」，我希望自己當時真的想過這些，但是我並沒有這麼了解她，足以察覺她的恐懼。我不認為她曾將恐懼告訴任何一位同事，而我們都覺得她是這麼具有權威，所以我們也從來沒有想過她會害怕。

因為母親通常想要對女兒隱瞞自己的困難與錯誤，而她們也有能力讓女兒感受到很棒與很糟這兩種情緒。所以，許多女兒們誤以為母親是不會受傷的，而且她們全都是堅強的女人。當你開始去探索母親們的困難，你會發現，母親最常提到的困難是，不確定如何照顧孩子、孤立感、體力透支、自覺能力不足、被責任感淹沒、害怕失敗等等。另外，許多母親們必須面對的困難，還包括種族歧視、貧窮、殘障或疾病，不被接納的性傾向，養育一大群的孩子，照顧一個殘障、生病的孩子，曾經喪子，在兒童期或現在曾是性虐待的倖存者，在工作中處於低收入、超時工作、被輕視與被性騷擾的處境，離婚、被遺棄或是與其他的家人關係惡劣，擔負其他家人的責任，受挫的理想與夢想……等等，每個母親至少曾經遭遇過其中的一些困擾。

所以，仔細想想母親所面臨的困境是如何影響她對你的態度。你記得她看起來很累，以致於無法陪你玩，或者表現出非常煩躁與冷漠的時候嗎？那是不是就是她壓力最大的時期呢？如果你不確定，就去問她，或者詢問了解她的人。舉例來說，請記得根據現在的統計資料顯示，至少有三分之一到可能接近二分之一的母親，是各種受虐類型的受害者，包括在兒時遭受性虐待、成年時受到性侵害、被丈夫毆打等等。因為受虐的影響層面包含害怕、低自尊與沒有安全感，那些被女兒視為很糟糕的母親，很可能就是起因於她們是暴力的受害者——而這些卻是女兒們從來不知道的事情。

我的學生Julia，目前十五歲，她告訴我為了完成我在「母親」課程中所交代的作業，她應該寫一份有關母親生活的報告，但是她不想見到年邁的父母。因為她說：「我的母親從不相信我，在我的成長過程中，她總是緊緊地看著我，而我真的非常痛恨這一切。」為了完成這份傳記，她還是去訪談母親，結束之後，她回來看我並且告訴我：

> 當我問母親：「你在高中的時候，你希望長大後做什麼？」她看起來有些失神，我想她好像不想回答我的問題。她說：「我十三歲的時候，在屋外的廁所裡被一個男人強暴，而後我被強迫與他結婚，那個人就是你父親。我從不希望這些事情發生在你身上，所以在你成長過程中，我總是像老鷹般緊緊地盯著你。」

這幾句短短的話，突然讓Julia對於母親這麼嚴格地看著她，有著完全不同的解釋，她了解到這不是母親不信任她，反而是母親對她的愛與希望保護她的表示。Julia說，在母親說完這個故事之後，張著大眼睛，注視著Julia，說道：「親愛的，你知道，我真的從來沒有太多機會去想想我真的想做些什麼？」

當我們了解母親的困難，她曾對我們做過的不好事情也顯得比較不具傷害性，她不是故意的，甚至傷害不再那麼嚴重，因為我們了解到傷害的根源——她擔心即將發生的離婚事件，或者她擔心我們的下一餐從何而來等等。我們最好能夠感激她為我們所做的好事情，尤其當我們知道這是她在困境中所做的，而且母職工作並不容易，以及育兒是一件費盡心思、眼淚、耐力與機智的工作。如果我們能發現這些埋藏在她內心的特質，那麼，我們也能從自己的內在發現這些特質。

這些賦予人性化的技巧，也適用於你們之間非常特別的問題，我們將會在第八章中討論這個部分。例如，了解母親的觀點或困難，對於你的看法有著重大的影響，像是你認為母親沒有做到她應該照顧與支持你的想法。有一位好朋友告訴我，她最近才了解，相較於同儕在描述她們的母女關係時，她自己的母女關係是相當的疏遠。「喔，我知道」，她的母親說道：

> 那是你的小兒科醫生告訴我，教導你獨立自主是很重要的事，而我也努力這麼做。只是後來，我知道為了讓你獨立，我在情感上將你排拒在外，我想有一些方法是可以學到獨立，但也可以是具有關懷與連結的關係，只不過我也是現在才開始去學習這些方法。以前在我的家庭裡，總共有十個兄弟姊妹，我的父母太忙了，以致於沒辦法和我們太親近，他們只是沒有時間。

㈣想想母親最糟的那一面

想想母親最糟的那一面，如果做得正確，真的可以減少責備或批評她的傾向。在第二章與第三章中，我們看到面對別人傷害我們或不友善的行為，責備與貶低那些人是最容易，也是最直接，卻也是最沒有效率的方法。我們的領悟與成長來自不再採用這個最簡單的方法，並且真的去嘗試。

你可以使用不同的方式，而所有的方式都與母親的處境有關。如果你對母親非常生氣或疏離，並不想嘗試這些練習，然而所有的結果都顯示出，這是值得你嘗試跨出的一步。至少，它使你認識到生活的另一面，以及另一個領域的人生經驗。最好的狀況是，它也能帶給你對母親生活的領悟。Simone是一位作家，她在七十二歲時以母親的角色，寫下一則短篇故事，故事內容是關於她們的母女關係：

她總是對我非常嚴厲，她要我負責田裡最粗重與最困難的工作。在我成長過程中，總覺得自己像是個灰姑娘。我寫下一篇關於我們母女關係的真實故事，但是雜誌編輯說這個故事太過悲觀，故事裡的這個母親太過膚淺與糟糕，所以不適合刊登。

我的第一個反應是：「但她真的是這樣啊！」為了得到這篇故事的稿費，於是我在母親的部分增加了一些新的內容，那些內容是根據我的猜想，母親在從事艱困的農務時，可能會感受到的挫折與寂寞。當時我認為，我所增加的內容完全是虛構的。但是幾年後，我和一位女人談話，她是我母親在嫁給我父親前就已認識的朋友，她說我的母親拚命想成為一位鋼琴演奏家，但是我的父親不允許，所以即使在他們認識

前，她已經是完成所有學分的音樂家，但是我的父親
卻要她幫忙從事農務工作。而過去，她卻告訴我彈鋼
琴只是她的興趣。

如這個故事所說明的事實，一旦我們正確地去解釋經年累
月所出現的各種徵象，那麼，我們對於母親的了解就會遠遠出
乎我們的意料之外。

在許多探索母親最糟糕的技巧中，你可以從中選擇你想要
使用的技巧。你可能會直接問她，為什麼在那個特別痛苦的期
間裡，她會那樣對待你？當時她的想法與感覺是什麼？在這個
階段裡，這些問題可能令人卻步，但是有時候，遺漏這麼重要
的訊息只是因為沒有人去問，所以，你可以像Simone一樣去撰
寫（或想像）一篇關於母親生活的故事。包括你想到母親的所
有事情，但請你特別努力讓她擁有同情心的特質。如果此刻你
並不這麼覺得，它可能是一件困難的工作，但是最後，你終究
會發現這個努力是值得的。一個名字叫Phoebe的女人，在參加
有關母女的專題研討會之後，說道：

> 當我開始撰寫母親的故事時，我所能想到的就是
> 她對我生氣的樣子。但是，作業要求必須努力讓她擁
> 有同情心的特質，於是，我真的去探索我的記憶深
> 處──我記得的第一件好事就是母親親手熬煮的雞湯
> 味道，它帶回了一陣美好的感受，包括在我四歲，有
> 一次發燒的時候，她的臉頰是多麼的柔軟。

如果努力讓母親擁有同情心的特質的技巧對你沒有用，試
試這個：想想母親曾對你做過最糟糕的事情（你可能希望參考
你在本書一開始所寫下的筆記），然後，想像你是第一個這麼

做的人。現在，請你寫一篇故事，在故事中說明，為什麼她會有這些特質與行為。如果你願意，就為每個行為寫下兩行文字來解釋它的動機。或者，找到其他曾經對她們的女兒做過類似事件的母親，訪問她們以了解這些行為的原因。我的學生Nora只是在與其他施虐母親談話之後，就開始了解到母親為何會毆打她。

(五)找出母親值得尊重的特質

　　至今賦予母親人性化的練習不是幫助你更了解母親的生活與困難，就是去了解她那些令人不舒服的特質是從何而來的。現在，你可以把焦點放在她所擁有的美好特質上——不是那些超人的特質，而是具有人性化的特質，像是她的幽默感，或是她擁有猜字遊戲的天分。

　　首先，看看你是否能想到她值得你尊重的特質？有一些是你在發現她的困難時所看到的特質，在此處它可能會有所幫助。有一位接近中年的女人，我叫她Stacey，她在七歲時，知道她的母親患有嚴重的情緒困擾，這對他們的家庭而言，要凝聚全家人的感情是不可能的事情。在接近二十一世紀時，Tipper Gore稱心理疾病為「二十世紀最嚴重的恥辱」，在1950年代，這種社會恥辱論的影響力比現在要大得多。雖然Stacey的媽媽告訴她：

　　　　親愛的，我想要你能夠了解，有時候我會做出奇怪的事情，那是因為我得了一種叫作「心理疾病」的病症，我非常努力想克服它，但是我真的無能為力。我知道，在我表現出奇異行為的時候，你無法邀請朋友來我們家，可是我不想讓他們覺得，是因為你不喜歡他們，所以我要你很自在地告訴你的朋友們，你之所以不能邀請他們到家裡一起玩，是因為我的心理疾病。

就如大多數的孩子般，Stacey將母親的話視為理所當然。直到她四十歲的時候，Stacey才真的能夠感受到母親為她所做的犧牲，並且因此心存感激。Stacey成長於一個小鎮，目前她的母親仍然住在那裡，每天必須面對Stacey告訴她的朋友有關母親的疾病之後所延伸的問題，鎮民仍然認為心理疾病就等於發瘋，所以Stacey的母親遭受許多無知的誤解，而且這個誤解已遍及整個小鎮。Stacey告訴我：

> 我不只希望人們停止對母親這麼惡劣的誤解，我也希望人們能夠想想她的作為，當她允許我向大家敘說她的疾病時，她早已清楚地知道這些話將會快速流傳，人們也會曲解事實，正如他們後來對她做過的一些不可置信且怪異的行為。人們不該在我的母親背後議論紛紛，反而應該為她的勇氣頒發一枚勳章給她。

有些母親是個身兼養育孩子責任的職業婦女，她們的女兒不管是什麼年紀，也許會認為每日的母職工作與職場工作，是多麼的繁瑣與令人感到身心俱疲。如果你不能立刻想起你母親值得尊敬的理由，試試其他方法，問問其他人尊敬你母親的原因，或者想想你所欣賞的女人所具有的特質，然後想想這些特質是否適用於你母親？使用你的想像力——假裝你必須寫下為什麼她能得到那份工作？或者為你的母親寫下一篇得獎感言，這個工作與獎章可以是任何種類，你可以從那些看起來很平凡的事件開始，像是她對蜂鳥的喜愛，從這裡開始想想它要告訴你什麼事情？可能是：她對小動物有溫柔的情感，或是她熱愛

大自然。至少對於大多數的女兒們，某些賦予人性化的技巧是
很有效的，但是不幸的是，有些母親真的很可怕，那麼她們的
女兒又能做些什麼呢？

㈥非常難以相處的母親

> 一位八十一歲的女人被告知：「你不太可能已經八十歲了。」這位
> 女人回答：「你這是什麼意思？我有一個五十三歲的兒子。」當她這
> 麼說的時候，正坐在她五十四歲女兒的旁邊。
>
> ──我的朋友告訴我的故事

　　你的母親可能會像上面對話中的母親一樣，做出一些傷害
你的事情，因此，實在很難賦予她太多的人性化形象。在所有
母親之中，有一些是我們最想繼續指責的母親，但是即使很不
幸的，你擁有一個像這樣的母親，你所做的賦予人性化形象的
努力仍是重要的。為什麼呢？因為如同我在第二章所提到的，
責備她會立即將一些怒火從你自己的身上移開──「是她的問
題，不是我」，但是只要你把她視為母親──你邪惡的母親，
你仍然會與她繼續保持著不愉快的連結，你會害怕自己跟她一
樣，或者相信自己就是母親這樣的人。只要你對她主要的看法
還停留在「我的母親，就是這樣的母親」，你就無法注意到她
「除了」身為你的母親之外的其他事情，你的自我認同與她有
著密切的關係。雖然你對她賦予人性化的形象，無法使她更令
人喜愛或令人愉快，但是，你可以試著去了解她是如何變成現
在的樣子。然後你會了解到塑造你的那些力量，包括你自己獨
特的特質，是完全不同於塑造你母親的那些力量，你可能會發
現，她是被強烈地塑造成現在的樣子，這些力量像是男性優越
的迷思。即使相同的迷思也會對你影響深遠，但你可以提醒自

己的是,不管她是二十五歲、四十五歲,或是六十五歲,她都未曾從這個迷思中逃脫,而你卻已經知道這個迷思是錯誤的。

　　想要了解母親是否真的不可能與你合作,首先,你必須去除對她先入為主的觀念,也就是不要把她當作在你出生的時候才突然存在,並且成為一個成熟而龐大的母親,而是要以她受到社會文化控制的角度來看待她。令人諷刺的是,許多女人願意原諒佛洛依德曾對女人說過很糟糕的事,因為他是那個時代與文化的產物,但這些女人卻不能以此標準原諒自己的母親。

　　你們之中有人可能擁有這樣的母親,在你仔細思考之後,仍然覺得她確實是完全不值得原諒的母親。當然,有一些母親非常的惡劣,有一些則是患有非常嚴重的心理困擾,如果我們所討論的內容看起來對你沒有什麼幫助,而它的確如此,那麼在放棄之前,讓我們先仔細地思索下面的例子,那是一個有關我們如何面對一個真的很糟糕的母親。當你閱讀這個故事時,把自己設想為那個年輕的女兒,因為如果你的母親真的很可怕,你可能會像這個孩子一樣,懷疑自己的價值。這是Resa和她的女兒Rosemary(我們曾在第五章提到她)的一篇連續故事,Rosemary曾因為憂鬱症被帶到醫院接受治療。

　　在Rosemary八歲的時候,母親已經與父親離婚了,當時她的母親與一個叫作Mike的男人關係陷入困境,Resa把Rosemary拉進他們的困境之中,她要Rosemary去懇求Mike留下來。當Resa和Mike爭吵的時候,Rosemary就蹲伏在另一個房間的角落裡,因為飢寒與害怕而顫抖著,她想要將自己隔絕在他們的嘶吼聲之外。可是,她記得母親後來都會走進房間對著她說:「我不知道該拿他怎麼辦?你去試試看吧!」

　　我們該怎麼去了解Resa呢?回頭想想第五章中,我們對她的父母與祖父母的描述,我們應該還記得,Resa的母親與祖母都是相當瘋狂且冷酷的女人——充其量只能說是精力充沛的,而她的父親與祖父都是比較溫和且令人愉悅的男人，但卻極少待在家裡。因為男性優越與無盡撫慰的迷思，造成Resa的母親與祖母似乎必須為家中的困境負責，雖然她的父親與祖父吝於付出與自我中心的特質，也可能是造成家中困境的因素，但是由於男性優越的迷思，Resa相信自己必須擁有一個男人——因此，只有在緊緊抓住Mike之後，她才告訴她的丈夫要他離開，以便讓她可以「獨立」。

你可會因為Resa對Rosemary的態度責備Resa，或者，也許你會因為她的父親與祖父所犯下的錯誤而寬恕Resa，你想要採取哪個觀點全憑你的自由意願。有些人會說，Resa是悲慘環境下的受害者，她不可避免地受到過去的影響，而自己卻沒有改變的能力。有些人則會說，她身為一個成人，並選擇生育孩子，那麼不管她曾經擁有什麼樣的遭遇，都必須負起責任不去傷害那個孩子。不管你採用何種觀點，Resa對Rosemary的態度都不是因為她自己的需求，也不是因為她的女兒不好：這不是女兒的錯，如果你的母親似乎是不可補救的糟糕，試著想想你就是Rosemary。同時你也了解到，自己曾經恨過、也指責過母親，費盡心思去證明她不應該如此對待你，如果你能了解這點，即使最後你仍然無法喜愛或原諒母親，你對自己的感覺可能會好很多，那麼，你就不需要把提升自尊的基礎建立在貶低別人之上，只要你的自尊提升了，那就很棒！

賦予母親人性化的形象，可能從改變你的基本想法開始——像是察覺自己正在使用兩極化形象的迷思，並且提醒自己母親既不是天使也不是巫婆，那麼你的感覺就會跟著改變，不管是直接或是在內心，都能與母親建立同盟關係。改變你對她的態度，可能是一個比較具有感情且有人性化的過程，這個過程改變你們之間的權力關係：她可能與你擁有平等的權力，既不是令人非常仰慕的，也不是令人非常厭惡，建立同盟關係不僅僅是指權力平衡，也是你們在情感上擁有更多的共同性與親密感。

二、建立同盟關係

　　增進母女關係需要母女二人共同努力，所以，在你們之間建立同盟關係是特別的重要。到目前為止，我們所討論的許多技巧都有助於創造這種同盟關係，也會幫助你了解到你們同在一艘船上。

　　要特別重視這個步驟的重要性：如同心理治療師Nikki Gerrard曾經寫下：當我們認為我們之間已經建立了同盟關係，比起我們之中有任何一個人擁有「我正在幫助另一個人」的想法，或者只有一個人獨自診斷與面對我們共有的問題，這種情況會讓我們兩個人感覺更好。

　　與母親建立同盟關係，我們可採取的步驟依序是：「著眼於障礙」、「挑戰母親的權威」、「釐清各自的責任」。

㈠開始：著眼於障礙

　　如果你已經寫下或錄下母親的傳記，現在你可能已經與她建立同盟關係。如果你還沒有開始著手撰寫，那就從現在開始吧！一旦她感受到，你很認真地詢問她的生活，傾聽她的回答，仔細考慮每一個重要的訊息來源，如同你是一位重要的夥伴，努力想要了解她的生活，那麼很多事情就會有所改變。許多女人喜愛閱讀有關女性的小說與歷史故事，但她們卻從來不曾傾聽自己母親的故事。以建立同盟關係的角度看來，你去問母親問題的這個行為，遠遠比你所問的問題內容重要。

　　如果母親自己無法主動敘說你們的關係，那麼就由你提出問題，問問她對於你們關係的看法，就像是你平常去探訪她的方式，詢問她，你曾經做過讓她覺得快樂的兩件事，以及令她傷心的二件事情。記得這是一次訪談，而不是意見交換或是辯論會。你愈是了解她對問題的看法，你就愈能準確地評估你們需要一起努力改善的地方。

當你在訪問她的時候，你也許需要在心裡做一些偽裝的練習。如果你不喜歡她提到一些關於你的事，就在心裡假裝你不是她的女兒。這個訪談的目的是為了建立母女的同盟關係，而它之所以有效，就在於你給自己機會去傾聽，母親從她的觀點描述你們之間的關係，你的任務就是去蒐集訊息，說服自己，你只是她在雞尾酒會上偶遇的一個陌生人，現在正在聆聽她們母女之間的故事。這種傾聽應該會給你們一個契機，讓你對於你們的關係擁有更好的看法，而她也能在你不批判與不防衛的情況下，更自在地敘說你們的故事。在這個訪談期間，你不可以插嘴，像是說「但是媽媽，我沒有那樣做」，或者是「你總是比較喜歡姊姊」等等這些話語。

如果你計畫與母親談論關於你們之間的障礙，請先回顧第六章中「為兩人建立關係」的內容，在你決定如何開始談論這個話題時，它可能對你會有一些幫助，並且可以引導你們的談話方向。一個開始的好方法就是告訴她，你想要讓你們的關係更輕鬆與更親密，你希望她為你空出一些時間，以便你們可以一起談談如何改善彼此的關係。同時，你可以向她建議說，你覺得你們的關係就像是一個雕塑品，它是經由你們所不能控制的事物而不斷地改變——像是老化和社會期待等等，但是在某種程度下，你們兩個人可以共同去改造它。

給她一點時間，如果她需要的話。告訴她，你會在過幾天後再打電話給她，明白她的決定，如果她說她對這件事不感興趣，你可以請她告訴你原因，因為只要她能說出原因，你就能很快速地處理這些問題。如果她說她害怕你會指出她身為母親所犯下的錯誤，你可以向她保證，你並不打算這麼做。或者，你可以給她看看這本書,告訴她你已經讀過了,而且這本書建議你在她也有機會閱讀後,再與她談一談。即使她需要更多的時間,或者你不想克服她的抗拒,你可能在問過她原因之後,你的感覺就會好多了。例如,你會明白她的感受是害怕,而不是對你不感興趣,或者是她在生你的氣,以致於不想與你談論你們之間的關係。

如果你的母親非常固執,不願意與你談論你們之間的關係,那麼她也許需要更多的時間,一旦她覺得自己準備好了,就會選擇一個時間提出問題與你討論。即使她沒有這麼做,你也可以在本章中找到一些更直接與她建立同盟關係的方法,例如,不管你是不是幫她撰寫傳記,或者她是否同意與你談論你們的關係,你都可以直接告訴她本書中第三章、第四章與第五章的一些內容。你可以從一小部分開始,像是說說母親兩極化的形象,或是由完美母親迷思與壞母親迷思兩者所造成怪罪母親的現象,這些概念她可能很快就可以了解,因為這是她自己的親身經驗。一旦她認同這些概念,那麼你們就有了共同的架構,此時你就可以明確地向她保證:你既不想理想化地看待她,也不想貶低她。這可能是從她當了母親以來,第一次有人為這種刻板化的印象命名,並且公開地說出它們是不好的,而且還說:「讓我們超越它們吧!」

你可能會想對她說明一些迷思,特別是那些你認為她受到影響最大的部分,以這種方式開始,可以讓你們最初的談話目的變得更為清晰,那麼你們的探索之旅就可以啟航了。同時,她也會覺得自己比較不需要努力維持母親的身分,或者比較不會害怕受到批評,即使她不想直接與你討論你們的關係,你也可以與母親進行這樣的對話。

考慮一下,花點時間去談談她現在的情緒狀態,由於母親們總是被要求去照顧別人,卻很少人關心她們的需求。加上我們認為母親應該幫助我們去處理我們的恐懼，並且完成我們的目標，可是，我們通常不會關心她們的恐懼與目標。因此，當我們真的去問她們這樣的問題時，就表示我們正在使用一種感人的方式告訴她：「我想與你建立同盟關係。」Freda Paltiel 是一位加拿大健康與福利機構的前任高級顧問，他建議你要求母親以自己的「需求、冒險、工作」這些名詞去描繪真正的自己。例如：在你們的關係或其他的關係中，她的需求是什麼？在與你一起面對你們的問題時，她覺得自己在冒什麼險？她的日常生活也是一種冒險嗎？她最想冒什麼樣險？在你們的關係或日常生活中，她想完成什麼工作呢？

(二)挑戰母親的權威

　　現在你必須正面地挑戰母親的權威，雖然賦予人性化的練習可以讓你在心中平衡你們之間的權力，但是，你的母親必須有機會與自己、或是在與你的對話中實踐這個課題。我們在第五章時看到，母親確實對孩子擁有一種權威，在我們的文化中，每個人都認為這種權威是具有危險性的。正因為如此，所以許多子女對它太過敏感，於是，將母親表現出來的興趣、關心、建議、付出或是撫慰，都貼上錯誤的標籤，認為這是母親濫用權威的表示。你必須公開這個議題，具體地討論母親的權威被苛責為具有毀滅性，這種苛責是多麼的不公平！同時，也要告訴母親，她對你所擁有的權威——可以是一種激勵你、或者讓你感受被愛的力量，也可以是讓你感覺自己不夠好或自覺羞恥的權力等等。女兒通常在發現母親並不了解自己對於成年子女仍然擁有這種權力時，感到非常驚訝。事實上，正如第五章所言，母親通常覺得自己相當無能。

　　直到我們了解母親不是十項全能的人，而且我們真的這麼相信時，她的權威就不如我們所想的那麼危險，當我們面對她的時候，不致於感覺無能，如此我們才能與她建立真正的同盟關係。我們面對母親權威的一種方法就是試著嘲弄她，以減少她對我們的影響力，就像Portnoy所做的。小說家Rebecca Goldstein寫道：「我已把母親轉化成一首諷刺詼諧的詩文……企圖減弱她那令人敬畏的力量。」

正當我在撰寫本書的時候，我知道在我的心中，我對於母親的權威，以及描述她使用權威所帶來的破壞性結果太過誇大了。我曾對母親感覺疏遠，並且想要打電話給她，告訴她我有多愛她，當時我注意到自己很猶豫去打這通電話，這種猶豫嚇著了我。當我進一步思考猶豫的原因時，我知道我非常害怕當我對她表達愛的時候，她會一點都不在意，即使我並沒有理由這麼想，事實上，她常常對我表現出很溫暖與情感豐富的態度，但是倘若我打電話給她，而她很忙碌或是正在忙著別的事情呢？——不管它發生的機率多麼小，或者是我們的年紀有多大，被母親拒絕的可能性都會令女兒們深受打擊。

此外，也要確定讓母親有個機會去說說你對她所擁有的權力。一個典型的媽媽告訴我：「一個表情或一個意見，我的女兒就會讓我覺得自己像個老笨蛋，或者是我自己真的還不錯。」認為母親的權威是具有危險性的想法，對女兒來說是一種壓力，在她們回應這個壓力的同時，女兒們通常難以想像自己對母親的影響力，為了與母親建立真正的同盟關係，女兒們必須知道自己對母親造成的影響。

你與母親建立同盟關係的基礎，必須奠定在你對於彼此權力受到限制的了解上，既然你與母親都是女性，並且身處厭惡女性的文化中，我們的權力都已經受到限制，難以改善彼此的生活。我們並不喜歡知道這點，因為我們都希望能夠多幫助對方，通常我們不想將自己的需求告訴彼此，因為不想洩露自己的無能，所以，與母親談一談你們都希望有能力去為對方做得更多，而且你知道你們都同樣感到挫折與無力。例如：你無法讓其他家人對於她的母職工作表現出更多的敬意，而她也不能保護你免於遭受父親的性騷擾，並且說服你的丈夫要尊重你。想到這些都會令彼此難受，但這些是母女最好的情感內涵，而我們會這麼做，則是因為我們假定母女雙方都想要克服兩個人之間的阻礙，而且這是一個值得且有益健康的目標。

㈢釐清各自的責任

現在你和母親應該討論什麼是、而什麼不是你們的責任。例如，你們二個人都必須擔負的責任有：

- 尊重彼此的優點。
- 尊重彼此擁有不完美的權力，她不會因此被視為失敗者或背叛者。
- 了解到大部分你們做出令對方生氣或受傷的行為，並不是出於惡意，而是反映了我們的文化對於怪罪母親與母親迷思的態度。

此外，也要確定你們兩個人都能了解以下的信念，例如：

- 母親不必負責滿足女兒所有的需求（第二個迷思）。
- 女兒不必負責以完美無缺的行為來建立或維持母親的好名聲（第一個迷思）。

接著，請你再次熟讀第四章與第五章的內容，看看你們之中是否有人因為其他迷思，對另一人懷抱不適當的責任感。

既然你的目標是與母親擁有比較輕鬆或親密的關係，那麼，你就必須去除所有怪罪母親的訊息，即使你現在可能已經會小心翼翼地不要將問題全部歸咎於母親，但是其他人並不是如此。所以，一旦這種破壞性的訊息又出現時，你必須保持更敏銳的警覺心去察覺它。

例如，當我準備撰寫這一章的內容時，有一位知名作家出現在電視上宣傳她的近作，她聲稱一個成功的女強人是沒有安全感的，因為她們的母親對於成就感的需求與她們自己的「混雜在一起」，她們沒有能力與母親分離。這樣的言論常是由權威人士所發表的，以致於一般人很難看出這些言論隱含著錯誤的怪罪母親迷思，一旦你了解到自己必須去除這樣的訊息，你與母親建立真正的同盟關係就有一半的進展了。以這種同盟為基礎，準備好現在就開始超越這些迷思，並且努力解決你們母女之間的問題，特別是那些困擾著你們關係的問題。

三、選擇並確定一個問題

一旦你已經賦予母親人性化的形象，並且與她建立了同盟關係──不論是直接的或是在你的內心裡，你會發現某些問題已經獲得解決了，但有些問題可能還需要多點時間與耐心。你可以做一些本章中我們曾經討論過的事情，像是與除了你母親之外的人（朋友、心理治療師）談談，或者與母親直接談談。無論如何，這些談話須遵守的基本步驟是：

1. 一次確定只談一個問題。
2. 確認你對這個問題的感受。
3. 確認這個問題與這個感受的來源。

記得你正要開始引導自己與母親了解彼此，你們其中一個人必須找出一個確定的問題，然後確認你們兩個人對於這個問題的感受，以及對於這個問題之所以發生的看法。也許你會覺得從確定一種你討厭母親的感受開始會比較容易一些，試著去描述這個感覺的緣由，然後努力發覺母親對於這個原因的感受與想法（你也許會想要回到第六章，回顧那些表達訓練中有效的原則與技巧）。

你選擇的不一定是你最困擾的問題，你可以從比較自在、比較不嚴重，而且你們兩個人都能面對的問題開始。也許你也會希望從你著手撰寫的母親傳記中所浮現出來的問題作為開始。

　　一對母女在撰寫傳記的練習期間，發現彼此對於「獨立」的定義有著截然不同的看法，女兒認為獨立是「一個月探訪母親的次數不超過兩次」，而母親則認為女兒應該保持獨立，但是至少每個星期都能見到她。母女二人發現問題的原因出在彼此對於保持聯絡次數的定義不相同時，她們都覺得鬆了一口氣。接著，她們各自說出自己對於探訪次數的看法，她們歸納出一個結論，這個結論比起指責女兒不關心母親，或是責怪母親太過嚴格的論調，對她們的關係更有幫助。經過一系列的討論之後，女兒談到自己莫名地害怕母親想要緊緊抓住她，而且害怕母親的需求「永遠都不夠」；而母親則說出了她害怕女兒真的想與她中斷所有的關係。基本上，二個人都感覺害怕——對女兒而言，害怕被母親淹沒；對母親而言，則是害怕被女兒拒絕。她們的問題起源於沒有告訴對方自己真正的恐懼與願望，導致她們對彼此的願望做了錯誤的假定。

　　Eleanor是個七十八歲的寡婦，與她的女兒Makaisha的經驗正好與上述的例子完全相反。Eleanor不小心跌倒，導致關節脫臼，她希望在看完醫生後，可以住在Makaisha家。然而，在離開醫院的途中，她們為了一點瑣事大吵一架。幾天後，當巡迴護士來到Makaisha的家中為Eleanor檢查傷口時，她突然放聲大哭，說她想要搬回自己家，但是想到這可能會傷害Makaisha的感情，所以遲遲不敢告訴Makaisha。於是，這位護士邀請Makaisha過來，並且幫助她們分別談談自己真正的感受。

　　她們非常有禮貌地開始，彼此都真誠地說出自己深愛著對方，而且對於她們吵架的事件感到很困擾。在這個部分，這位護士鼓勵她們試著了解對方的感受。Makaisha說：「我感到很困惑，因為我只是希望母親把這裡當成自己的家，但是她似乎太拘謹了，而我不知道該怎麼辦？」Eleanor回答說：「在這裡我真的覺得很緊張，但那是因為我習慣獨自生活，所以當我因為失眠睡不著時，我擔心助行器的聲音會吵到家中其他人。」她們都猜想自己會干擾對方，卻沒有說出她們最擔心的部分，這位護士告訴她們，這是個好的開始，她會連絡社工下星期到家裡來。

社工做了一系列的拜訪，在這段期間，她告訴這對母女，她們互相關心彼此是令人讚賞的，但是她們拒絕表達自己的感受，則是造成她們關係緊張的原因。幾個星期過後，Eleanor終於向女兒表達自己想要再次獨自生活的想法，並且承認過去她不願意說出來，是因為害怕自己好像很不領情。而Makaisha也能夠對母親說出，她覺得一個好女兒就是應該讓母親非常自在地住在她的家裡，一旦她知道母親真正的想法，她就不再覺得母親是個「難以相處」的人，而她們之間的緊張也就隨之消失了。

當你與母親共同選擇一個特定的問題時，記住你們對於這個問題的定義與成因目前還存著歧見。因此要避免這麼說：「問題就是你不想放開我」，這是一種指責與批評（看看第六章「表達訓練」的部分）的態度，面對你這種態度，她是不可能贊同你，甚至可能會變得很防衛。相反地，根據表達訓練的原則去定義問題，例如，一個女兒說：「我希望我們能夠一起來談談關於我覺得愧疚這件事──然後我對於自己覺得愧疚感到生氣，因為如果我有一天沒有打電話給你，你就會怪我。」

在選擇問題的時候，也許你會想要回顧你所列出來，母親曾經對你做過最糟糕的事情那張表格，看看哪一個讓你最困擾，或者參考你在閱讀本書時所寫下的筆記。如果可以，請你的母親也列出一張表格，上面寫下她覺得你曾對她做過最糟糕的事情。你可能也想要回顧第四章與第五章提到的迷思，想想看它們是不是造成或惡化你們之間問題的原因。重新定義這些發生過的事，然後減少這些迷思。例如，她一直告訴你，你約會的對象配不上你，問問你自己，她是不是想成為一個全知、且有能力徹底保護你的母親（第二個與第三個迷思）？設身處地為對方著想：如果你是母親，在這種情況下你會怎麼做？是不是有時候她也會做一些正確的事情？而且在問題第一次出現時，她真正希望你怎麼做？

要進行這些對話可能是困難的，因為女人通常會發現，要去察覺母親背後的迷思，比任何人都來得困難。如前面曾經提過的，數以百計的女人分別告訴我，她的母親是這個世界上唯一的受虐狂。在她們了解這些怪罪母親的概念與迷思之後，許多像這樣的女兒就能理解，她們的母親常常說「看看我為你所做的犧牲」，並不是要證明自己多麼喜歡沉溺於不幸，而是因為她們受到錯誤的引導，誤以為這樣能夠獲得認同與感激，因而表現出這種情有可原的態度。

與母親共同合作的另一個方式，則是與她共處一段時間，然後寫下問題發生的時間點，與當時你的感受。這是一種非常有效的方法，特別是在你一想到你們的關係，就覺得非常苦惱或孤獨，以致於無法專注於某個特定的問題時。

例如，你注意到，當你們討論到打電話給對方的頻率時，你們兩個人都變得很緊張。如你所了解的，她不願放開你，因為你打電話給她的頻率不夠多，所以你覺得愧疚。試著以她只是希望與你保持連絡的假設作為代替，問問你自己，是什麼樣的迷思將這種想要保持連繫的希望，轉化成你認為她不願意放開你的徵兆呢？為何你會覺得她希望讓你覺得愧疚呢？這是一位中年婦女Tamika為自己設定的任務：

　　我與我最好的朋友長談過這個問題，我們都了解

> 母女太親密是不好的這個迷思，它讓我們不信任母
> 親，認為母親總是想要擁有「太過」親密的關係；同
> 時，母親的權威是具有危險性的這個迷思，也促使我
> 去指責她想要讓我覺得愧疚。

Tamika從沒和母親談過這個問題，以上的領悟是來自她與朋友談論這些迷思的收穫，而這個領悟使得所有事情都變得不一樣。在下次她忙碌了一整週，沒有打電話給母親時，Tamika走出自己既定的想法。於是，當母親打電話給她的時候，她不像過去所說的：「我一個星期沒打電話給你，為什麼你要這麼驚訝？」現在她嘗試說：「嗨，媽，一整個星期我都掛念著你，但是他們讓我忙瘋了，我實在沒時間好好跟你說話。」

Tamika沒有對母親說謊，也沒有假裝被母親嚇到，更沒有和她說太多的話，但是她真的不再抱怨或指責母親了。這個領悟帶來兩個重要的結果：

1. 在要求、抱怨與指責之外，她們之間出現了一些嶄新的事情──當你們創造了這個空間，關懷與溫暖就會出現。
2. Tamika採取新的態度對待母親，是一種對於母親真正的動機可能比自己所假定的還要好的態度。

在探索或確認你的感受時，試著記住或重建第一次你對母親出現這種感受的經驗。例如，你非常恐懼告訴她任何有關你喜愛的生活，回頭想想當你第一次告訴她，而她讓你覺得不舒服的事件，當時你說了什麼？而她又是怎麼回答的？你可能會發覺自己的情緒已經過去了。例如，你告訴她，你在第一次約會時已經親吻對方，當時她非常的震驚與沮喪。現在你已經是一位四十五歲的女人了，她可能就比較不會那麼驚訝，相同地，你對她的反應也不會那麼震驚。即使現在你的情緒並沒有過去，回想最初的經驗也能幫助你了解這樣的情緒。

　　倘若過去你從來沒這麼做，問問母親，她如何描述你們之間問題的發展。你們總是不斷地衝突？還是你們在某個特定的時間點之前相處得很好？什麼時候關係才開始變壞的呢？她回想起關係改變的原因嗎？她的答案有助於你們兩個人共同確認你們之間阻礙的來源，至少它們會給你們一個共同合作的起點，讓我們看看以下幾個例子。

　　有一個女兒的母親拒絕與她談論她們的關係，在她們母女關係出現問題的時候，她曾經問過她的阿姨。阿姨回答：

　　　　在你十一歲的時候，你的老師告訴你的父母他很擔心你，因為到目前為止，你對男孩都不感興趣，而你的母親曾在高中時深受男孩們的歡迎，所以，當這位老師很權威地說著你對男孩缺乏興趣是一種問題的時候，她覺得非常擔心。她不希望你錯失她曾有過的這種樂趣，並且害怕是因為她太過於注重你的學業成就，才導致你在社交發展上的退縮，那也就是為什麼她開始不管你的意願，強迫你去參加男生與女生派對的原因。

　　聽了阿姨的解釋，這個女兒了解到母親曾經努力成為一個好母親，雖然她從來沒成功地與母親談論這個問題，但這樣的了解對她是很有幫助的。

　　如果你的母親認為，你們的關係在你青春期的時候才戲劇性地轉壞，那麼，你們就一起去探索在你青春期的時候，曾發生過什麼樣的衝突？是因為荷爾蒙激烈變化，導致你還不知道如何面對？還是她對於你的性徵開始發展覺得害怕？她覺得沒有能力教導你如何保護自己免於伴隨著性徵而來的傷害嗎？她是不是害怕你會出現性衝動？而且害怕她的朋友聽到這些事情的時候，會認為她是個糟糕的母親？一旦你問了母親這樣的問題，你會更容易了解你們的問題可能是來自於以下這個迷思，也就是：「好母親的評價來自完美的女兒」。

你可能將你的婚姻認定為你們母女關係突然變壞的一個關鍵點。Lily和她的母親Vy都同意，Lily和Bert結婚是她們之間一連串衝突的開始。Vy說：

> Lily和Bert結婚之後，當Bert批評我的時候，Lily偶爾也會參與其中。在我私下告訴她，她這麼做會傷我的心之後，Lily說，我曾經教過她一個女人必須順從丈夫的道理。她說對了，我是這麼教她的沒錯，為什麼她應該站在我這邊呢？站在母親這邊的人，哪得到別人的尊重呢？

Vy了解到她的女兒站在男人那邊才能獲得尊重，而不是站在母親這邊，但是她還沒領悟，這是因為她們母女都相信男人是比較優越的迷思，在她們討論這個迷思如何影響自己之後，Vy大部分的痛苦就獲得紓解。直到那個時候，她才知道女兒為何常常嘲弄她，而她自己偶爾也會如此對待女兒，但是過去她認為自己是個愚蠢之人，以及女兒不喜歡她，才是問題的根源。

對Lily而言，她會覺得非常挫折與生氣，是因為「我必須對丈夫忠心，但我對母親也有責任——我很關心他們兩個人，這讓我左右為難」。注意看看所有的迷思，Lily和Vy都意識到男性優越的迷思，對於她們緊張關係的發展扮演著非常重要的角色。

女兒離婚常是母女關係很重要的轉捩點，它可能會完全改變她們之前的關係，也可能使關係變得更糟。離婚事件讓這個女兒感覺受傷，倘若此時她相信無止境撫慰的迷思時，就會陷入期待母親能夠百分之百地支持她的陷阱中，如果母親沒有這麼做，她就會感覺被母親背叛，或者對母親出現許多負面的情緒。許多不快樂的媽媽會受到女兒離婚事件的威脅，因為那就表示她自己也可以有所選擇：不必忍受婚姻的不快樂。擁有選擇既吸引著她，同時也讓她害怕，這種心理的矛盾讓她感覺憤怒，而這些被女兒激起的憤怒是非女性化的表現，加上她想到往後沒有男人支持的生活會是多麼可怕，基於這些心情，所以她就對女兒大發脾氣。

當女兒離婚，母親也許會出現解脫的感覺。Sherry在二十七歲時與丈夫離婚，母親的反應是不再每個星期打電話給她。

> 我在很久以前就知道，我與父母之間的情感很疏離。直到我告訴母親，我已經和丈夫離婚了，我才知道我們母女的關係有多惡劣。當她聽到我離婚時顯得非常激動，並且教訓我不管如何都得嫁雞隨雞，我知道這是她正在努力說服自己的道理。但是對於她自己無法覺察到這點，我感到很悲傷，她唯一能做的，並且說服自己不要離開爸爸的方法，就是遠離我。

有一些女兒們發現，只要等待就會有所幫助，等待著母親了解，女兒並沒有要強迫她離開自己的婚姻，此時母親受到的威脅感就會消除。有些女兒則會直接告訴她們的母親：「我離開Fred，那是因為離開他才是我正確的選擇，但這不表示我覺得你應該離開爸爸，只有你自己才有權力做出那個決定。」

大部分的母親對於鼓勵女兒離開不幸的婚姻會有所遲疑，但是，倘若離婚已經是一個既定的事實，那麼母親可能會比較

自在地對自己與女兒承認那個婚姻的確不完美,她不必再努力說服女兒留在傳統的婚姻之中。我有一位學生曾經說過這樣的經驗:

> 在經歷六年的婚姻關係之後,我告訴母親,我即將離開我的丈夫。我說我已經厭煩去照顧一個不會照顧別人的男人,她了解我的心情……分居和離婚讓我覺得很受傷,但是感覺自由多了(至少不必假裝我的婚姻關係是完美的)。對母親來說也是如此,我們的母女關係因而開始出現真正令人愉快的那一面,此時,我能感覺到她完全地接納我,我的自尊也開始提升了,並且對於自己的工作擁有更高的滿意度。

當你正在處理特定的問題時,你必須時而評估你們之間的問題,並且保持動力,提醒自己,你正朝向擁有美好母女關係的目標前進;同時也要提醒自己,你不必在告訴母親你的感覺與努力增進你們之間的親密感,或者減少緊張關係之中做出選擇,這兩者不是互斥的,例如,你可以告訴她,你不喜歡她對你的批評,因為它阻礙了你們共處的愉快時光。

選擇一個要處理的問題之後,試著確認你與母親對這個問題的感覺,並且分別討論你們對於這個問題之所以形成的看法。此時,閱讀其他母女如何一起處理這些議題的書籍可能會有所幫助,即使再一次,你還是有直接與母親一起面對面討論,你也會從其他女人的領悟中獲益良多。下一章包含了許多母女們的故事,以及她們如何共同處理她們關係中的問題。

第八章
母女共同努力的成果

　　母女關係是否需要修補的重要指標是我們的負面情緒。本書是以一個女兒痛苦的心情作為開始，然後去檢核那些造成或惡化這些情緒的迷思，此時我們已繞了一圈再回到原點——情緒本身。現在，借助迷思的語言，我們可以採取一種全新且主動的態度去思考如何面對這些痛苦的情感。

　　有時，極度的痛苦可以藉由領悟與分享稍微得到紓解，但有時則需要長久的努力，閱讀母女的故事可以提供你一些如何經歷這些過程的想法。我希望你相信改變是真的可能發生，雖然不是所有故事中的問題都是那麼容易就能解決，因為母女之間的問題是如此的複雜與棘手。可是，所有的例子都顯示，母親與女兒各自，或兩人共同努力以不同的方式來處理她們之間的問題，並且獲得改善，即便是她們並沒有解決所有的問題。

　　我沒辦法討論每個年齡階層母女關係所出現的主要感受與議題，從女兒出生到母親或女兒老去。可是，我選擇了一系列不同階段的故事，有些故事也許對你的衝擊比較大，但是我鼓勵你必須把它們讀完，其他女人的想法或言行可能會對你有所幫助，即使他們關心的部分與你不同。

一、所有感受的起源

　　在母女關係中所經歷的極大痛楚，通常是來自於我們之間的裂痕，所以，我們的重點應該是修補這些裂痕，而不是停留在相互指責之中。過去女兒可能藉由失望、生氣、愧疚、悲傷、矛盾、麻木、被背叛等種種感覺，來切斷母女的關係，通常我們甚至沒有察覺到自己的需求沒有得到滿足,這才是問題所在。女性主義的心理治療師Nikki Gerrard描述星期天在她家裡發生的事情:

> 當時我六歲大的女兒正在抱怨無聊,我聽了很生氣,並且很激動地想要對她大吼、打她屁股,甚至把她趕進房間去。我認為她抱怨無聊的行為是一種無法自己玩耍的徵兆,而且我覺得自己是個糟糕的媽媽,沒有教導她該如何獨處。
>
> 突然之間,有些聲音敲醒了我,我了解到我正在使用想當然耳的思考模式,認為她的獨立性——或缺乏獨立,是問題所在,我太注意這個問題而沒有想到其他的可能性。接著,我意識到自己的憤怒與暴躁不安起源於通常我對於親密關係感到不自在的原因罷了。於是,我用雙手環抱著女兒說:「我愛你」,並且告訴她,她是我最珍貴的寶貝,然後撫摸著她的秀髮。當時她吸吮著拇指,就像一隻滿足的小貓咪般躺在我的懷裡。一會兒,她起身,走出戶外,獨自玩耍,我們之間的裂痕已修補,現在她感覺還不錯。

對我們所有的人來說,這是一個很好且有用的範例,我自己也試過很多次,包括對我的女兒與我的母親。最近,我的女兒對於學校交代的一份作業感到苦惱,我從廚房把她帶到房間,告訴她:「Emily,你怎麼不從百科全書裡找找看呢?」Emily沉默不語,於是我接著說:「親愛的,你真的了解這份作業嗎?你要不要打電話給班上的任何一位同學問問看?」Emily煩躁的情緒快爆發了,當時我突然想起了Nikki與她女兒的故事,於是我說:「Emily,對於你的挫折,我感到很遺憾，我希望我能夠幫得上忙。」她因而鬆了一口氣：學校作業令她心煩氣躁，甚至將這些情緒遷怒於我，她因此感覺很糟。當我不再努力去尋求幫助她的方法（迷思三），只是提供她溫暖與支持時，她就能確定自己的煩躁並沒有傷害到我們之間的關係。

由於修補受損的母女關係而獲得的解脫，Janice和她的母親Marjorie也曾經歷過，她們的關係也受到好母親的評價是來自完美女兒這個迷思所困擾。Janice認為母親為了個人自私的理由，想要強迫她遵循社會規範，母親生氣的行為看起來就像是熱切期盼Janice受到社會接納的模樣。

當Janice的情人Aaron要搬進Janice的家中，與Janice和她未滿十三歲的孩子們同住時，Marjorie非常煩惱，她認為Janice和Aaron過於自私而沒有多等一陣子，以確定他們的關係可以持續下去。因為Aaron如果後來又搬出去，對這兩個孩子來說也是一種傷害。由於Marjorie相當了解Janice先前與男人的關係，所以Marjorie坦白地說，這次她不想對他們的關係懷抱任何希望。因為在Janice上次離婚的時候，Marjorie心中非常擔心，所以，對於可預期的即將再次聽到Janice為破碎關係而痛苦時，她覺得非常煩惱。Janice說：

> 我第一個反應是傷心，我覺得自己被母親拒絕了，接著開始生氣，我又氣憤又納悶地問母親——為什麼你不能為我開心呢？為什麼你不能了解Aaron對這兩個孩子很好？而且孩子們也是那麼喜歡他啊？

Janice想要Marjorie擁有和她一樣的感受，她渴望母親的贊同，事實並非如此的時候，她就有種被背叛的感覺；由於她非常希望得到母親的支持，所以她對母親的感受就變得更敏感。

其實，Marjorie的感受是可以理解的，她並非有意傷害Janice，就像Janice最後了解到：

> 在我冷靜下來之後，我試著站在母親的立場去思考，我了解到自己也會有相同的感受，我會對這樣的朋友感到厭煩，因為她們老是重蹈覆轍，像是關係剛開始時的興高采烈，接著在關係變糟後，需要我提供長時間的支持。

改變的第一步是努力從Marjorie的觀點去看待事情，然後Janice就能將這種領悟付諸行動。她打電話給Marjorie說：「媽，我希望你能和我一樣高興，但我了解你為什麼做不到，而我尊重你的感受。」

有段時間，Janice覺得她們的問題解決了，她自認已能成熟地了解到，自己和母親的感受是不同的，可是接著她也發現，自己與母親變得很疏離。在幾個漫長夜裡，她總是擔憂自己可能會踏錯下一步，於是Janice再次打電話給母親：

> 我告訴她，我覺得跟她很疏離，而我不喜歡這樣，特別是我們曾經那麼親密。我說，現在我和Aaron生活在一起感覺很快樂，孩子們也是，但我還是覺得很不舒服，因為她和Aaron是我生命中最重要的兩個人，而這兩個人彼此卻完全沒有互動。我告訴她，我並不期待她能跳上下一班飛機，到這裡與我們同住六個月，那麼她就會慢慢了解Aaron，進一步喜愛他。我沒有要求母親改變她的感受，我只是說，我們母女疏離的關係讓我很痛苦，我想要再回到我們過去的親密關係。

　　四個月之後，Marjorie、Janice與 Aaron三人共度了一個星期，雖然過程並不是十分完美，而Marjorie也還沒有非常喜歡Aaron，但她知道Janice想要與她維持親密關係。對於她們疏離的關係，Janice找到一種可以避免責怪母親的方式表達自己的感受，並且找到一種她可以自己決定的生活方式，即使這些方式不是母親所希望的。這些都有助於Janice從自己對母親的憤怒中獲得解脫，而Janice大部分的精力也得以從自我懷疑（因未能取悅母親）與責備母親中釋放出來，所以，Janice才能夠使用那些精力去維持與強化她們的母女關係。

　　現在，Marjorie對於全心去參與及贊同Janice所做的每件事，感覺比較沒有壓力；同時，她也學習到女兒與新男友建立關係，並不意味著Janice不再關心她們的母女感情，或者不再尊重母親的意見。

　　以上的故事說明，母女關係中大多數的煩惱，是來自於我們渴望與母親更親密，這個領悟我們必須牢記於心。

二、矛盾心情

　　我們已經仔細討論母親兩極化形象，使我們對母親有著深刻的矛盾心情。當強烈的矛盾心情變成母女關係中的特色時，你會發現以下的做法是很有效的，那就是去思考這兩組迷思是如何增強我們這樣的感受。例如，母親無止境撫慰這個完美母親的迷思吸引我們想要親近母親，但是，女性是弱者這個壞母親的迷思卻又使我們想要逃離她們。

　　女兒對母親矛盾的心情通常在青春期出現，或是在當時變得特別深刻。因為女兒也許會希望和母親中斷關係，以滿足自己感覺已長大成人的需求。編輯Janet Goldstein回想起自己在青春期的時候，母親曾對她說：「我甚至不能和你一起看場電影，因為我會擔心自己要不是太靠近你，就是不夠靠近你。」

當女兒希望與母親親近一點，母親就會擔心這種親密是不健康的；一旦她們很親密的時候，她們就會害怕被對方「無止境的」需求所淹沒。

青少女通常想要與母親保持距離，以便掩飾她們與日俱增的性慾與侵略性的情感，但是，這些情感所激起的混亂感，又使她們更渴望被保護與被支持。倘若母親了解女兒這種感受，對女兒來說就是一種潛在的安慰，但是如果女兒太害怕母親不贊同，那麼母親的了解也會變成另一種害怕與羞愧的來源。這種害怕讓她切斷自己與母親的關係，因為女兒可能會覺得母親是一面鏡子，它將如實地反映出她的陰暗面。

身為成人，我們常常發牢騷：「當我與母親共處時，總覺得自己還像個十四歲大的孩子。」我們相信母親早已看透我們，了解我們最想隱藏的那部分，而且從來就不認為我們已經長大成人，而且能夠獨立自主。事實上，母女都可以找到一些成人的方式以維持彼此的親密感，並且平等地與她們喜愛的人相處。在第七章中Tamika的故事中，Tamika打電話給母親，就是這類成功解決問題的例子。

矛盾心情也會被意料之外的強烈情感所引發，通常你們在一個心情平靜與普通親密的階段之後，隨著母親年紀增長，你可能要開始照顧她、幫助她，探問她的感受。雖然也許你們只是維持著相互照顧的關係，但是你可能會開始擔心你們是否出現「角色反轉」的問題，也就是你現在已變成你母親的「母親」，你與母親可能還是想維持親密感，但你擔心這種親密關係是不健康的。母女研討會的參與者Rosa，她是這麼說的：

　　在我的母親關節炎惡化之後，我開始幫忙處理她的家務事──特別是需要彎腰的工作。我想要幫助她，但是我擔心她對於我反過來照顧她會感到不舒

服，而我也有一些奇怪的感覺，有時這種奇怪的感覺真的會影響我，並且遷怒於她，對此我真的很苦惱。

Rosa負面的感覺不只是來自她們新的處境，也來自她相信成年女兒與母親應該各自獨立，當Rosa覺察自己的矛盾心情（照顧與生氣複雜的交互作用），她才慢慢地了解自己受到母女親密感是不健康這個迷思的影響。再者，她看到自己有著必須無止境撫慰他人的感覺，結合了害怕付出太多的情感，這兩種心情同時威脅著她，麻痺了她的感覺。

Rosa也看到這兩種迷思讓她在照顧父親時，並沒有出現這種矛盾心情。因為男性優越的迷思，讓她覺得幫助父親是一種榮耀，加上因為無止境撫慰的迷思，使她更確定這麼做是符合女性化的表現。Rosa說：「我在照顧患有心臟病的父親時，從未感覺憤怒，因為我對母親期望甚多，對父親卻沒有。」

在研討會後的數週，Rosa打電話告訴我，她已經和母親談過關於她覺得自己身為母親的照顧者，這個角色有多麼奇怪，以及她多麼感激過去幾年來，母親擔負了所有照顧她的責任。一旦她發現這個迷思的影響力，就已經解決了大部分的矛盾心情，而她也能對母親表達一些感恩與敬意。

Rosa承認自己對母親有些不舒服的感覺，而不是對母親生氣，Rosa因而在她們的關係中開啟了一個新的階段。雖然這些改變牽涉到她們之間權力與責任的反轉，但是她們在心理上變得更平等，關係也因此變得更親密，那是因為母女兩人都能坦誠自己的感受，並且承認自己人性化的反應，像是Rosa憤怒與不舒服的感覺，以及母親因為喪失生理功能而引發的悲傷。Rosa的母親不再執著於自己應該得到女兒的尊敬，而Rosa也能以一種尊重、且有尊嚴的方式去了解自己的情緒，因而減輕了她們疏離的痛苦，以及其他共同的感受。

有些母親太不親切太過令人心煩,以致於沒有辦法進行像Rosa她們母女之間那樣的對話時,那麼,去了解這些迷思發揮影響力的方式,也有助於紓解她們之間的情緒困擾。例如,如果這樣的事件不是發生在你們母女之間,而是你與父親,或者是父子之間時,你的感覺是什麼?五十歲的Kirthi以下列的方式生動地描繪了老一輩的雙重標準:

> 我在所有朋友的家中看到同樣的模式,當她們的雙親年邁時,父親——即使他一生都是個冷血的暴君——年老時仍受人尊重,他那令人發火的嗜好(可能是終身,也可能是年老時才剛培養起來的)被視為個人的習性;但是,母親——不管她是如何任勞任怨地將家庭凝聚在一起,以及照顧每一個人,但是一旦她面臨困境時,隨即被稱之為令人厭惡與「難以應付」的女人。

如果你試著矯正這種不平衡的關係,並且努力對抗這個巨大的影響力,那麼,你在照顧母親時出現的矛盾心情就會減少一些——或者至少會多尊重母親一些。你有時可以藉著要求她去完成她能力所及的事情,就可以達到這個目的——告訴你,你小時候是什麼樣子?或者她曾想過長大後要成為什麼樣的人?在她一生中,她曾做過什麼值得驕傲的事情?或者她對於一些政治或倫理問題的看法是什麼?對我們而言,這是一個好方法,讓我們能夠面對照顧老人家的矛盾心情,並能夠抵抗青少年文化不再照顧老年人的壓力。

因為母親的年紀,你也會承認她的身分是一種資源,可以幫助我們了解老化的過程,讓這個過程對我們來說不再神秘。幾年前,我的母親曾告訴我,因為她喪失聽力,所以無法聽到眼前所進行的對話時,她覺得很孤單。隨著年紀的變化,我不了解我們會錯過多少的世事,但是我知道她的聽力問題造成我的不便,而我也曾因此有過不舒服或憤怒的感覺,就在與她談論的過程中,透過我對她擁有更多了解與尊重之後,這種感覺就得以紓解許多。

三、背叛

由於男性優越的迷思造成低估母親的現象,甚至也貶抑了女兒與自己,女兒們通常會覺得被母親背叛。Genna在二十歲左右的時候,常與母親一起逛街購物,一段時間過後,她有以下的領悟:

> 有好幾年的時間,我喜歡與母親一同去逛逛美容院與服飾店。然而,有一天,我卻感到非常失望,因為她對於我所買的美麗衣服,做出非常傷人的評價。她說:「當你穿著這件華而不實的衣服出現時,你會讓我看起來像是個邋遢的女人。」我幾乎不敢相信──我的母親居然妒忌我。

Genna當時感到失望與遭受背叛──而這樣的感覺是如此的深刻,以致於讓人無法忘懷。為了要讓自己與母親相處時感覺愉悅,偶爾必須忍受這種事情發生。她知道,如果當時她將這種受傷的感覺直接告訴母親,母親一定會說她的反應是多麼的荒謬。Genna與一位老朋友論及自己的感受,她們擁有相同的看法:

> 我當時立即的反應就是,因為自己贏過她而感到內疚,接著,我的情緒轉換為生氣,因為她讓我感到

內疚，之後，我又因為贏過她感到沾沾自喜，我因此又對自己大為發火。最後，我知道她為了得到男人們的認同，在我們之間承受了多大的壓力，以及迫使我們必須分開的壓力又有多麼大。當我了解到，除了在這些冒險中感到些許多溫暖與分享之外，尚且覺得存在著某種瘋狂的本質，因為所有作為都是為了讓我們能夠更吸引男人。

母親對男人的看法，有些關鍵是來自她的母親，這是我之前就知道的，因為我以前常常聽到祖母說：「女為悅己者容」。我開始回憶起——在那些年當中，我是如此自豪擁有比母親苗條的身材，但也就是在那個時候，我自覺無法像她一樣的堅強與能幹。而且我還記得，有許多次她表現出妒忌我的年輕與纖細的身材。我有種被欺騙的感覺：為什麼我們倆必須花費這麼多的精力相互比較，只是為了得到父親與兄弟的認可？而且我們兩個人都有種失落感呢？

最先，我責怪的人是母親，是她教導我做這些事情，但是我在朋友家中也注意到，她們的母親也是以自己認為的方式教導女兒去取悅男人，而我終於看到與朋友們的母親的方式比較起來，我的母親在這方面並沒有什麼不同，這不是她的錯，我覺得更像是我們一起受騙。我對她的憤怒開始慢慢消褪，雖然不是全部，因為我還是希望她的態度夠堅定而不致受騙。

男性優越這個主題以不同的形式出現，因為母親們認為自己應該謹守相夫教子的本份，她們的女兒通常會覺得被背叛。當時二十九歲的Becky回憶：

我從不覺得自己的憤怒會是合理的，它不像我兄弟的憤怒一樣，可以帶來任何好處。如果我大聲嘶吼尖叫，我會因為這樣的行為受到奚落。可是如果是我的兄弟大聲吼叫，我的父母將會全力以赴地提供任何他想要的東西。關於性，我的父母對我傳遞的訊息就是：「不可以」，但我的兄弟得到的卻是保險套，以及爸媽對他他露出值得驕傲的神情。我知道我的父母擔心我懷孕，這個擔心卻讓我對性沒有任何好感，反而變成我的一種負擔。

　　許多女人發現，母親認為自己應該教導女兒去取悅男人，比取悅女人更為重要，即使她們自己並不喜歡這樣的做法，也不想要與女兒競爭以得到男人的寵愛。因此，有些母親會找出方法避免自己參與這種競賽，不必去完成這些她們最討厭的女性任務。

　　當我漸漸長大，我聽到母親總是說（讓我驚訝、覺得可恥的），「我不會縫扣子」，於是我變成了家人的「裁縫師」，為家人縫扣子、縫裙子與縫褲子等等。我相信，父親覺得我在這方面的技巧比母親好多了，當時我為母親感到困窘，同時也因為自己勝過母親，心中暗自驕傲與愧疚。一直到了我四十歲的時候，我才明白自己與母親之間發生了什麼事，我問母親：「你知道你習慣說自己不會縫扣子嗎？我知道每個人都會縫扣子，包括你，對嗎？」

　　「當然，」她微笑地說著，「那是因為我不喜歡做針線活。」她沒有興趣與我爭奪裁縫后冠的頭銜，而我當時卻獨自陷入男性讚賞的比賽中，我甚至在一場母親根本沒有參與的比賽，因為可以打倒母親而沾沾自喜。

　　有一些傳統的心理治療師相信，母女為了獲得男性注意而激烈競爭，這是一種健康且不可避免的競賽，不但有助於女兒逃脫母親的「牽絆」，進入由父親所描述的「真正的、大眾的世界」之中。然而這種信念是荒謬的，也是一種很孩子氣的想法，它隱含的意思是多愛父親一點，就會少愛母親一些，但是這樣的信念卻受到男性優越的迷思，與沒有人「想要」和母親保持親密關係的迷思助長。

因為女性被低估的現象，所以不管是青少年或青少女都想要表現出不同於母親的行為，並且與她們分離。女兒一方面想要表現自己與母親是多麼的不同，但是一方面她也會因為聽到自己比男人沒有價值的訊息，而對母親生氣（也許是無意識的）。

你也許會回顧你小時候，曾經不聽母親的教誨，並且反抗母親的那個關鍵時刻，問問你自己，是否曾抗拒那些母親覺得她應該教導你的傳統女性的規矩？Isabella現在有兩個小孩，每次母親給她食譜，並給予烹飪的建議時，她都會劍拔弩張：

> 我覺得母親像是在告訴我，倘若沒有她的協助，我會是一個很糟糕的廚師。有一天，有一位婦女在工作時，聊到自己是多麼討厭煮飯，當時她突然點醒了我：我也討厭煮飯。當我還是個孩子的時候，母親臉上總是帶著燦爛的笑容，把我叫進廚房，說道：「讓我們一起烤餅乾吧！」我認為她覺得所有母親都應該這麼做，我從來就不想烤餅乾，但是為了不想傷害她，所以我必須表現出興致盎然的樣子，當時我因此對母親心生不滿。

就像許多女兒一樣，Isabella有種被母親背叛的感覺，因為母親參與了男性優越的迷思，而她認為，母親煮飯的行為就是順服於男性期待女性應該烹飪的一種指標。承認這種問題的來源是這些迷思，那就表示，我們已經邁出克服感覺被母親背叛的第一步。

四、絕望

　　在第二章時，我曾說過Chava的故事，她在與男友旅行的途中，對於取悅母親Sue感到絕望。如果絕望是你對母親感到困擾的主要感受，你可能會想要回顧Ellen與Sue對於自己絕望情緒的發現。

　　除了擔心自己無法讓母親滿意之外，女兒的絕望通常是無意識的表現。因為她們認為母親是個受害者，沒有權力去幫助她們。根據統計顯示將近三分之一，數以萬計的北美家庭中，父親會辱罵與羞辱母親。在這種情況下，女兒進退兩難的處境會更為艱辛。Alison在三十歲的時候，回顧自己的青春期，當時她的父親經常侮辱她的母親：

　　　　複雜的情緒快要將我撕裂。我恨爸爸總是羞辱媽媽，爸爸的作為讓我想要站在媽媽那一國。但是我從這種羞辱的聯結中逃離了。當爸爸威脅媽媽的時候，我開始恨媽媽不能堅持自己的主見，因為對我來說，她的軟弱意味著我們所有的女人必須沉默地忍受羞辱。

　　對許多女兒來說，經過數十年的時間，她們才了解男性優越的迷思與男性控制的動機是如何操控她們的家庭，以及為什麼母親在面臨重要決定時總是順從父親的意見。近年來，愈來愈多人公開的討論存在於家庭中的性別歧視，在我們廢除那樣的性別歧視之前，它已轉化成更隱晦的形式。因此，對年輕的女人來說，要確切地說出如何終結這些迷思與動力，變得更為

困難。

　　你可以從這裡開始了解，詢問母親如果她不那麼順從父親，或者與父親爭取平等的權力時，結果會如何？一個女人要求她的母親回答這些問題：「母親說，她知道自己對金錢管理的能力比父親更有智慧，但是因為她不想讓父親覺得難堪，所以讓他負責家中的財務決定。」

　　因為孩子通常覺得自己無力幫助母親，所以，他們反而使用問題行為、隔離情感，甚至是輕視母親的方式，來回應母親的犧牲。也有許多孩子仍秉持著自己應該保護或拯救母親的感覺，尤其是女兒特別容易出現這種感受，因為她們的自我形象是照顧他人。對這些孩子而言，無力感可能導致絕望，而且這種絕望的感覺將持續一輩子，通常連已成年的女兒都還不了解，自己早已不再是沒有能力的孩子了。

　　Marianne是一位積極爭取黑人公民權利的女性，但是對於小時候，母親受到一名具有種族偏見雇主的控制，她無力幫助母親，這種無力感一直深深困擾著她：

> 　　媽媽總是對我重複著白人對我們的種族做了哪些
> 惡劣的事，由於在母親的影響下，我積極地從事公民
> 權利運動。但有時我討厭陪伴在她身旁，每當她下班
> 回來的時候，總是重複提及自己是如何克服領班的性
> 騷擾。這個領班常這樣對她說：「你知道你想要我，
> 你這狗娘養的黑人。」我無法忍受自己想像她的遭
> 遇，卻一點忙也幫不上，我只好把這種感受切斷。

　　在Marianne三十六歲時，面臨生命中的危機，當她在公民權利運動中幫助愈多的人，就對於過去未能幫助母親的部分感到愈加絕望。例如，當她幫助一位年長的黑人婦女在人權

委員會前贏得一場性騷擾的訴訟時，她了解到性騷擾只是母親必須面對的許多問題之一而已，因此，她不能夠再逃避面對自己在這麼多年來，只因無能為力，而將母親的痛苦隔絕在自己之外。現在她終於擁有力量，而且不再覺得必須遠離母親的痛苦。

Marianne打電話給母親，在說完自己的領悟之後，要求母親前來探訪。她說：「媽媽並不驚訝」，「她始終知道我為何背離她，但是一旦由我口中親自說出來，我的感覺好多了，因為我終於明白我們母女之間所發生的事情，同時我再也不必與母親保持疏遠的距離。」

在生命的艱困時期，當我們發現母親並不是有求必應，而且我們也不知道原因時，我們可能會感到絕望。因為母親總是隱藏自己的困難，所以，我們常常在面臨她對我們保持情感疏離時，感到十分困惑，而那些通常是我們必須直接去詢問她，她的生活中正遭遇哪些事情的最重要時刻。我的一位學生在自己生了一個孩子之後，很快就了解到母親不能符合她的需求，那是因為在母親心中還有其他的困擾，這個學生曾經渴望母親能夠贊同她照顧嬰兒的方式，而她的母親卻什麼也沒說，她覺得很失望。在母親與外祖母來看她的時候，她發現其中的原因了：

　　這次探訪的目的是為了讓外祖母有機會來看看自己的外曾孫女。我始終都希望母親會說：「你把Alexandra照顧得很好」，然而我發現，她自己其實一直在尋求我再次保證，她對於她的母親是很有愛心與耐心的。

這個覺悟讓我明白，有時母親「忽略」我們，並不是因為我們表現不好，更不是因為她不贊同或不關心我們，而是因為她也只是個被限制在過度照顧他人的女性角色中，並是個窮於應付這些社會需求的女人罷了！絕望的女兒必須了解母親身處於那些狹猛的生活領域，以及受到廣大社會限制的權力，不僅侷限了母親滿足女兒需求的能力，同時也侷限了女兒保護母親的能力。

五、生氣

生氣是許多母女關係中很重要的一種情緒，部分原因是受到責備母親迷思的助長，部分則是因為生氣是一種對於所有負面情緒的普遍反應。當我們對母親感覺矛盾、背叛、絕望、愧疚或是傷心時，我們可能都會生氣，因為母親「使」我們有這種感受，如我們在第二章所學的，了解與克服我們憤怒的一個重要步驟，即是辨識出在這把怒火下的真正感受。以下是一些母女衝突中最普遍引起憤怒的情境。

(一)「我永遠無法讓母親滿意」

我們先前已經提過幾個女兒努力讓母親滿意，以表示母親養育好女兒的例子（迷思一）。

在其中一個痛苦的情境裡，一位被認為體重過重的女兒，與想要擁有一個「漂亮」女兒的母親發生衝突。女兒努力想爭取獨立與發展自我認同感，然而，這個母親因為女兒擁有「體重過重」的問題，無法符合現代女性的典範，因而覺得自己很無能，而且她也很擔心女兒的健康問題，所以她認為自己應該為女兒做一點事。但是，她所做的事就只是強調了女兒在自我控制上的失敗，增加女兒的自我厭惡感，進而讓自己成為女兒所有挫折感的來源。二十歲的Amanda是我的一位病人，她告訴我以下的故事：

> 母親要我為自己減重，當然，也是為了她。然
> 而，我不能忍受自己在減重後，成為母親所屬俱樂部
> 裡的仕女們讚美的話題：「多棒啊，Amanda終於減輕
> 了一些體重！」我感覺自己像是一塊肉。

Amanda最後使用本書裡的一些技巧，坐下來和母親開誠
布公地談談：

> 我知道母親基本上是非常關心我的，要她不管我
> 是不可能的事，所以我決定採取不同的方式：我努力
> 理解她的想法，要求她不再談論體重過重對我造成的
> 影響，以及我的體重超重對她具有何種意義？剛開
> 始，她認為這跟她的感受無關，但是當我直接問她是
> 否覺得自己像個失敗者，因為沒有能力養育出一位身
> 材苗條的女兒，她的眼淚決堤，說：「我不知道自己
> 做了什麼，以致於讓你吃太多？是不是你真的因為
> 不快樂，所以才飲食過量？或者只是我從來都沒有培
> 養你足夠的自我控制能力，足以讓你控制自己？如果
> 你太胖了，就無法順利結婚，而我也不會有任何的孫
> 子。」

一旦母親的擔心被公開之後，這兩個女人就能開誠布公地
談論彼此遭受到這樣的評價，或者只因為Amanda的體型受到
批評，這是多麼不公平？從這個談話過程中，她們變成了夥
伴，Amanda敘述：

母親有時仍會說，她希望我能減重，但是，她已經不再因為我會成為她是一個失敗母親的證據而討厭我，我也不會覺得她努力控制我的飲食習慣，只是為了她個人自私的理由。

　　我曾聽過類似的故事，女兒們相信母親恨她們的原因，是因為自己沒有得到母親的同意之前，就決定結婚、不要小孩，或者擁有女性伴侶等等。在這種情境下的女兒，通常藉著攻擊或理智化來面對母親的不贊同或是不舒服的感覺：「她是沒理性的」、「她害怕且厭惡同性戀者」、「她比較熱愛宗教與關心哥哥的想法」。

　　女兒對於伴侶的選擇或不要有小孩的決定威脅著母親，如果能夠消除母女對彼此的誤解，就可以減少她們的一些痛苦。

　　有一位嫁給不同宗教信仰的男子長達五年之久的女兒告訴我，她母親怨恨他們夫妻兩人。我曾與她的母親談過，我知道她並不怨恨女兒，反而覺得自己是個失敗者，沒有教導女兒與信仰相同的男人結婚。她公開地說這是一種感覺問題──失敗與害怕自己會受到懲罰，然而她的女兒卻認為，這是母親的虛偽和不理性，而大發脾氣。

　　「你的母親從沒有說過，她的反應是合理的，」我告訴這個女兒，「但是什麼才是最重要的呢？那就是你們仍深愛對方，並且想要減少你們之間的緊張關係，有一件事你們還沒做過？那就是讓對方知道你們是相互關心的。你們各自懷著對彼此的怨恨已經持續了五年，這段時間對你們而言是相當痛苦的，也許你們現在可以創造一種更冷靜的關係。你為何不從這裡開始，假設母親並不怨恨你，或者要讓你感到愧疚，她只是想要與你相處得更融洽一些。現在你以為自己怨恨她，但我從沒見過像你們這樣逃避表達彼此相互關懷的家庭。」

家裡其他的女兒曾經與母親說過類似話語，因此，這對母女下一次在電話中交談時，緊張關係就減少了一些。她們各自都覺得比較沒有被對方拒絕，並且都樂於相信對方想要與自己建立和諧的關係，她們雖然沒有從此過著幸福快樂的日子，但是她們了解到彼此渴望被接納與理解的需求，就已經修補一些傷痛。

在一個類似的情境裡，Miara告訴母親Glynis，自己是個女同志的時候，Glynis的精神科醫師為她開了藥效強大的鎮靜劑。Glynis曾在某個脫口秀節目中聽過，專家「解釋」女同性戀是一種心理疾病，起因於冷酷且拒絕女兒的母親，因為母親給予女兒太多壓迫感，造成女兒渴望女人的愛情。Glynis覺得很迷惑、不知所措，後來甚至惱羞成怒。因為她擔心是自己在養育Miara的時候，給予女兒太多的愛，因此「讓女兒窒息」了，所以，現在她想要盡可能地表現出冷淡的態度，與有節制地表達自己的情感。在這種情況下，她變得很混亂，並且感到愧疚，她不確定事情會如何發展？同時她無法讓Miara了解自己仍然愛她，並且努力想讓她快樂。而Miara則很生氣母親背叛自己，然而由於母親正在服用鎮靜劑，並且處於沮喪與沉默之中，所以當Miara看著母親這麼痛苦，她也不敢進一步冒然地要求母親接納自己。在這個案例中，有一位Glynis辦公室裡的年輕男同事，他是個男同志，向Glynis吐露有關自己曾經多麼渴望父母能夠接納他的性傾向。他的話點醒了Glynis，因而領悟到自己未曾向Miara清楚地表示，自己的態度並非在生她的氣，而是因為自己憂慮與羞愧的感覺，同時她也才明白為何最近打電話給Miara的時候，自己的聲音聽起來會這麼冷漠。Glynis轉變了對女兒的看法，因而跨出補償的第一步，告訴Miara，她認為自己已能了解Miara憤怒的原因，於是她們開始恢復友好的關係。

(二)「她知道我不想聽的事」

　　母親有一部分的角色是必須在女兒面臨危險之前，預先提醒女兒，不幸的是，這使得她變成壞消息的傳遞者，而這些消息可能是女兒不想聽的。當我還很年輕的時候，母親告訴我，我正在交往的男友「太親密地」擁抱她。當時我輕視她的警告，說道：「喔，媽，你不了解，他只是太熱情了──而且他是個歐洲人，那就是他們表現友善的方式。」結果後來他果然是那種專門欺騙女性的花心蘿蔔──但是當時我就是不想聽母親的話，因為它會刺破我那小小的快樂氣球。

　　我也曾因誤解母親想對我濫用權力而生氣，如果當時我能聽她的話，而不是責怪她干涉我，那麼她所說的話也許對我會有所幫助。正在發展一段親密關係的女兒們，都想要相信自己從此以後會過著幸福快樂的日子，她們不想從母親那裡聽到有關於她們未來會不幸的預言，像是她們的伴侶會是個賭徒、虐妻者、酗酒者、藥物濫用者，或是一位花心的人。女兒們拒絕相信，她的親密關係不如自己所想的那般安全，我們哀悼失去的天真，對這樣的失落感到生氣──即使失落是不可避免的，是任何哀傷歷程中的一部分，所以當母親的勸告導致那樣的失落時，我們轉而對母親生氣。

(三)「她太糟」與「她太好」

　　就像大多數的女兒們一樣，你有時可能會因為母親是一個差勁的角色典範而對她生氣；有時則氣她太「好」，以致於設下了一個你永遠不可能達到的標準。情況通常是，成人女兒生氣母親沒有為自己樹立良好的典範，像是育兒這樣的工作，導致成人女兒在成為年輕母親之後，很容易被孩子激怒，對孩子吼叫，並且區辨出自己正在使用母親過去曾用過的字詞與語調，因而責怪母親沒有教導她更好的育兒方式。

任何女人想要成為既是完美母親又是完美員工，完成這項不可能達成的目標時，可能會對自己的母親生氣，要不然就是藉著避免重蹈母親的覆轍，不願意嘗試同時兼任這兩種角色。或者有些女兒想要試試看，卻找不到完美且沉著的秘訣。一名年輕女人參加母女研討會後，說：

　　　　我的母親是個超人，每個星期四她都會烘烤餅乾，她將母職工作表現得就像是一份全職工作。但是現在我自己也成為一個母親，有一份全職的工作，在我的生活中，我無法想像她是怎麼做到身兼雙職的好母親。

　　當一個致力於創造良好關係，或者負責全家生計的女兒發現，自己正在重複母親的錯誤，她的內心可能蘊育著一股的憤怒。當這位年輕的女子告訴我：「當我習慣性和哥哥打架時，母親總是變得很激動，大聲尖叫說我們會殺了對方。現在當我看到孩子正在打架，我拒絕沿用母親的方式，可是我卻不知道該怎麼辦，我沒有從她那得到任何的線索。」

　　當母親把自己的熱情侷限在傳統對女人所設下的狹窄範圍時，她反映出女兒未來發展的侷限，因而激起女兒對母親的憤怒。一個女兒說：

　　　　母親為了丈夫和我們這些孩子付出所有，卻從未對自己做過什麼。我敬重她，卻因而限制了我自己的發展，因為我覺得她是一個非常偉大的母親，以致於我沒辦法從她那裡學到有關生活中所有選擇的豐富性與多樣性。

女兒們感到困難的工作，對母親而言似乎是輕而易舉的事，這會讓女兒們覺得非常生氣。很少有女人會覺得婚姻或育兒是件簡單的事，但是，如果你的母親努力對你隱藏她的困難、困境或是問題，可能連自己都害怕承認這些，所以你可能會誤以為她已經順利解決問題了；因此，也許當你無法順利解決棘手的問題時，你可能會產生一種自己有哪裡不對勁的感受。

　　在大多數的情況下，是誰讓女兒們相信，婚姻和母職工作意味著未來的幸福快樂？是母親做了這樣的教誨，所以你可能會因此怨恨母親為了保護你，因而讓你遠離現實，同時在你還沒有心理準備的情況下就成為太太和母親，更沒告訴你該如何面對這些困難？你甚至會覺得和其他女人與自己的完美母親相較，感覺更為挫折，尤其是在你最需要她的建議、資訊與關懷時，感受更為深切。三十歲的Fengxi對母親有著這樣的感覺，最後她告訴母親：

　　　　媽媽知道我因為覺得她很完美，而害怕告訴她有關我對母職工作的侷促不安時，她感到相當震驚。她努力不要讓我覺得有所負擔，所以不告訴我身為母親的困難，但是，一旦她真的了解這種完美形象讓我覺得苦惱的時候，她告訴了我她自己一個又一個的奮鬥故事，她很放心地告訴我。

　　當你告訴她，身為母親或職業婦女而感到很挫折時，如果你的母親變得有些緊張，不要以為她的緊張是不贊同的表示，可能的原因是，她覺得自己沒能教導你如何扮演好這些角色，以及沒能協助你避免她所知道的這些困境與限制，而感到羞愧罷了！

㈣「有時她對我是這麼的吹毛求疵」

　　我們總是渴望能夠學習了解母親，但是，無止境撫慰的迷思是這麼具有影響力，以致於只要母親沒有滿足我們的需求，我們就會被激怒。通常我們比較能夠了解女兒會對於那些無法放手的母親生氣，可是，對於那些期待從母親那兒得到無止境撫慰的成人女兒，一旦她們的母親在長期肩負著母職責任之後，想要尋求休息時，這些女兒的憤怒是比較不為人熟知的。

　　在一份標題為「我們不是你們的母親」（We Are Not Your Mothers）的傑出報告中，社工師Rachel Josefowitz Siegel寫到，人們期待所有年長的女人都是具有母性的，所以，我們甚至會期待那些不是我們母親的其他女人能夠了解我們，並且提供建議——倘若結果不如預期，我們就會生氣。一旦母親無法滿足我們的時候，我們無法想像她竟然想要從支持與建議我們的角色中離開，以獲得暫時的休息。

　　在我讀過Siegel的報告之後，我發現自己在尋求母親與其他年長女人支持的時候，並沒有讓她們知道我很樂意回報她們。一旦我了解到這點，我就開始問她們：「現在，你好嗎？」她們感覺到的快樂與悲傷，是我始料末及。問問母親那樣的問題，真誠地聆聽她們的答案，就會減少她們對我們的怨恨，而我們也能回報她們一些撫慰。

　　在我們生命中的某個特定時刻，特別會讓我們處於感覺不被撫慰的危機中。例如，當母親提供女兒一些照顧嬰兒的建議時，她的女兒會誤解為母親覺得她能力不足，倘若此時母親能夠確切地描述自己這種不確定的感受，女兒就會比較了解母親提供建議的背後，並非蘊含著認為自己做不好的意思。當Erica的母親沒有主動加以澄清，Erica就誤解為：「我無法忍受母親不斷地指導我如何幫孩子換尿片、拍背打嗝，以及如何擁抱她。在母親來訪之前,我一直覺得自己做得還不錯。」當Erica鼓起勇氣告訴母親自己的感覺之後,她才了解母親在照顧第一個小孩的時候,也和我一樣覺得不安。

此外,在一段親密關係結束時,我們也會特別容易覺得不被撫慰。母親若是在此時看起來冷酷或者表現沉默,她可能有其他理由,而不是不關心你。如果她認為你和你的伴侶不適合,她可能會避免說:「我總是覺得你們不適合彼此」,這是因為她害怕干涉你們,或是她可能不知道該說些什麼?做些什麼?──一種典型的反應。當我們努力撫慰某人失落的心情時,如果結束的這段關係是不合乎傳統的、異性戀的,或是合法的婚姻時,她可能會更不確定自己要說些什麼?體會這些合理的解釋並不會讓你不再渴望母親的支持,而是幫助你更了解她的行為。

生氣是一種有能量的情緒,要將它平息,並且了解它底層的情緒是困難的,如果我們生氣的對象無法解釋她的行為,那麼我們會處於更大的失落之中。想想以下的故事,看看一個女人由於婆婆對她懷有敵意而心存憤怒,這股怒氣是如何由誤解造成的:

> 我婆婆Dorrie從來不覺得我對她兒子Harold夠好,她極力誇獎「Harold」送給她的禮物,即使她知道那是由我選購的,她總是不斷地抱怨:「我很不幸,我的媳婦從來沒有好好地對待我。」雖然我曾盡心盡力地表現熱情與關懷,但歷經二十五年後,我放棄了。
>
> 在一個聖誕夜裡,家人問起Dorrie的童年,她說她爸爸是個有錢人、具有魅力,但一無是處。她的雙親移民到美國的時候,將她和哥哥留在愛爾蘭,她在生命的最初五年裡,大部分是和祖母住在一起。

我問：「你的父母曾經從美國寫信給你嗎？」她說：「沒有，因為我還不會看信，而且我也忘了父親的長相。」

根據Dorrie的說法：「在我快五歲的時候，我和哥哥在沒有人陪伴的情況下，獨自前往美國。當我們到達Ellis島，我認出了母親，卻認不出父親，當他們衝向我的時候，我還問母親：『爸爸在哪？』因為以前父親很少回家，在情感上和我們非常的疏離。」

「我母親曾有一個愛慕者，並且曾向她求婚，但是她終究沒有離開父親，因為她害怕那位求婚者會虐待我，因為她的繼父曾經那樣對待她。」

困在沒有愛的婚姻裡，又身處異鄉，丈夫無法負擔家計，Dorrie的母親獨自負荷著經濟壓力。因此，她少有精力陪伴並且付出她的愛與關懷，而Dorrie的父親當然什麼也沒給她。

聽到這個故事，並不能使Dorrie的媳婦更接納她，但至少表示，Dorrie對媳婦的態度，大部分是受到Dorrie的悲慘童年經驗所影響，因而讓Dorrie的媳婦覺得自己白費力氣與受傷。藉由這樣的了解，有助於平撫媳婦受到Dorrie拒絕而產生的傷害。

有時候，以女兒的感受而言，與其說是母親憤怒地批評她，不如當作母親基於不同觀點所產生的擔心與害怕，因為與女兒比較起來，她們的確生長在不同年代。Ann是一位白人律師，因為母親Frances預測她和未婚夫的婚姻會有悲慘的結局，感到非常生氣。Ann告訴我：「我無法相信我的母親竟然是個種族歧視者，當初是她鼓勵我進入爭取公民權利的領域，我以為她基本上是反種族歧視的，但就像令人討厭的陳年故事裡所說的一樣，『我就是不能讓我的女兒嫁給這種人……』」

在我明確地詢問Ann，她的母親到底說了些什麼？Ann回答我，當時母親Frances是這麼說的：「社會還沒準備好接受跨種族婚姻，你無法想像一旦你進入這個婚姻，會有什麼樣的遭遇？甚至對你的孩子來說，那恐怕會是一場惡夢……」雖然母親過去從來沒有說過種族歧視的言論，但是Ann卻認為，這個「社會的」評論其實是來自母親內心深處對有色人種反感的一種掩飾，這種想法或許是Ann從來沒有真正了解母親內在最深層的感受，我力勸Ann進一步與母親談談，雖然這樣的談話可能是一種痛苦的過程。

後來，她們母女二人同意再談一談。在這次談話中，母親說：「你只要等到與未婚夫一同進入旅館，而那家旅館的櫃檯人員說『你』可以訂房，而你的未婚夫不行的時候，你們兩個人會有什麼樣的感受？」這些話恰好提醒了Ann，她曾經和一群完全不同種族的同學一起唸大學，並且一起在一家法律事務所工作，她不僅在工作上，甚至在社交領域中，和這些人都有些互動，從來沒有經歷到母親所說的那種情況。雖然她曾聽說過，從1960年代到甚至1970年代，這類型的故事都還存在著，但是因為她出生於1973年，儘管她的案主中有許多人正在控訴前任僱主的種族歧視，但是在她和Ted交往的這些年裡，她並沒有聽到任何有關他們未來成為夫妻時，可能會遭遇一些公然的種族歧視言論。有時，她的確注意到有些陌生人對他們流露出奇怪的眼光，但她發現自己很容易忽略它，因為只要她不在乎那些具有種族歧視的人，不受他們干擾就行了。

Ann告訴母親她的想法，當母親再次提到旅館的例子時，她笑著說：「媽，他們再也不能這麼做了。現在是二十一世紀，這種行為是違法的，我知道在你成長的過程中，這是不太尋常的經驗，但現在不會了！」Ann比較了解母親為何感到如此的煩惱：她無法忘卻自己成長的那個年代。當然，事情不會這麼簡單就可以解決。為了回應Ann的說法，Frances指出：
「即使目前在工作領域中，種族的不公平待遇是違法的，但是
大部分的時間你並不是在工作，不是嗎？法律何曾可以立即
改變這個世界呢？」Ann承認母親的說法是對的，但是她說：
「媽，沒有夫妻或孩子是完全沒有問題的，您是一個單親媽
媽，當時家中經濟拮据，你都還能含辛茹苦地培養我成為一位
女性主義者，而我現在也很樂意成為像你這樣的人，雖然你了
解，有時候這種選擇會讓生活變得很辛苦。但是我和Ted彼此
相愛，所以，現在我們將會開始正視，種族歧視是我們和孩
子們必須努力面對的課題，而且我們深信這樣的努力是值得
的。」

　　Ann確信自己有能力面對種族仇恨的想法，使她更難接受
母親真實的建議，而且也會將這個建議視為母親對她所做的
選擇的批評。由於Frances太過擔心女兒未來，以及女兒和Ted
（她喜歡且欣賞的人）在一起生活時，孩子們即將面臨的遭
遇。因此對她來說，要相信這個世界已經改變到足以讓她所愛
的人免於痛苦，是很困難的。她深愛著Ann，因而她很難想像
Ann和Ted必須共同面對的阻撓。但是透過她們的談話，使她
更清楚了解彼此的想法並不是這麼的兩極化。

六、愧疚感

　　女兒的愧疚感是來自沒能補償母親的孤單，以及母親受到
貶抑與羞辱的遭遇，這是那些身為女性、特別是母親角色必須
忍受的感覺。我們的無能感削弱了我們對這個世界的影響力，
直到情況變得更糟，在我們了解到自己甚至也參與貶抑母親的
行為後，心中的愧疚就更深。

　　女兒通常知道母親是不快樂的，卻有種無能為力的感覺，
就像是Marianne一樣，她是一位為爭取公民權利而奮鬥的女

人，這是我們在「失望」那個部分所提到的例子。其他人或其他機構都可能是造成母親不快樂的原因，但是領悟這些原因，卻不能消減我們那種自覺能力不足而產生的不舒服感受，特別是她似乎為了我們，犧牲自己的生活與快樂。四十一歲的Jody寫下：

> 五年前，我突然想起一些以前很少想到的事情。我那位可愛的父親有著貶抑母親的習慣。我難以告訴你，我曾經聽過多少次他提到母親在發音時所犯下的錯誤——那是四十年前的故事了，母親曾經唸錯一個小說家的名字。隨著他們漸漸老去，正當母親默默地、小心翼翼地減少父親食物中的脂肪含量時，父親卻開始說一些有關這個老女人有多醜的「笑話」。我花了數年的時間，才了解到那些存在我家庭中的性別歧視，並且領悟到當我也參與其中時，它對母親的傷害有多麼深啊！一旦我對這一切有了進一步的了解，我心中對母親的愧疚感也就愈深。

Jody與父親展開一系列的長談，一旦父親也了解到自己對妻子輕蔑的言語所造成的影響時，他就開始減少這樣的言論。

這件事幫助Jody了解，並不是她開啟嘲弄母親的話題，而是因為她和父親都受到女性弱勢的迷思所影響。了解自己受到影響的過程，並不表示自己就能減少或忽略她和父親一起貶抑母親的態度，但是，它可以稍微釋放那些對母親愧疚的能量，那麼他們就可以更有效率地運用這些能量，去改變自己對母親的態度。如果我們了解問題的原因，以及知道自己需要改變的部分，那麼我們就比較能夠幫助母親。

一個操心母親是否快樂的女兒，特別容易對離開母親感到

愧疚，就像這位大學生Ladonna所說的：

> 多年來，我是母親的保護者，所以當我要上大學
> 的時候，我很害怕我不在，她無法快樂地生活，因為
> 她和丈夫在一起並不快樂，而且她覺得家醜不可外
> 揚，所以我很擔心她會因此變得很孤單，對此我感到
> 愧疚。

我們可以鼓勵母親找到其他的支持者，或者她們可以自我
安慰。不管如何，Jody和Ladonna都發現，愧疚感對於她們二
人都沒有任何的幫助。

女兒對母親感到愧疚的另一個來源，是最近這些年才出現
的，當我們擁有成功的事業，而母親沒有的時候，我們會覺得
不舒服。Keshawna快三十歲時，受到她任職的大銀行拔擢為經
理，當時她寫信告訴我：

> 我覺得好愧疚，我的母親就在這條街上從事秘書
> 工作。兩年前，她一直留在家中照顧我們五個兄弟姊
> 妹。也許她會熱愛一份擁有更多責任、薪資更好的職
> 務，但是，她從未擁有我目前所擁有的機會。

我建議Keshawna與母親長談，以更了解早期阻礙母親就業
的原因。稍後，Keshawna在與母親談完之後，寫下她所了解的
部分：

> 是父親表示，如果讓母親工作，那麼別人會認為
> 他不是一個好丈夫，無力獨自維持家計。所以，為了
> 讓父親開心，母親就選擇留在家中。而我卻曾經以

為，母親是為了照顧我們，以及負責我們每個孩子的生活，導致她沒有機會做自己想做的事，感到自責。

「愧疚」這種感覺造成許多問題，它有一種使人沉悶的影響力。倘若我們處在愧疚的情緒之中，只會覺得焦躁不安，以及動彈不得而已。承認自己的愧疚感會帶來反效果，因為當我們說：「我覺得愧疚」，感覺好像我們必須做些什麼事來改善目前的狀況。就像是只要我們說自己是個麻煩的女兒，而且因此感到愧疚，我們就認為自己已經明白地表示自己是個好人。這產生的危險是，讓我們免於為自己犯下的真正錯誤負責，或者其實我們並沒有真的做錯什麼事，也無法理解自己為何會感到愧疚（例如，我們可能為了無法保護媽媽不再遭受不公平對待而自責，如同前面所述，如果那是我們「愧疚」的原因，我們必須知道這些原因，才能將我們的憤怒直接發洩在真正阻礙母親快樂的事物上，而不是覺得自己才是原因所在）。

Nikki Gerrard認為，這種心情通常會有另一個形容詞，比「愧疚」這個詞更為貼切，下次當你開始說起自己覺得愧疚的時候，問問你自己，是否有其他的形容詞更適合？通常「羞恥」或「悲傷」會是比較貼切的，羞恥表示你沒達到某種標準，所以一旦知道自己覺得羞恥，你就能夠採取行動。同時你也可以問一問，我覺得自己無法達到的是誰的標準？這個標準合理嗎？所以除了說：「今天是星期日，我忘了打電話給母親，我覺得很愧疚」之外，你可以進一步想想看：「每個星期日打電話給母親」是你自己的標準？還是母親的？或是其他人的？

Wanda問母親，對於自己每個星期日固定打電話給她，她有何感受？令Wanda感到驚訝的是，母親居然有種受到限制的感覺，因為她必須待在家中等Wanda的電話。在她們了解對方都很重視彼此平時接觸的基礎下，母女雙方就能從這種彼此都不喜歡、以及僵化的時間表中解脫。如果你的母親並不像Wanda的母親一樣，她非常重視你每個星期日都要打電話給她，那麼你可以採用其他的策略。例如：你可以跟她解釋，有時候沒打電話給她，是因為你工作太累，或是你需要一些工作時間，並不是你不想與她談話。

如果「悲傷」比「愧疚」更適合形容你對母親的感受，那可能是在你覺得和母親感情有些疏遠的情況下。在這樣的案例中，你也可以採用一些策略，這些策略的目的是強化你和母親之間的聯繫（參考本章前面「所有感受的起源」）。

在一個討論母職工作的會議中，一位名叫Carol的女人在聽完責備母親的報告後，告訴我以下的故事：Carol是由母親撫養長大，她母親在家庭經濟困難期間，努力工作使家庭免於破產，Carol總是抱怨母親以現金作為禮物，而不是母親個人的時間。在責備母親的小組討論之後，Carol打電話給現年八十四歲的母親，她住在距離Carol一千五百里遠的地方。Carol告訴母親：「我曾經氣了你五十年，因為你總是給我錢或禮物，而不是你的時間。現在我才了解，由於當時你處在貧窮的困境中，所以，你覺得自己所能給我最重要的東西就是現金了。」

根據Carol的說法，母親專心地傾聽，並且在沉默一會兒之後，怯怯地問道：「那表示你不再生我的氣嗎？」Carol這通電話目的是向母親確認她的狀況，以及告訴母親自己已不再生氣了，但是對於曾經讓她們之間的憤怒持續這麼久，感到悲傷。現在她們已經順利跨越彼此之間的阻礙，雙方也都覺得好多了。

七、害怕

　　成年女兒對母親感到害怕的兩個主要原因，一是害怕無法讓母親滿意（或者甚至失去她的愛），另一個原因則是害怕自己變得像母親一樣。

　　我們害怕自己無法讓母親滿意的心情，主要是受到女人的權力是危險的迷思所強化：如果我們無法讓母親滿意，那麼我們會覺得有些可怕的災難將會來臨。對某些女兒來說，這種害怕有些是來自於現實情況，因為她們有個非常挑剔、要求嚴格的母親，但是，所有的女兒基本上都害怕失去母親的愛。在女性作家Robin Morgan所寫的*Dry Your Smile*這本小說中，裡面的一位女兒，在她母親躺在棺木裡的時候，她說：「母親真的擁有權力，她擁有不愛我的權力。」我們的母親應該愛我們，而且必須無條件地愛著我們，所以當我們一想到她可能不是這樣，心中就浮現害怕的感覺，因為倘若她現在不愛我們，那麼在她死後，誰還會愛我們呢？如果她在過世的時候，仍然不確定是否愛我？那麼，我可能會覺得自己是個不被愛的人。

　　通常令人訝異的是，女兒會因為告訴母親自己是多麼害怕沒有達到母親的標準，或者害怕在某種情況下會讓母親失望，因而得到許多收穫。Dina，三十三歲，說明女兒得以從中獲益的原因是：

　　　　我媽媽很驚訝我這麼在乎她對我的看法，一件接著一件，我列出所有關於我認為她對我失望的每一件事情。直到她真的聽到我所列出來的表是這麼長時，她不得不去思考，並且承認她為我所設定的標準的確非常高，但她說那不是她的目的。當時我才從我們的談話中了解到，那是因為她努力想成為一位好母親，要讓我表現出女孩應該要有的樣子,因而設定這麼高的標準。她認為,如果我不是很苗條、端莊、甜美、有耐心、樂於付出,與沒有攻擊性的,那就表示她是個失敗的母親。

害怕變成自己的母親,或者害怕變成像母親那樣的人,這種心情被詩人Adrienne Rich稱為母親恐懼症(matrophobia)。我們害怕重蹈母親的錯誤,因為沒有人比我們更了解她的不贊同,會讓我們感到多麼的自卑與羞恥,我們害怕自己的權力也會讓其他人出現同樣的感受。Arlene從事破除母親迷思的工作多年,在她即將邁入四十歲時,她看到自己害怕變成與母親相像的心情是:

　　這種害怕心情很容易被忽略,這個領悟使我能更容易地面對它,因為我了解到自己已不再害怕母親。我曾害怕自己和她一樣,受到同樣的「對待」方式,而現在我比較不那麼的宿命——過去我總感覺自己註定會和母親一樣,但是現在已經知道自己能夠創造出不同的生命,不必忍受被輕視,不再害怕她所遭遇的事情將會降臨在我的身上。

在北美洲的年輕人,瘋狂的文化中最特別顯著的是,女孩對老化的恐懼,尤其母親就是她們眼前活生生的例子。Aviva現在三十歲出頭,她對於母親逐漸老化的徵象心存恐懼。尤其是Aviva注意到,自己的身體隨著時間受到地心引力的影響:

　　我無法像過去那樣快速地從床上跳起來,有時甚至會忘記熟悉的事物。當我看著母親,我對她的愛摻

雜著恐懼，因為在她的臉上、身上與身體功能中，我
看到自己的未來，以及自己必然會死去的命運。而我
們也知道，年邁的女人是美國最不受尊重的一個群
體。

Aviva最後終於知道，自己的害怕是由男性優越迷思所引
發的。她得以克服這個迷思，主要是因為她了解到母親的經驗
與智慧，所以比過去更尊重母親，因而減少自己對母親的害
怕。因為倘若年邁的母親都能夠擁有她的尊敬，那麼她就能夠
感覺「等到我年老的時候，也許年老的女人會得到更多尊重，
我正為自己跨出一小步，希望它也會是對於所有女性同胞邁出
的一大步」。

八、悲傷

我們對母女關係感到悲傷有兩個最深刻的原因，一是我們
知道母親的生命錯過了什麼？另一個則是我們了解到，我們母
女之間所產生的隔閡。

在研究那些母親已過世的女人時，神學博士Martha Rob-
bins發現，女人對於母親的生活比母親的死亡更令她們傷痛。
我的一位朋友現年五十出頭，她說：

> 我無法告訴你，當我了解到母親長期生活在父親
> 控制下的時候，我感到多麼的痛苦！她每天總是坐在
> 家裡，等候父親下班，當父親踏進家門的那一刻，她
> 把所有精力都放在準備父親的晚餐上，她該煮什麼？
> 他會注意到嗎？過去我對此覺得很生氣，埋怨她太懦
> 弱、太愚蠢或是太神經質──有時候，我是這樣對待
> 她，但是大部分的時間，我只是為她感到該死的難
> 過。

對於這樣的悲傷，我們必須妥協於自身的限制，因為我們無法改變母親生活中的每件事情，即使我們可以力勸她外出就業，從事自己喜歡的工作，理所當然地認為自己是個有價值的人，而不只是她那一大鍋有價值的燉肉而已！

　　更明確地說，我們可以努力改變她的感受。我的朋友曾經認為，她母親的生活是那麼的無趣，但是，後來她也試著以母親的觀點來看待這件事。社會提倡一個好女人就是坐著等待丈夫回家吃晚餐，而母親的自我價值感也就在她那一大鍋的燉肉中大大地被提升。所以，我的朋友開始去詢問母親關於燉肉的烹飪技巧，她說：

　　　　過去我對於這類談話覺得無趣，因為我認為烹飪和家務管理並不重要，而且是一項容易的工作。但是現在，每次她開始談到有關她的食譜或織景畫時，我提醒自己那是她在努力地說服自己和我，她做了一些有價值的事情，這讓我覺得這類談話不再是那麼的無趣，有時甚至令我非常感動。所以現在，我對她的感激與日俱增，而我也能夠確定這就是她的感覺。

　　我的朋友現在覺得不必再為母親的生活感到悲傷，同時，她找到一種方法可以修補母女之間因為女性劣勢迷思所引起的裂痕。如果她的母親每天上班，我的朋友可能就不必這麼關心母親生活上受到的限制。但是，她必然也會因為母親從來不知道自己能夠兼顧工作與家庭生活、游刃有餘而感到傷心。

　　在本章前面提到「所有感受的起源」這個部分，我所強調的是修補母女關係中斷的重要性。現在聽聽Maria的故事，她曾因為誤解母親不愛她而感到悲傷：

十八年前，我曾氣憤地告訴母親，我在十四歲的時候，曾經和一位女孩有過性關係。直到最近，我仍然相信母親在這件事需要花費七年的時間，才能停止她的反對，我理所當然地認為她是個恐同性戀者，並且因為我愛上女孩而責備我。

但是最近，我回頭想想母親多年前曾告訴我的一番話：「我擔心你會犯錯，這個錯誤可能會限制你未來的生活，因為人們會因此拒絕你」，並且，「我想你會因為沒有孩子感到後悔」（當時對女同性戀者而言，擁有孩子是不太可能的選擇）。當時我已約略想像到她真正想說的話，然而我卻只想到她只是沒有說出：「那太可怕了！」我開始懷疑她其實可能不是那麼的反對，而是真的擔心我不快樂。畢竟，我也花了七年的時間才找到一個讓我快樂的伴侶，而我的母親看到我現在擁有這麼好的親密關係，也覺得放心多了。

Maria告訴母親，有關自己對於她們母女問題的看法改觀之後，她的母親也證實了自己主要是擔心Maria的幸福。她的母親也承認自己的確有一些驚訝與愧疚──她擔心是不是自己讓女兒弄混了，因為很多人把女同志當作是一種心理疾病的徵狀。即使如此，她最關心的還是Maria的幸福。

 ## 九、麻木與疏離

在第二章提到的，當沮喪的感覺出現──特別不只是沒有希望的感覺──淹沒我們的時候，我們通常會變得麻木，或者與母親保持疏離的關係。在前面我朋友的故事中──現在我的朋友對於母親的那一大鍋燉肉心存感謝，在那個故事裡，證實了我們對母親的生活感覺沒有希望的時候，我們會和母親保持疏離。以致於在我們努力促使彼此更親密，卻覺得沒有效果時，我們也會有相同的做法。當我們感覺到破碎的關係是如此痛苦時，我們除了麻痺自己之外，不知道自己還能怎麼去努力？我希望在本章、第六章與第七章中有一些步驟和技巧，可以為你開啟另一扇窗。

這裡有一個例子，是一個女兒麻痺自己，以便不再痛苦與狂怒的故事。在Jocelyn開始進入青春期的時候，和她的母親Beth曾有激烈的爭吵。當時雖然有一位精神科醫師告訴她們，她們的目的是為了爭相得到Jocelyn父親的關懷，然而那位醫師卻從未告訴她們，如何找出方法來改善母女的關係。數年後，在一場演講會場我遇到她們，並給予她們發言機會，當時她們對我描述這個父親是個冷酷的男人，她們很難從他身上感受到溫暖與關懷，母女彼此為了這稀有的資源相互競爭。而今那個女兒已成年，可以在原生家庭外找到溫暖與關懷，因此，這種激烈的母女競爭已經顯得沒有那麼必要了。

在Jocelyn離家之後，Jocelyn和Beth把自己的憤怒隱藏起來，認為這是彼此不相愛的結果。她們之間甚少往來，因為兩人都害怕受到彼此潰堤的憤怒所傷害，因此她們將憤怒壓抑在心底，從不追究它的根源，於是這些壓抑的情緒在兩人之間築起一道牆。而今受到演講的激勵，Jocelyn和Beth努力改善彼此的關係，Beth寫信告訴我：

> 我以為Jocelyn是個很難相處的人，而她對我應該也有同樣的感覺。一旦我們了解彼此曾經為了贏得家中擁有優越地位的人——也就是我的丈夫——小小的肯定而相互競爭時，我們知道這個不幸並不是來自我們本身的問題，我們都害怕他會拒絕我們，並且讓

我們覺得自己沒有什麼價值。當我們母女都了解到彼此關心相同的事時，我們之間就建立起一種連結。現在，當我們在一起的時候，我們不再相互隱藏，我們需要爭執時就爭執，可是我們都知道彼此深愛著對方，在我女兒面前我不再感覺麻木，這是很棒的事情。尤其是我們每次聊完的時候，要對彼此說再見是很困難的，總覺得很多事還沒做完與說完，因為我們深愛著彼此。

相同的模式，在「憤怒」那部分所提及的，只要母女能夠辨識出麻木與疏離背後的感覺——造成這些感覺的迷思，那麼，就得以在彼此之間建立起一道橋樑。

本章中所有的故事都是有關母女努力修補關係的例子，在這些例子裡，雖然母女使用的技巧各有不同，但都有著不同程度的效果。而修補的速度雖不相同，但是大部分的母女關係——就像美麗的編織花毯一樣——都是值得修補的。

第九章
只是個開始

一個愈能與母親建立良好關係，以及情緒健康的女人，也就能愈能與其他女人擁有良好的關係。

——Dr.Janet Surrey，

—— "Mother-Blame and Mother-Hate"

如果我們能擺脫社會強加的禁令，那麼……女兒和母親就能運用權力相互幫助，以及避免受到傷害，她們甚至可以理解彼此是個改革者。

——Nancy Mairs, *Plaintext*

身為女人，我們對自己的看法、感覺，以及自己引以為傲的部分，不可避免地受到我們對於其他女人的看法與感受所影響，其中主要的影響是來自那些與我們關係親近的女人，這些女人有著共同的經驗、相似的長相或儀態——特別是我們的母親。有一天，我注意到我擺手的姿勢及說話的語調，就是母親的翻版，而因為我愛母親，並且尊敬她，所以這些姿勢與語調似乎顯得相當正確與適合。我並不需要每一處都像母親，只要以審美的觀點、帶著情感去欣賞我們母女的相似性與共鳴性。就某種程度來說，它是連結我們母女關係的一種方式，透過時間延伸出一種堅固且美麗的連結，開始於我們這對母女之前，也將在我們之後持續不斷。

分享使我們變得更堅強。不論我們喜歡與否，都會與撫養我們長大的女人有所關聯，而且不管我們是否想要跟她一樣，或者你使盡全力想要避免，所有的女兒（甚至逃避者）都能在母親身上發現一些相似的長相、姿勢、風格、價值……等等。假使我們的態度是喜歡或尊重這些相似點——而不是討厭與拒絕它，那麼我們就能從中受惠。就像是Alice Walker所寫的：「我們同在一起，我的孩子與我、母親與孩子。是的，姊妹們，真的不要再否認全部的自己了。」一旦我們了解在迷思之外我們共有的人性與困境，那麼彼此相互分享就會容易多了！

一、超越迷思

談到超越迷思，就某方面而言，大部分都是關於寬恕，寬恕我們自己和母親。因為我們被責備母親的迷思所誤導，所以在迷思的世界中，我們只有單一的標準，而這個標準卻是將我們高舉於一種無法達到的理想之中，有時又把我們推入偏見、道德敗壞與無能為力的深淵。

如同我曾經說過，超越迷思允許我們把母親視為普通人，而不是「我的母親——一位只是身為母親的女人，除此之外，一旦去除母親的角色，她就沒有任何意義」。當你能夠不只是以一個母親的角色來看待她，就會發現所有問題的答案都會水落石出。女性主義作者Judith Arcana從母親回答一個特定的問題中所學到的，自己都感到非常驚訝：

> 有一天，我拜訪母親，她正躺在床上，當時她看起來比平常更為虛弱、渺小與溫柔。她告訴我關於她在上心理學課程時，認識的一位朋友所發生的事情……她覺得這個課程很無聊……這位老師要求課堂上每一個人，選擇一種自己最想當的動物，並且為自己命名……我說：「來吧，媽，想想看——如果可以，你想變成什麼動物？」她思索了一會兒，說：

「我想要成為一隻大大的、有著黃色花紋的花豹。你
知道的，牠比其他的動物跑得快。」這個答案太出乎
我意料之外，導致我聽了她的答案之後，忍不住哭
泣，為了這個躺在床上的女人和金黃色花豹所形成
的強烈對比而哭泣。我的母親這個長期犧牲自我的女
人，從結婚那天起，把丈夫與孩子放在自己的前面，
而她原本可能是一隻奔跑在非洲大草原的獵豹。

想想從你長大成人之後，你與母親的關係為何？如果是以
下的情況，想像你們的關係會有多麼的不同？

1. 你不曾懷疑在你們之間所顯現的每一種親密跡象，都是證
   明：(1)你與母親的需求太多了（迷思六）；(2)母親想要操控
   你（迷思八）；(3)親密需求本身就是個錯誤（迷思七）。
2. 你是一個成人，已經不必擔心任何錯誤的行為可能會讓你的
   母親蒙羞（迷思一），並且在她的心裡，這也不會成為她的
   生活是沒有價值的證據（迷思五）。
3. 社會已經無法再讓你難以承認自己「非女性化」的性傾向與
   攻擊性情感（迷思三）。根據這個迷思，你要不是因為她可
   以這麼輕易且有技巧的處理情緒，導致你永遠無法符合她的
   要求；就是為了她窮於應付自己的情緒，沒辦法教導你處理
   情緒的方法而責怪她。
4. 社會不會只是依據你身為妻子與母親的角色來評斷你（迷思
   一和迷思二）。根據這個迷思，你要不是責怪她是個超級母
   親的典範，為你設立了一個不可能達到的高標準；就是責怪
   她是個糟糕的榜樣。
5. 你不會期望她主動了解你的需求，並且滿足你那些需求（迷
   思二與迷思四）。

6. 你不會假定一個好母親只能聽從專家的意見，而不是根據自己的直覺，或是她母親的經驗來撫育你。

7. 你不需要在對母親與父親表現忠誠，以及在母親與丈夫的忠誠間做出選擇，並且感到左右為難，有種被撕裂的感覺。我們的文化並沒有這麼強制我們必須選對男性表現忠誠（迷思五）。

8. 你母親的選擇並沒有這麼多限制（迷思五），導致你對自己的成功感到這麼愧疚。

9. 你不必害怕母親所表現的每一種專長或自信，並且將它們視為母親具有毀滅性權力的一種徵兆。

10. 對於身為家庭主婦或職業婦女的母親，你不會覺得這兩種都是不好的母親。

二、凡走過必留下痕跡

當你開始修補你的母女關係，請選擇適合你的技巧與時機，記住凡走過必留下痕跡，不要冀望每件事都會在「一次慎重的談話」中解決，一次不要做太多。如果做得太多，你會承受過多的壓力，使努力變成無效，也不要想著未來還有多少階段。過去我習慣在早晨起床，看著這一天我必須完成的行事曆，因此在我下床之前就已覺得精疲力竭，後來我有個驚人的領悟：我並不需要在一天的每一刻同時進行多樣的工作，倘若我將一天當作一條長長的線，而不是單獨的點，那麼我只需要在每個點做一件事情就行了；而且真的也沒有人能夠做得更多，即使我無法在那天完成我的行事曆，我仍然做了一些事情，而那些事情都有其價值。

確認你沒有犯下這樣的錯誤：誤認為這是一本包含著簡易方法、擁有神奇效果的書籍，而且如果你沒有立刻成功的話，那一定是你有問題。本書的目的是提供一些方法去開始改善你的母女關係，當你可以用不同的角度去看待母親，就比較不會受到責怪母親的迷思所困擾，那麼你對她的態度就會變得更好，改變的契機在於她了解你的改變，並且有所回應。

所以你必須了解，每一個階段都會協助你達到最終的目標，而且每個階段本身也都有它的價值，對你有所助益。例如：賦予母親人性化的形象對你來說是一種解脫，即使你從來沒有直接與她談論你們之間的問題。一個母親在她的童年時期一直生活在寄養家庭之中，當她獨力養育自己的四個孩子時，這可能是一件非常痛苦且令人崩潰的工作，以致於她的女兒無法與她直接討論她們母女之間的問題，但是至少女兒會比較了解她的憤怒與沮喪。同時也要記住，甚至在訂出關係的「終極目標」都是一件困難的事情，因為在每段關係中，每個人都在不停地改變，所以，即使你認為這個階段可以結束了，但是它也許還沒真正結束。

將我所提到每個策略的限制牢記於心，在這本書中，不可能描繪出每一種類型的母女問題，或預知你嘗試這些技術後的每一種結果。而且，你使用這些技術的效果與速度不只取決於你，也取決於你們母女關係過去的歷史、你的父親或母親的另一伴是怎麼樣的人，以及你是否有其他的兄弟姊妹──如果有，他們的態度是如何？在面對這些議題的時候，你能從他們那裡得到多少支持？是打擊亦或是增強你的自信？同時也取決於你和母親未來生活的穩定程度，你的「種族」、宗教信仰、社會階層、血緣、性傾向、年齡、健康狀況等等，這些都可能有著舉足輕重的影響力（雖然對於那些重要的變因仍有待徹底的研究）。例如：在一場混血兒童座談會中，Barbara和Robin Miller指出，在北美的黑人比白人更覺得智慧是來自上一代，所以，黑人女兒可能比白人女兒對她們的母親更為尊敬。

同時也要記得，如果你的母親已經去世，或者因為某種原因使你無法與她直接對談，你大可以修正我所建議的技巧。

我們通常會聽到本性難移這句話，但那不應該是改善你們母女關係的可怕預言。人們基本的特質可能維持一致，但有些人在適當的環境中會產生重大的改變，例如：酗酒者轉變為滴酒不沾；有些人做出生涯轉換；有些人變得更圓融或更果決等等。由心理學家Karen Howe發表的文章中，有一位最近寫下母親自傳的學生說：「我感覺好像第一次認識我的母親。」這是一個改變，它將引發更大的改變。

再者，其實我們並不常需要在母女關係中改變我們主要的特質，因為這些特質並不是問題的主要原因。相反地，為了改善我們的關係，我們必須了解超越迷思的重要性，並且學習一套不同的問題解決方法。

三、開始的時候，害怕與雀躍的心情

注意，你正要開始認識你的母親，或者以新的方式看待她，這將會改變你——至少，你會更了解自己，沒有人能預期你會有多大改變，或是以什麼方式改變。這些改變可能來得突然，也可能逐漸發生；它可能會立即出現效果，也可能延後出現。

在我所開設的母親課程中，有一位學生在閱讀我所指定的第一本書——Adrienne Rich的著作*Of Woman Born*這本書之後，經歷一次突然的、戲劇化的改變。這位學生寫下：

> 自青春期以來，母親恐懼症——害怕變得和母親一樣——這是一股很大的力量迫使我改變與成長。我的母親擅長火力全開地批評他人，克制地表達自己，在多次看著她所流下的眼淚時，我都輕易地解釋為：「上帝禁止我像母親一樣多疑或脆弱。」

　　……我沒有將母親的沮喪與令人生厭的自我懷疑，歸因於她經歷每日戰爭所付出的代價。相反地，我認定她的行為是一種妥協，因此在我面對渴切的願望，以及自己的未來時，我都在努力對抗她帶給我的那種無力感。我從來沒有想過承認她是受害者的角色，卻輕易地判定她傷害了別人。

　　我曾訪談過另一位女性，她的改變則是延後才出現的，她在幾個星期之後打電話給我，說：

　　昨晚我開始問自己，為什麼我只注意到母親讓我失望的地方？接著我記起你曾說過的話，責怪我們的母親是多麼的容易啊！於是，我開始沉醉在一些母親曾經為我做過美好、有趣，或是感動的回憶之中，然後在那一刻，我有著珍貴的領悟。我記得他們習慣說我母親是個剛強的女人，而且我的外婆對她非常冷酷，因此我猜想那是一個奇蹟，我母親竟然能對我表現出溫暖的一面。

　　是的，如Adrienne Rich在她那首Prospective Immigrants Please Note詩中所言，對於未來會有什麼樣的改變，我們無法給予任何的承諾，因為「這扇門本身／沒有承諾／它只是一扇門」。但是當你走向這扇門，它會引導你遠離責怪母親的迷思，然後感受到澎湃的能量，這些能量原本被緊緊地困在責怪母親的迷思中，現在已被釋放。倘若你對母親的感覺變好了，而且你和她的關係已經有所改善，那麼就可以考慮採取下一個步驟，運用增強的能量去消除這些迷思。你們之中有些人有時候會和一兩位其他的母親或女兒談話，告訴她們你的學習，並且建議她們可以將之運用在自己的母女關係中；有些人則不再傾聽那些貶低母親與女人的笑話；或是去挑戰那些「科學家」與其他「專家」的意見；或者持續質疑那些假定女人無止境撫慰他人、女人的需求是個無底洞，以及女人會破壞性使用權力，以這些迷思為基礎所做出因果關係的評論。

我希望你們之中有些人可以直接挑戰與對抗造成這些迷思的社會制度，包括爭取同工同酬、女人的自由、日間照護機構的改善、增加病人或老人的照護機構；每一次你對抗性騷擾事件，或是對抗人們貶低又老又窮女人的態度；保護那些殘障女性、受到種族歧視的女人、移民女性、同性戀與雙性戀的女人，以及心理健康機構中女性病人的權力……等等。這些你所採取的每一個步驟，都將有助於提升母親與所有女人的地位。

四、一個開始

讓我以自己的故事作結尾。那是在多年前，我曾對母親採用的一個小步驟，有一天，我那七歲大的兒子Jeremy在學校過得很不好。那個傍晚，母親遠從她的家裡打電話給我，並且與Jeremy談了一會兒。幾分鐘後，她又打電話過來，因為她不確定我是否知道Jeremy曾對她說過的煩惱，她要我特別留意那天晚上Jeremy可能會有的特殊需求。接著，她要求再跟Jeremy說說話，好讓他們可以愉快地聊一聊，同時提醒Jeremy在這段有壓力的期間，她都會一直關心著他。

人們可能會眨眨眼，談論這個過度保護與過度干預的祖母，最多就是很短暫地提及這個祖母為孫子做了一件好事罷了！我置身於Jeremy的處境，想像如果我祖母特地打電話回來，只為了和我聊一聊，而當天對我來說，真的是糟透的一天，那麼我的感覺會是如何？

我會說我的母親做了一件很棒的事，或是說我的母親出於對人的真誠與深深的同情而做出這些事。倘若將她的行為稱之為「女性撫慰的本能」，而這只是母職的一部分，對她而言是多麼的不公平！很少人會做出這樣思慮周密、善解人意的事情，但如果是平時母親們這麼做，我們就很少會注意到，因為我們相信這是她們應該做的事。

那個傍晚，我發現自己對母親洋溢著溫暖與驕傲。我對於必須和那麼多的女人合作心存感激，即使有時候我們的關懷與同情心也會被利用，或是被用來對抗我們自己。小心不要去責怪自己或忽略自己原本的樣子，我們應該自豪於自己的溫暖與力量，並且相互欣賞。於是，當時我把我的感覺告訴母親，她似乎覺得很驚訝，而我對她表達感謝與尊敬，讓她覺得很窩心。

當我們能夠更尊敬母親的時候，我們的自尊就會提升。一旦我們了解到她所遭受的不公平待遇，我們就會更仁慈地對待她，因為我們知道她的痛苦——或者潛在的痛苦——我們共同分享，我們也知道可以使用我們共同的仁慈與力量，為彼此增能（empower）。詩人Susan Griffin回憶：「我記得小時候，我對於束縛的憤怒，我也記得女兒臉上無辜的表情……而且在我生了女兒，坦誠面對自己之後，我覺得所有女人的痛苦似乎很不合理。」

過去，這些痛苦使得許多女人在養育和限制女兒時，往往選擇回到傳統的規範中，這種回歸傳統讓整個社會拒絕承認對女人不公平的對待，但是由於母女們以及女人們彼此相互支持，女性與男性已經慢慢承認這樣的不公平，也給予我們莫大的支持。擁有這些支持，我們可以面對我們自己與母親過去的渴望，為我們的母親、自己、其他女人，以及下一代塑造更美好的未來。從你開始，祝你好運！

表達訓練

　　表達訓練最重要的原則就是，你想要改善與他人的關係，在下列的情境，對方會表現得更好：

1. 她沒有受到威脅、苛求或批評的連續砲轟。
2. 她沒有被針對你們之間的問題所做的冗長、理性的討論與解釋所淹沒。
3. 她知道她可以採用的具體步驟。

　　表達訓練的技術是直接且具體的，不要期望自己能夠立刻完美地執行它們，因為它們有些看起來很簡單，可是需要多次的練習與思考。這些技術包括：

1. 選擇一位母親或女兒作為這個場景的「演員」。
2. 讓這位演員在紙張的上方簡要地寫下一個典型的問題——例如：「媽媽讓我的雙胞胎孩子喝牛奶，即使我曾告訴她：『他們對牛奶過敏』。」
3. 讓這位演員確認並且寫下她對這個問題的一種、二種或三種感受——例如「生氣」和「擔心」。
4. 讓這位演員寫下每一個感受的具體原因，這些原因不能是威脅、苛求、批評和過度理性的解釋，它必須是人們都同意且已經發生的事實。例如:這位演員不能寫「因為我的母親不關心孫子的健康」,或者「因為我媽媽認為我是個沒有能力的母親」,這些都是批評,它們有著太多自我偏見。所謂具體的原因可能是:「在我已經讓她看過醫師的診斷書,證實孩子對牛奶過敏之後,我的母親還讓他們喝牛奶。」

　　關於生氣特別的註解:因為生氣是次級情緒,所以生氣的具體原因可能是:「當母親讓我的孩子喝牛奶時,我擔心他們的耳朵會再次受到感染,因為上次她讓他們喝牛奶的時候,我就發現他們出現這些症狀,所以我覺得很無助,而這種無助感令我生氣。」

5.讓某人扮演「接受者」。如果演員是女兒,接受者就扮演她的母親,反之亦同。指導這位接受者努力讓這位演員不要只是專心地敘說自己的感受,以及形成這些感受的原因。這位接受者可以運用批評、哭泣、理智化、轉移話題,或者做其他的事,努力轉移這位演員的話題,不要讓她只是陳述自己的感受與這些感受的原因。

6.在角色扮演之前,指導演員為自己的感受命名,並且解釋這些感受的原因,然後寫下來。在開始角色扮演時,她要做的就是不受這些威脅、苛求、批評、過於理性化,或是改變話題的影響,努力去陳述這些她所寫下來的內容。你可以建議,她若是想要結束這個場景,有一個很棒的方法就是,她在面對接受者的攻擊時,說出:「我只是想要你知道那是我的感受,以及為什麼我會有這些感受,你不必立刻回應我。」這個策略不只是在角色扮演時有效,當然在真實生活中也同樣有效。在真實生活中,你的「接受者」可能需要時間去思考你所說的話是出於尊敬她——也期盼真正的改變,你必須允許她有充分時間去理解你所說的話。

7. 在開始這個場景之前，演員也許會希望告訴接受者，她通常從自己的母親或女兒那兒得到的反應。

8. 要求其他團體成員擔任「導演」。每一個導演必須寫下關於角色扮演期間發生的事件。而且一旦開始這個場景，導演必須給這個演員下列的回饋：

(1)感受：「在角色扮演之前，你說你有兩種情緒，在這個場景期間，你把第一種情緒說得很清楚，但你並沒有提到第二種情緒。」

(2)原因：「你將第一種情緒的原因解釋得很清楚，而且很具體」，或是「你說了第二種情緒的原因，但是你卻沒說它引起了你什麼樣的感受」。

(3)偏離行為：「在這個場景快要結束的時候，你恐嚇母親，你再也不會帶孩子去看她」，或者「你沒有停留在你的情緒與原因之中，你讓她轉移話題，引導你開始理性地討論不同種類過敏測試的優缺點」。

母女會談大綱

訪談的問題＊

1. 你什麼時候出生？出生的地點？
2. 你的父母是什麼樣的人？（如種族、宗教信仰、經濟背景）
3. 在你小時候，對你影響最大的是什麼？
4. 你與母親的關係如何？與父親呢？
5. 你過去與父親的關係如何？現在呢？
6. 你曾離家外出工作嗎？
7. 你主要的興趣是什麼？
8. 有沒有什麼事情是你很想做，但沒有機會做的？
9. 學生：在這裡加上你們自己的兩個問題。

由學生們回答的問題＊

1. 你對母親最早的記憶是什麼？
2. 你過去與母親的關係為何？現在呢？
3. 身為女性，母親曾經給你什麼訊息或建議？
4. 哪些是你像母親的部分，哪些不像？
5. 在你完成這份自傳作業時，你學到什麼？在母親的生活經驗中，哪一個領域是現在你才知道的？目前你對母親有任何新的領悟嗎？

6.你現在對母親的感受為何？

7.你的母親對於接受訪談的反應為何？

8.其他的問題。

*附註：這些問題由Karen G. Howe所設計，詳細說明於 Sue Cox, ed., *Female Psychology*: *The Eemerging Self, 2nd ed.* (New York: St. Martin's Press, 1981)。也可見Karen G. Howe, "Daughters Discover Their Mothers through Biographies and Genograms: Educational and Clinical Parallels," in Jane Price Knowles and Ellen Cole, eds, *Woman-Definded Motherhood*(New York: Harrington Park Press, 1990), 31-40.

由Paula J. Caplan針對母親的自傳所建議的其他問題

1.在養育孩子的過程中，你覺得好母親的定義是什麼？你覺得好母親應該做什麼？

2.對你來說，身為母親，什麼是最困難的事？什麼又是你最害怕的事？

3.曾經有專家給你一些建議，而這些建議卻與你自己的信念相違背的嗎？你曾從不同的專家那兒得到不同的資訊嗎？

4.你認為母職的天分會自然而然地出現在你的身上嗎？如果是，這個想法如何影響你？

5.身為新手母親，你的感覺如何（正面與負面都有）？（如果她不想提起這個話題，問問她是否有著孤立、疲憊、喪失自由與害怕的感覺？或是她曾需要各種的幫助嗎？是否擔心自己婚姻的變化？擔心實現夢想的雄心與能力已經中斷？同時，也問問她是否和孩子之間有著慈愛、親密、愉快或是沉醉的感覺？）

6. 你想要女兒（我）像你嗎？為什麼要？或為什麼不要？如果要，你希望是哪些部分？如果不要，你最希望哪個部分不要像你一樣？

7. 當你看著女兒，注意到她有些部分很像你，你的感覺如何？

8. 當你看著女兒，注意到她有些部分不像你，你的感覺如何？

9. 在你的女兒需要你提供那些你自己從未得到過的支持，或者她得到你從未有過的機會時，支持她對你來說，是困難的事嗎？你的感覺是什麼？

10. 你的女兒做出一些非傳統或不尋常的事情時，你的感覺如何？

11. 你曾覺得女兒背叛你或讓你失望嗎？

12. 什麼時候你覺得自己與女兒感覺最為疏離（或者甚至是你失去她了）？這種情況改變了嗎？如果是，它是如何改變的？為何改變？

13. 是什麼原因會促使女兒詢問你的意見？或者需要你的贊同？正反兩方的原因是什麼？

14.（如果她已婚或過去曾結過婚）你的丈夫和女兒曾站在同一陣線反對你嗎？他們總是讓你覺得自己比較差、容易被遺忘，以及能力不足嗎？

15. 你希望傳授女兒什麼樣的價值或教誨呢？

參考文獻

Abbey, Sharon, and Andrea O'Reilly, eds. *Redefining Motherhood: Changing Identities and Patterns*. Toronto: Second Story Press, 1998.

Adams, Susan; Janet Kuebli, Patricia Boyle, and Robin Fivush. "Gender Differences in Parent-Child Conversations about Past Emotions: A Longitudinal Investigation." *Sex Roles* 33, nos. 5–6 (1995): 309–23.

Adelman, Anne. "Traumatic Memory and the Intergenerational Transmission of Holocaust Narrative." *Psychoanalytic Study of the Child* 50 (1995): 343–67.

Albelda, R., N. Folbre, and the Center for Popular Economics. *The War on the Poor: A Defense Manual*. New York: New Press, 1996.

Alessandri, Steven M. "Effects of Maternal Work Status in Single-Parent Families on Children's Perceptions of Self and Family and School Achievement." *Journal of Experimental Child Psychology* 54, no. 3 (1992): 417–33.

Allen, Katherine, and Alexis Walker. "A Feminist Analysis of Interviews with Elderly Mothers and Their Daughters." In *Qualitative Methods in Family Research*, edited by Jane Frances Gilgun, Kerry Daly, et al. Newbury Park, Calif.: Sage, 1992.

Allison, Christine J. "The Making of a 'Bad' Mother: A Lesbian Mother and Her Daughters." In Ladd-Taylor and Umansky, 1998.

Allison, David, and Mark Roberts. *Disordered Mothers or Disordered Diagnosis? Munchausen by Proxy Syndrome*. Hillsdale, N.J.: Analytic Press, 1998.

Alta. *Momma: A Start on All the Untold Stories*. Albion, Calif.: Times Change Press, 1974.

Amato, Paul, Sandra Rezac, and Alan Booth. "Helping between Parents and Young Adult Offspring: The Role of Parental Marital Quality, Divorce, and Remarriage." *Journal of Marriage and the Family* 57, no. 2 (1995): 363–74.

Ambert, Anne-Marie. *The Effect of Children on Parents*. New York: Haworth Press, 1992.

Andersen, Margaret. *Mother Was Not a Person*. Montreal: Black Rose Books, 1972.

Appell, Annette. "On Fixing 'Bad' Mothers and Saving Their Children." In Ladd-Taylor and Umansky, 1998.

Arcana, Judith. *Every Mother's Son: The Role of Mothers in the Making of Men*. Seattle: Seal Press, 1986.

———. *Our Mothers' Daughters*. Berkeley: Shameless Hussy Press, 1979.

Arditti, Joyce A., and Debra Madden-Derdich. "No Regrets: Custodial Mothers' Accounts of the Difficulties and Benefits of Divorce." *Contemporary Family Therapy: An International Journal* 17, no. 2 (1995): 229–48.

Arnup, Katherine. "'Does the Word Lesbian Mean Anything to You?' Lesbians Raising Daughters." In Abbey and O'Reilly, 1998.

Aronson, Jane. "Women's Sense of Responsibility for the Care of Old People: 'But Who Else Is Going to Do It?'" *Gender and Society* 6, no. 1 (1992): 8–29.

Ascher, Carol, Louise de Salvo, and Sara Ruddick. *Between Women*. Boston: Beacon Press, 1984.

Atwood, Margaret. "Significant Moments in the Life of My Mother." In *Close Company: Stories of Mothers and Daughters*, edited by Christine Park and Caroline Heaton. London: Virago, 1987.

Badinter, Elisabeth. *Mother Love: Myth and Reality*. New York: Macmillan, 1980.

Baker, Christina Looper, and Christina Kline Baker, eds. *The Conversation Begins: Mothers and Daughters Talk about Living Feminism*. New York: Bantam, 1996.

Baron, Kathryn. "The 'Gaybie' Boom." *Los Angeles Times*, March 1, 1995.

Bart, Pauline. "Review of Chodorow's 'The Reproduction of Mothering.'" In Trebilcot, 1983.

Baruch, Grace, Rosalind Barnett, and Caryl Rivers. *Lifeprints: New Patterns of Love and Work for Today's Women*. New York: McGraw-Hill, 1983.

Baskin, Barbara Holland, and Elizabeth P. Riggs. "Mothers Who Are Disabled." In *The Different Faces of Motherhood*, edited by Beverly Birns and Dale F. Hay. New York: Plenum, 1988.

Bass, Ellen, and Laura Davis. *The Courage to Heal: A Guide for Woman Survivors of Child Sexual Abuse*. New York: Harper and Row, 1988 (especially section on "Working through Mother Blame").

Bassoff, Evelyn. *Mothers and Daughters: Loving and Letting Go*. New York: New American Library, 1988.

Baum, Charlotte, Paula Hyman, and Sonya Michel. *The Jewish Woman in America*. New York: New American Library, 1976.

Baunach, Phyllis Jo. *Mothers in Prison*. New Brunswick, N.J.: Transaction, 1985.

Beauvoir, Simone de. *The Second Sex*. New York: Virago, 1974.

Bell, Karin. "On the Relationship between Daughters and Mothers with Regard to Bulimia Nervosa." In *Why Women? Gender Issues and Eating Disorders*, edited by Bridget Dolan, et al., London: Athlone Press, 1994.

Bell-Scott, Patricia. "A Critical Overview of Sex Roles Research of Black Families." *Women Studies Abstracts* 5 (Spring 1976): 1–9.

Bell-Scott, Patricia, et al., eds. *Double Stitch: Black Women Write about Mothers and Daughters*. New York: Harper Perennial, 1993.

Benkov, Laura. "Yes, I Am a Swan: Reflections on Families Headed by Lesbians and Gay Men." In Coll et al., 1998.

Bernard, Claudia. "Black Mothers' Emotional and Behavioral Responses to the Sexual Abuse of Their Children." In *Out of Darkness: Contemporary Perspectives on Family Violence*, edited by Glenda Kaufman Kantor et al. Thousand Oaks, Calif.: Sage, 1997.

Bernard, Jessie. *The Future of Motherhood*. New York: Dial Press, 1974.

Bernard, Wanda Thomas, and Candace Bernard. "Passing the Torch: A Mother and Daughter Reflect on Their Experience across Generations." *Canadian Woman Studies/Les Cahiers de la femme* 18, no. 2–3 (1998): 46–50.

Bernardez, Teresa. "Gender-Based Countertransference of Female Therapists in the Psychotherapy of Women." In Braude, 1987.

———. "Women and Anger: Cultural Prohibitions and the Feminine Ideal." Work in Progress Paper No. 31, Wellesley College, The Stone Center, Wellesley, Mass., 1988.

Bernikow, Louise. *Among Women*. New York: Harper and Row, 1981.

Bhushan, Ravi. "Found Voices: Women, Disability and Cultural Transformation." *Women and Therapy* 14, nos. 3–4 (1993): 195–209.

Bidaut-Russell, Michelle, Elizabeth Smith, and Susan Bradford. "Gender Differences in Lifetime Psychiatric Disorders between Sons and Daughters of Alcoholic Mothers." *Alcoholism: Clinical and Experimental Research* 18, no. 2 (1994): 244–47.

Bilinkoff, Joan. "Empowering Battered Women as Mothers." In *Ending the Cycle of Violence: Community Responses to Children of Battered Women,* edited by Einat Peled and Peter Jaffe, 97–105. Thousand Oaks, Calif.: Sage, 1995.

Birns, Beverly. "The Mother-Infant Tie: Fifty Years of Theory, Science and Science Fiction." Work in Progress Paper No. 21, Wellesley College, The Stone Center, Wellesley, Mass., 1985.

Birns, Beverly, and Shannon Lee Meyer. "Mothers' Role in Incest: Dysfunctional Women or Dysfunctional Theories?" *Journal of Child Sexual Abuse* 2, no. 3 (1993): 127–35.

Blackford, Karen. "Erasing Mothers with Disabilities through Canadian Family-Related Policy." *Disability, Handicap and Society* 8, no. 3 (1993): 281–94.

———. "Mother to Daughter: The Shaping of a Girl's Values in the Context of a Parent with a Chronic Illness." In Abbey and O'Reilly, 1998.

Blaxter, Mildred, and Elizabeth Paterson. *Mothers and Daughters: A Three-Dimensional Study of Health Attitudes and Behavior.* Brookfield, Vt.: Gower, 1982.

Blieszner, Rosemary, Paula Usita, and Jay Mancini. "Diversity and Dynamics in Late-Life Mother-Daughter Relationships." In *Relationships between Women in Later Life,* edited by Karen Robert. New York: Harrington Park Press, 1996.

Bowe, Claudia. "The Urgent Crisis in Day Care." *Cosmopolitan,* November 1986, 298–302, 360–61.

Boyce, Glenna, Brent Miller, Karl White, and Michael Godfrey. "Single Parenting in Families of Children with Disabilities." *Marriage and Family Review* 20, nos. 3–4 (1995): 389–409.

Boylan, Clare. *Last Resorts.* London: Hamish Hamilton, 1984.

Brans, Jo. *Mother, I Have Something to Tell You.* Research by Margaret Taylor Smith. Garden City, N.Y.: Doubleday, 1987.

Braude, Marjorie, ed. *Women, Power, and Therapy: Issues for Women.* New York: Haworth Press, 1987.

Brazelton, T. Berry. *Infants and Mothers: Differences in Development.* New York: Delacorte, 1983.

———. *Toddlers and Parents.* New York: Dell, 1986.

Brett, Mary Ann. "Let's Hear from Disabled Mothers." *Toronto Star,* September 14, 1987, C9.

Briles, Judith. *Woman to Woman: From Sabotage to Support.* Far Hills, N.J.: New Horizon Press, 1987.

Brody, Elaine. "Women-in-the-Middle: The Mental Health Effects of Parent Care." Women's Mental Health Occasional Paper Series, National Institute of Mental Health, 1987.

Brody, Gene, Douglas Flor, and Eileen Neubaum. "Coparenting Processes and Child Competence among Rural African-American Families." In *Families, Risk, and Competence,* edited by Michael Lewis and Candice Feiring. Mahwah, N.J.: Lawrence Erlbaum Associates, 1998.

Broner, E.M. *Ghost Stories.* New York: Global City Press, 1995.

Brooks-Gunn, Jeanne, Pia Rebello Britto, and Christy Brady. "Struggling to Make Ends Meet." In Lamb, 1999.

Brown, Kathleen M., George B. Schreiber, Robert P. McMahon, Patricia Crawford, et al. "Maternal Influences on Body Satisfaction in Black and White Girls Aged 9 and 10: The NHLBI Growth and Health Study (NGHS)." *Annals of Behavioral Medicine* 17, no. 3 (1995): 213–20.

Burck, Frances Wells. *Mothers Talking: Sharing the Secret.* New York: St. Martin's Press, 1986.

Burstein, Janet. "Restorying Jewish Mothers." In O'Reilly and Abbey, 1999.

Butler, Sandra. *Conspiracy of Silence: The Trauma of Incest.* San Francisco: Volcano Press, 1985.

Caine, Lynn. *What Did I Do Wrong?* Toronto: Paper Jacks, 1986.

Calam, Rachel, Glenn Waller, Antony Cox, and Peter Slade. "Eating Attitudes in Young Teenage Girls: Parental Management of 'Fussy' Eating." *Eating Disorders: the Journal of Treatment and Prevention* 5, no. 1 (1997): 29–40.

Campbell, Kate, and Sue Levesque. "Mandatory Thinness and Mother-Blame: The Newspaper Coverage of the Marlene Corrigan Trial." *Canadian Woman Studies/Les Cahiers de la femme* 18, nos. 2–3 (fall/summer 1998): 69–73.

Canadian Woman Studies/Les Cahiers de la femme 18, nos. 2–3 (fall/summer 1998), "Special Issue: Looking Back, Looking Forward: Mothers, Daughters, and Feminism."

Caplan, Paula. *Between Women: Lowering the Barriers.* Toronto: Personal Library, 1981.

———. *"Don't Blame Mother:* Then and Now." In O'Reilly and Abbey, 1999.

———. *Lifting a Ton of Feathers: A Woman's Guide to Surviving in the Academic World.* Toronto: University of Toronto Press, 1993.

———. "Making Mother-Blaming Visible: The Emperor's New Clothes." In Knowles and Ellen Cole, 1990.

———. *The Myth of Women's Masochism.* 1985; reprint, New York: Signet, 1987; new edition, Toronto: University of Toronto Press, 1993.

———. *They Say You're Crazy: How the World's Most Powerful Psychiatrists Decide Who's Normal.* Reading, Mass.: Addison Wesley, 1995.

Caplan, Paula J., and Jeremy B. Caplan. *Thinking Critically about Research on Sex and Gender.* New York: Addison Wesley Longman, 1999.

Caplan, Paula J., and Mary Lou Fassel. "Women Get Blame in Incest Cases." *Globe and Mail* (Toronto), February 10, 1987.

Caplan, Paula J., and Ian Hall-McCorquodale. "Mother-Blaming in Major Clinical Journals." *American Journal of Orthopsychiatry* 55 (1985): 345–53.

———. "The Scapegoating of Mothers: A Call for Change." *American Journal of Orthopsychiatry* 55 (1985): 610–13.

Caplan, Paula J., Jessie Watters, Georgina White, Ruth Parry, and Robert Bates. "Toronto Multi-Agency Child Abuse Research Project: The Abused and the Abuser." *Child Abuse and Neglect: The International Journal* 8 (1984): 343–51.

Carton, John S., Stephen Nowicki Jr., and Ginger M. Baiser. "An Observational Study of Antecedents of Locus of Control of Reinforcement." *International Journal of Behavioral Development* 19, no. 1 (1996): 161–75.

Cauce, Ana Maria, Yumi Hiraga, Diane Graves, Nancy Gonzales, et al. "African American Mothers and Their Adolescent Daughters: Closeness, Conflict, and Control." In *Urban Girls: Resisting Stereotypes, Creating Identities,* edited by Bonnie J. Ross Leadbeater et al. New York: New York University Press, 1996.

Center on Hunger, Poverty, and Nutrition Policy. Statement on Key Welfare Reform Issues: The Empirical Evidence. Medford, Mass.: Tufts University Press, 1995.

"Chains of Violence." *Harvard Magazine,* September/October 1999, 19.

Chapian, Marie. *Mothers and Daughters.* Minneapolis: Bethany House, 1988.

Chawla, Saroj, and Anne-Marie Ambert. "Two Case Studies of Interracial Mothers and Daughters." In *The Effect of Children on Parents,* edited by Anne-Marie Ambert, 208–23. New York: Haworth Press, 1992.

Cherlin, Andrew. "By the Numbers." *New York Times Magazine,* April 5, 1998, 39–41.

Chernin, Kim. *In My Mother's House: A Daughter's Story.* New York: Harper and Row, 1983.

———. *Reinventing Eve: Modern Woman in Search of Herself.* New York: Harper and Row, 1988.

Chesler, Phyllis. *Letters to a Young Feminist.* New York: Four Walls Eight Windows, 1998.

———. "Mother-Hatred and Mother-Blaming: What Electra Did to Clytemnestra." In Knowles and Cole, 1990.

———. *Mothers on Trial: The Battle for Children and Custody.* New York: McGraw-Hill, 1986.

———. *Sacred Bond: The Legacy of Baby M.* New York: Times Books, 1988.

———. *With Child: A Diary of Motherhood.* New York: Berkeley Books, 1981.

———. *Women and Madness.* New York: Avon Books, 1973.

———. Personal communication, August 11, 1999.

Chess, Stella. "The 'Blame the Mother' Ideology." *International Journal of Mental Health* 11 (1982): 95–107.

Chess, Stella, and Jane Whitbread. *Daughters: From Infancy to Independence.* Garden City, N.Y.: Doubleday, 1978.

Chira, Susan. *A Mother's Place: Taking the Debate about Working Mothers Beyond Guilt and Blame.* New York: HarperCollins, 1998.

Chodorow, Nancy. *The Reproduction of Mothering: Psychoanalysis and the Sociology of Gender.* Berkeley: University of California Press, 1978.

Chodorow, Nancy, and Susan Contratto. "The Fantasy of the Perfect Mother." In Thorne and Yalom, 1982.

Christensen, Kimberly, Mary Ann Parris Stephens, and Aloen Townsend. "Mastery in Women's Multiple Roles and Well-Being: Adult Daughters Providing Care to Impaired Parents." *Health Psychology* 17, no. 2 (1998): 163–71.

Cicirelli, Victor. "Attachment and Obligation as Daughters' Motives for Caregiving Behavior and Subsequent Effect on Subjective Burden." *Psychology and Aging* 8, no. 2 (1993): 144–55.

Claremont de Castillejo, Irene. *Knowing Woman.* New York: Harper and Row, 1973.

Clifton, Lucille. *An Ordinary Woman.* New York: Random House, 1974.

Cohler, Bertram, and Henry Grunebaum. *Mothers, Grandmothers, and Daughters: Personality and Childcare in Three-Generation Families.* New York: John Wiley and Sons, 1981.

Cole, Carolyn. Personal communication, May 1986.

Cole, Carolyn. Personal communication, September 25, 1987.

Cole, Carolyn, and Elaine E. Barney, "Safeguards and the Therapeutic Window: A Group Treatment Strategy for Adult Incest Suvivors." *American Journal of Orthopsychiatry* 57 (1987): 601–609.

Colette. *In My Mother's House and Sido.* Translated by Una Vincenzo Troubridge and Enid McLeod. London: Secker and Warburg, 1969.

Coll, Cynthia Garcia, Janet L. Surrey, and Kathy Weingarten, eds. *Mothering against the Odds: Diverse Voices of Contemporary Mothers.* New York: Guilford, 1998.

Coll, Cynthia Garcia, Janet L. Surrey, and Phyllis Buccio-Notaro. "Incarcerated Mothers: Crimes and Punishments." In Coll et al., 1998.

Collins, Patricia Hill. "The Meaning of Motherhood in Black Culture and Black Mother/Daughter Relationships." In *Toward a New Psychology of Gender*, edited by Mary M. Gergen and Sara H. Davis, 325–40. New York: Routledge, 1997.

———. "The Meaning of Motherhood in Black Culture and Black Mother/Daughter Relationships." *Sage* 4, no. 2 (1987): 3–10.

Compas, Bruce, and Rebecca Williams. "Stress, Coping, and Adjustment in Mothers and Young Adolescents in Single- and Two-Parent Families." *American Journal of Community Psychology* 18, no. 4 (1990): 525–45.

Conlon, Faith, Rachel daSilva, and Barbara Wilson, eds. *The Things That Divide Us*. Seattle: Seal Press, 1985.

Conroy, Pat. *The Prince of Tides*. Boston: Houghton Mifflin, 1986.

Cook, Donelda, and Michelle Fine. "'Motherwit': Childrearing Lessons from African-American Mothers of Low Income." In *Children and Families "At Promise": Deconstructing the Discourse of Risk*. SUNY Series, The Social Context of Education, edited by Beth Blue Swadener and Sally Lubeck. Albany, N.Y.: State University of New York Press, 1995.

Cook, Mariana (photographer), and Jamaica Kincaid (introduction). *Generations of Women in Their Own Words*. San Francisco: Chronicle Books, 1998.

Coons, Phyllis, "New Alliances." *Radcliffe Quarterly*, December 1984, 31–32.

Corcoran, Jacqueline. "In Defense of Mothers of Sexual Abuse Victims." *Families in Society* 79, no. 4 (1998): 358–69.

Cowan, Philip, Carolyn Pape Cowan, and Patricia Kerig. "Mothers, Fathers, Sons, and Daughters: Gender Differences in Family Formation and Parenting Style." In *Family, Self, and Society: Toward a New Agenda for Family Research*, edited by Philip Cowan et al. Hillsdale, N.J.: Lawrence Erlbaum Associates, 1993.

Crean, Susan. *In the Name of the Fathers: The Story behind Child Custody*. Toronto: Amanita, 1988.

Crist, Patricia. "Contingent Interaction during Work and Play Tasks for Mothers with Multiple Sclerosis and Their Daughters." *American Journal of Occupational Therapy* 47, no. 2 (1993): 121–31.

Cunningham, Terry. "An Exploratory View: Attitudes of Black Teenage Females toward Familial Relationships." Atlanta: Atlanta University School of Social Work, 1980.

Dally, Ann. *Inventing Motherhood: The Consequences of an Ideal*. New York: Schocken Books, 1982.

Damgaard, Jacqueline. "Structured versus Unstructured Procedures for Training Groups in the Expression of Feeling-Cause Relationships." Ph.D. diss., Duke University, 1973.

Davidson, Cathy N. "Mothers and Daughters in the Fiction of the New Republic." In Davidson and Broner, 1980.

Davidson, Cathy N., and E. M. Broner, eds. *The Lost Tradition: Mothers and Daughters in Literature*. New York: Frederick Ungar, 1980.

Day, Ingeborg. "Daughters and Mothers." *Ms.*, June 1975, 49–53, 78–83.

Debold, Elizabeth, Marie Wilson, and Idelisse Malave. *Mother-Daughter Revolution*. Reading, Mass.: Addison Wesley, 1993.

DeGeneres, Betty. *Love, Ellen: A Mother-Daughter Journey*. New York: William Morrow, 1999.

DerKarabetian, Aghop, and Michelle Preciado. "Mother-Blaming among College Students." *Perceptual and Motor Skills* 68, no. 2 (1989): 453–54.

DeYoung, Mary. "Immediate Maternal Reactions to the Disclosure or Discovery of Incest." *Journal of Family Violence* 9, no. 1 (1994): 21–33.

Dickerson, Bette J., ed. *African American Single Mothers: Understanding Their Lives and Families.* Sage Series on Race and Ethnic Relations, vol. 10. Thousand Oaks, Calif.: Sage, 1995.

DiLapi, Elena M. "Lesbian Mothers and the Motherhood Hierarchy." *Journal of Homosexuality* 18, nos. 1–2 (1989): 101–21.

Dinnerstein, Dorothy. *The Mermaid and the Minotaur.* New York: Harper and Row, 1977.

Dodson, Lisa. *Don't Call Us Out of Name: The Untold Lives of Women and Girls in Poor America.* Boston: Beacon, 1998.

Dohrn, Bernardine. "Bad Mothers, Good Mothers, and the State: Children on the Margins." *University of Chicago Law School Roundtable* 2 (1995): 12.

Dolgin, Kim Gale. "Parents' Disclosure of Their Own Concerns to Their Adolescent Children." *Personal Relationships* 3, no. 2 (1996): 159–69.

Donahue Television Show on Alcoholism. February 2, 1988.

Doucet, Andrea, and Gillian Dunne. "Heterosexual and Lesbian Mothers Challenging 'Feminine' and 'Masculine' Concepts of Mothering." In O'Reilly and Abbey, 1999.

Downey, Douglas B., James W. Ainsworth-Darnell, and Mikaela J. Dufur. "Sex of Parent and Children's Well-Being in Single-Parent Households." *Journal of Marriage and the Family* 60, no. 4 (1998): 878–93.

Duncan, Erika. "The Hungry Jewish Mother." In Davidson and Broner, 1980.

Dworkin, Andrea. *Woman Hating.* New York: E. P. Dutton, 1974.

Easterbrooks, M. Ann, and Christine Graham. "Security of Attachment and Parenting: Homeless and Low-Income Housed Mothers and Infants." *American Journal of Orthopsychiatry* 69, no. 3 (1999): 337–46.

Eberly, Mary, Raymond Montemayor, and Daniel Flannery. "Variation in Adolescent Helpfulness toward Parents in a Family Context." *Journal of Early Adolescence* 13, no. 3 (1993): 228–44.

Ehrenreich, Barbara, and Deirdre English. *For Her Own Good: 150 Years of the Experts' Advice to Women.* Garden City, N.Y.: Anchor, 1979.

Eichenbaum, Luise, and Susie Orbach. *Between Women.* New York: Viking Press, 1988.

———. *Understanding Women: A Feminist Psychoanalytic Approach.* New York: Basic Books, 1983.

Eichler, Margrit. *Family Shifts.* Toronto: Oxford University Press, 1997.

Eisenberg, Ann R. "The Conflict Talk of Mothers and Children: Patterns Related to Culture, SES, and Gender of Child." *Merrill-Palmer Quarterly* 42, no. 3 (1996): 438–58.

Ellis, Albert, and Windy Dryden, eds. *The Practice of Rational-Emotive Therapy.* New York: Springer, 1987.

Engel, Barbara A. *Mothers and Daughters: Women of the Intelligentsia in Nineteenth-Century Russia.* New York: Cambridge University Press, 1983.

Epstein, Cynthia Fuchs, Carroll Seron, Bonnie Oglensky, and Robert Saute. *The Part-Time Paradox.* New York: Routledge, 1999.

Falk, Patricia. "Lesbian Mothers: Psychosocial Assumptions in Family Law." In

Psychological Perspectives on Lesbian and Gay Male Experiences. Between Men—Between Women: Lesbian and Gay Studies, edited by Linda Garnets and Douglas Kimmel. New York: Columbia University Press, 1993.

Faller, Kathleen Coulbourn. "Decision-Making in Cases of Intrafamilial Child Sexual Abuse." *American Journal of Orthopsychiatry* 58 (1988): 121-28.

Feldman, Maurice, Laurie Case, Maria Garrick, Wanda MacIntyre-Grande, et al. "Teaching Child-Care Skills to Mothers with Developmental Disabilities." *Journal of Applied Behavior Analysis* 25, no. 1 (1992): 205-15.

Fellman, Anita Clair. "'Don't Expect to Depend on Anybody': The Mother-Daughter Relationship of Laura Ingalls Wilder and Rose Wilder Lane." Paper presented to Institute of Section on Women and Psychology, Canadian Psychological Association, Vancouver, 1987.

Few, April L. "The (Un)making of Martyrs: Black Mothers, Daughters, and Intimate Violence." *Mothering and Motherhood* 1, no. 1 (1999): 68-75.

Fine, Michelle, and Adrienne Asch, eds. *Women with Disabilities: Essays in Psychology, Culture, and Politics.* Philadelphia: Temple University Press, 1988.

Fingerman, Karen. "Aging Mothers' and Their Adult Daughters' Perceptions of Conflict Behaviors." *Psychology and Aging* 10, no. 4 (1995): 639-49.

———. "Sources of Tension in the Aging Mother and Adult Daughter Relationship." *Psychology and Aging* 11, no. 4 (1996): 591-606.

———. "Tight Lips? Aging Mothers' and Adult Daughters' Responses to Interpersonal Tensions in Their Relationships." *Personal Relationships* 5, no. 2 (1998): 121-38.

Finkelhor, David. "Current Information on the Scope and Nature of Child Sexual Abuse." *The Future of Children* 4, no. 2 (1994): 31, 46-48.

Firman, Julie, and Dorothy Firman. *Mothers and Daughters: Healing the Relationship.* New York: Crossroad Publishing, 1989.

Fischer, Lucy Rose. *Linked Lives: Adult Daughters and Their Mothers.* New York: Harper and Row, 1987.

Fite, Karen, and Nikola Trumbo. "Betrayals among Women: Barriers to a Common Longing." *Lesbian Ethics* 1 (1984).

Fivush, Robin. "Exploring Sex Differences in the Emotional Content of Mother-Child Conversations about the Past." *Sex Roles* 20, nos. 11-12 (1989): 675-91.

———. "Gender and Emotion in Mother-Child Conversations about the Past." *Journal of Narrative and Life History* 1, no. 4 (1991): 325-41.

Flanagan, Patricia. "Teen Mothers: Countering the Myths of Dysfunction and Developmental Disruption." In Coll et al., 1998.

Flax, Jane. "The Conflict between Nurturance and Autonomy in Mother-Daughter Relationships and within Feminism." *Feminist Studies* 4 (1978): 171-89.

Flynn, Kristin, and Marian Fitzgibbon. "Body Image Ideals of Low-Income African American Mothers and Their Preadolescent Daughters." *Journal of Youth and Adolescence* 25, no. 5 (1996): 615-30.

Fodor, Renee. "The Impact of the Nazi Occupation of Poland on the Jewish Mother-Child Relationship." *YIVO Annual of Jewish Social Science* 11 (1956-57): 270-85.

Fraktman, Marilyn G. "Immigrant Mothers: What Makes Them High Risk?" In Coll et al., 1998.

Franco, Fabiana, Alan Fogel, Daniel Messinger, and Christopher Frazier. "Cultural Differences in Physical Contact between Hispanic and Anglo Mother-Infant

Dyads Living in the United States." *Early Development and Parenting* 5, no. 3 (1996): 119-27.

Fraser, Sylvia. *My Father's House: A Memoir of Incest and Healing.* Toronto: Doubleday Canada Limited, 1987.

Freeman, Lucy. "Family Theme Highlights Spirited Annual Meeting." *Ortho Newsletter,* Summer 1987, 1 and 17-39.

French, Marilyn. *Her Mother's Daughter.* New York: Ballantine, 1988.

Freud, Sigmund. "Femininity." In "New Introductory Lectures in Psychoanalysis" [1932], *The Standard Edition of the Complete Psychological Works of Sigmund Freud.* Vol. 22. Translated by James Strachey. London: Hogarth Press and the Institute of Psychoanalysis, 1964.

Freyd, Jennifer. *Betrayal Trauma: The Logic of Forgetting Childhood Abuse.* Cambridge, Mass.: Harvard University Press, 1996.

Friday, Nancy. *My Mother/My Self.* New York: Delacorte Press, 1977.

Friedan, Betty. *The Feminine Mystique.* New York: Dell, 1963.

Frost, Beth. "My Mother's Friend." *Radcliffe Quarterly,* December 1984, 26-28.

Fullmer, Elise, Sheldon Tobin, and Gregory Smith. "The Effects of Offspring Gender on Older Mothers Caring for Their Sons and Daughters with Mental Retardation." *Gerontologist* 37, no. 6 (1997): 795-803..

Fumia, Doreen. "Marginalized Motherhood and the Mother-Lesbian Subject." *Mothering and Motherhood* 1, no. 1 (1999): 86-95.

────. "By Any (M)other Name: Once-Married Lesbians." *Canadian Woman Studies/Les Cahiers de la femme* 18, no. 2 (fall/summer 1998): 41-45.

Galinsky, Ellen. *Ask the Children.* New York: William Morrow, 1999.

Gamble, Wendy, and Rochelle Dalla. "Parenting and Child Adjustment in Single- and Two-Parent, Euro- and Mexican-American Families." In McCubbin and Thompson, 1998.

────. "Young Children's Perceptions of Their Social Worlds in Single- and Two-Parent, Euro- and Mexican-American Families." *Journal of Social and Personal Relationships* 14, no. 3 (1997): 357-72.

Gardner, Howard. *Frames of Mind: The Theory of Multiple Intelligences.* New York: Basic Books, 1993.

Gavin, Leslie, and Wyndol Furman. "Adolescent Girls' Relationships with Mothers and Best Friends." *Child Development* 67, no. 2 (1996): 375-86.

Gee, Ellen M., and Meredith M. Kimball. *Women and Aging.* Toronto: Butterworths, 1987.

Genevie, Lois, and Eva Margolies. *Motherhood Report: How Women Feel about Being Mothers.* New York: McGraw-Hill, 1988.

Gerrard, Nikki. "A Critical Analysis of Guilt in Relation to Women with a Focus on Mothers and Daughters." Paper presented to Feminist Therapists' Association First Annual Meeting, Toronto, May 1987.

────. "Feminist Therapy and Oppression within Mental Health Systems: Contradictions, Struggles, Alliances, and Change." Paper presented to National Women's Studies Association Convention, Minneapolis, June 1988.

────. "Undoing Crazymaking: Feminist Therapy—A Stitch in Time Saves Nine." Popular Feminism Lecture Series, Paper No. 7, Centre for Women's Studies in Education, Ontario Institute for Studies in Education, Toronto, January 11, 1988.

────. "Women and the Psychological Development of Self: A Theoretical and Subjective Journey through Object Relations and Self-in-Relation Theories."

Paper presented to Institute of Section on Women and Psychology, Canadian Psychological Association, Montreal, June 1988.

Gilligan, Carol. *In a Different Voice: Psychological Theory and Women's Development.* Cambridge, Mass.: Harvard University Press, 1982.

Glickman, Rose. *Daughters of Feminists: Young Women with Feminist Mothers Talk about Their Lives.* New York: St. Martin's Press, 1993.

Goleman, Daniel. *Emotional Intelligence.* New York: Bantam, 1995.

Golomb, Anath, Pamela Ludolph, Drew Westen, M. Judith Block, et al. "Maternal Empathy, Family Chaos, and the Etiology of Borderline Personality Disorder." *Journal of the American Psychoanalytic Association* 42, no. 2 (1994): 525–48.

Golombok, Susan, Fiona Tasker, and Clare Murray. "Children Raised in Fatherless Families from Infancy: Family Relationships and the Socioemotional Development of Children of Lesbian and Single Heterosexual Mothers." *Journal of Child Psychology and Psychiatry and Allied Disciplines* 38, no. 7 (1997): 783–91.

Golombok, Susan, and Fiona Tasker. "Children in Lesbian and Gay Families: Theories and Evidence." *Annual Review of Sex Research* 5 (1994): 73–100.

Gombay, Brydon. "Mutual Empowerment: The Mother of a Daughter with Disabilities." *Canadian Woman Studies/Les Cahiers de la femme* 18, no. 2 (fall/summer 1998): 35–40.

Gonzales, Nancy A., Yumi Hiraga, and Ana Maria Cauce. "Observing Mother-Daughter Interaction in African-American and Asian-American Families." In *Resiliency in African-American Families,* edited by Hamilton I. McCubbin, Elizabeth A. Thompson, Anne I. Thompson, and Jo-A. Futrell. Thousand Oaks, Calif.: Sage, 1998.

Gordon, Linda. *Heroes of Their Own Lives: The Politics and History of Family Violence, Boston 1880–1960.* New York: Viking Press, 1988.

Gornick, Vivian. *Fierce Attachments.* New York: Farrar, Straus, and Giroux, 1987.

Gottfried, Adele Eskeles, Allen Gottfried, Kay Bathurst, and Colleen Killian. "Maternal and Dual-Earner Employment: Family Environment, Adaptations, and the Developmental Impingement Perspective." In Lamb, 1999.

Gottlieb, Alison. "Single Mothers of Children with Disabilities: The Role of Sense of Coherence in Managing Multiple Challenges." In McCubbin and Thompson, 1998.

Gottman, Julie. "Children of Gay and Lesbian Parents." *Marriage and Family Review* 14, nos. 3–4 (1989): 177–96.

Graber, Julia, and Jeanne Brooks-Gunn. "'Sometimes I Think That You Don't Like Me': How Mothers and Daughters Negotiate the Transition into Adolescence." In *Conflict and Cohesion in Families: Causes and Consequences,* edited by Martha Cox et al. The Advances in Family Research Series. Mahwah, N.J.: Lawrence Erlbaum Associates, 1999.

———. "Reproductive Transitions: The Experience of Mothers and Daughters." In Ryff et al., 1996.

Grant, Toni. *Being a Woman: Fulfilling Your Femininity and Finding Love.* New York: Random House, 1988.

Green, Fiona. "Living Feminism through Mothering." *Mothering and Motherhood* 1, no. 1 (1999): 99–104.

Greene, Beverly. "Sturdy Bridges: The Role of African-American Mothers in the Socialization of African-American Children." *Women and Therapy* 10, nos. 1–2 (1990): 205–25.

———. "What Has Gone Before: The Legacy of Racism and Sexism in the Lives of Black Mothers and Daughters." *Women and Therapy* 9, nos. 1–2 (1990): 207–30.

Greenglass, Esther. "A Social-Psychological View of Marriage for Women." *International Journal of Women's Studies* 8 (1985): 24–31.

Greenspan, Miriam. "'Exceptional' Mothering in a 'Normal' World." In Coll et al., 1998.

Griffin, Susan. "Forum: On Wanting to Be the Mother I Wanted." *Ms.*, January 1977: 98–105.

Griffith, Alison I., and Dorothy E Smith. "Constructing Cultural Knowledge: Mothering as Discourse." In *Women and Education*, edited by J. Gaskell and A. McLaren, 87–103. Calgary: Detselig Press, 1987.

———. "Coordinating the Uncoordinated: How Mothers Manage the School Day." *Perspectives in Social Problems* 2 (1990): 25–43..

Griffiths, Rosalyn A., Pierre J. Beumont, Daphne Beumont, Stephen W. Touyz, Hazel Williams, and Kitty Lowinger. "Anorexie à Deux: An Ominous Sign for Recovery." *European Eating Disorders Review* 3, no. 1 (1995): 2–14.

Grinnell, Gretchen. "Women, Depression and the Global Folie: A New Framework for Therapists." In Braude, 1987.

Gross, Zenith Henkin. *And You Thought It Was All Over! Mothers and Their Adult Children.* New York: St. Martin's Press, 1985.

Grotevant, Harold, and Julie Kohler. "Adoptive Families." In *Parenting and Child Development in 'Nontraditional' Families*, edited by Michael E. Lamb, 161–90. Mahwah, N.J.: Lawrence Erlbaum Associates, 1999.

Groze, Victor K., and James A. Rosenthal. "Single Parents and Their Adopted Children: A Psychosocial Analysis." *Families in Society* 72, no. 2 (1991): 67–77.

Gundlach, Julie Kette. *My Mother Before Me.* Secaucus, N.J.: Lyle Stuart, 1986.

Guy-Sheftall, Beverly. "Mothers and Daughters: A Black Perspective." *Spelman Messenger* 98 (1982): 4–5.

Hagan, John, John Simpson, and A. R. Gillis. "Feminist Scholarship, Relational and Instrumental Control, and a Power-Control Theory of Gender and Delinquency." *British Journal of Sociology* 39, no. 3 (1988): 301–36.

Hamilton, Sylvia. "African Nova Scotian Women: Mothering across the Generations." In Abbey and O'Reilly, 1998.

Hammer, Signe. *Daughters and Mothers: Mothers and Daughters.* New York: Signet, 1976.

Hampton, Mary Rucklos. "Adopted Women Give Birth: Connection between Women and Matrilineal Continuity." *Feminism and Psychology* 7, no. 1 (1997): 83–106.

Hancock, Emily. *The Girl Within.* New York: Fawcett, 1989.

Hanscombe, Gillian, and Jackie Forster. *Rocking the Cradle: Lesbian Mothers, a Challenge in Family Living.* Boston: Alyson, 1982.

Hare-Mustin, Rachel T., and Patricia C. Broderick. "The Myth of Motherhood: A Study of Attitudes toward Motherhood." *Psychology of Women Quarterly* 4 (1979): 114–28.

Harney, Patricia. "The Role of Incest in Developmental Theory and Treatment of Women Diagnosed with Borderline Personality Disorder." *Women and Therapy* 12, nos. 1–2 (1992): 39–57.

Hays, Sharon. *The Cultural Contradictions of Motherhood.* New Haven, Conn.: Yale University Press, 1996.

Heffner, Elaine. *Mothering: The Emotional Experience of Motherhood after Freud and Feminism.* Garden City, N.Y.: Doubleday, 1978.

Held, Virginia. "The Obligations of Mothers and Fathers." In Trebilcot, 1983.

Heller, Anita Fochs. *Health and Home: Women as Health Guardians.* Ottawa: Canadian Advisory Council on the Status of Women, 1986.

Hendrick, Susan. "'Carving Tomorrow from a Tombstone': Maternal Grief Following the Death of a Daughter." *Mothering and Motherhood* 1, no. 1 (1999): 33–44.

Henwood, K. L. "Adult Mother-Daughter Relationships: Subjectivity, Power, and Critical Psychology.," *Theory and Psychology* 5 (1994): 483–510.

Herman, Judith Lewis, and Helen Block Lewis. "Anger in the Mother-Daughter Relationship." In *The Psychology of Today's Woman: New Psychoanalytic Visions*, edited by Toni Bernay and Dorothy Cantor. Cambridge, Mass.: Harvard University Press, 1986, reprinted 1989.

Hirsch, Marianne. *The Mother/Daughter Plot: Narrative, Psychoanalysis, Feminism.* Bloomington: Indiana University Press, 1989.

———. "Mothers and Daughters." *Signs* 7 (Autumn 1981): 200–22.

Hite, Shere. "I Hope I'm Not Like My Mother." *Women and Therapy* 10, nos. 1–2 (1990): 13–30.

Hochschild, Arlie Russell. *The Second Shift.* New York: Avon, 1989.

———. *The Time Bind: When Work Becomes Home and Home Becomes Work.* New York: Metropolitan, 1997.

Holcomb, Betty. *Not Guilty! The Good News about Working Mothers.* New York: Scribner, 1998.

hooks, bell. *Bone Black: Memories of Girlhood.* New York: Henry Holt, 1996.

———. *Feminist Theory from Margin to Center.* Boston: South End Press, 1984.

Hooper, Carole Ann. "Child Sexual Abuse and the Regulation of Women: Variations on a Theme." In *Gender Violence: Interdisciplinary Perspectives*, edited by Laura L. O'Toole, Jessica R. Schiffman, et al., 336–51. New York: New York University Press, 1997.

Horney, Karen. *New Ways in Psychoanalysis.* New York: W. W. Norton, 1939.

Hossain, Ziarat, and Jaipaul L. Roopnarine. "Division of Household Labor and Child Care in Dual-Earner African-American Families with Infants." *Sex Roles* 29, nos. 9–10 (1993): 571–83.

Howe, Karen G. "Daughters Discover Their Mothers through Biographies and Genograms: Educational and Clinical Parallels." In Knowles and Cole, 1990.

———. "Telling Our Mother's Story." In *Representations: Social Constructions of Gender*, edited by Rhoda Unger, 45–60. New York: Baywood, 1989.

———. "Women and Work: Defining and Changing Students' Perceptions in a Women's Studies Course." Paper presented at Third Annual Women and Work Symposium, Women and Work Research and Resource Center, Graduate School of Social Work, University of Texas, Arlington, Tex., May 1–2, 1986.

Huh, Joonok. "Constantly Negotiating: Between My Mother and My Daughter." In O'Reilly and Abbey, 1999.

Humphries, Tom, Marcel Kinsbourne, and James Swanson. "Stimulant Effects on Cooperation and Social Interaction between Hyperactive Children and Their Mothers." *Journal of Child Psychology and Psychiatry* 19 (1978): 13–22.

Hunter, Nan D., and Nancy D. Polikoff. "Custody Rights of Lesbian Mothers: Legal Theory and Litigation Strategy." In *Homosexuality: Discrimination, Criminology, and the Law*, edited by Wayne R. Dynes and Stephen Donaldson, 225–67. *Studies in Homosexuality*, vol. 6. New York: Garland, 1992.

Hurley, Dan. "A Sound Mind in an Unsound Body." *Psychology Today*, August 1987, 34–43.

Hurston, Zora Neale. *Their Eyes Were Watching God.* Urbana: University of Illinois Press, 1987.

Hutchison, Elizabeth. "Child Welfare as a Woman's Issue." *Families in Society* 73, no. 2 (1992): 67–78.

Irigaray, Luce. "And the One Doesn't Stir without the Other." Translated by Helene Vivienne Wenzel. *Signs* 7 (1981): 60–67.

Johnson, Miriam M. *Strong Mothers, Weak Wives: The Search for Gender Equality.* Berkeley: University of California Press, 1988.

Jones, S. L., M. A. Moulton, P. Moulton, and S. Roach. "Self-Esteem Differences as a Function of Race and Weight Preoccupation." *Women's Health Issues* 9, no. 1 (1999): 50–55.

Jordan, Judith. "Empathy and Self Boundaries." In Jordan et al., 1991.

———. "The Meaning of Mutuality." In Jordan et al., 1991.

Jordan, Judith, Alexandra Kaplan, Jean Baker Miller, Irene Stiver, and Janet Surrey, eds. *Women's Growth in Connection: Writings from the Stone Center.* New York: Guilford, 1991.

Jordan, Judith, and Janet Surrey. "The Self-in-Relation: Empathy in the Mother-Daughter Relationship." In *The Psychology of Today's Woman: New Psychoanalytic Visions,* edited by Toni Bernay and Dorothy W. Cantor. Cambridge, Mass.: Harvard University Press, 1989.

Jordan, Judith V., Janet Surrey, and Alexandra Kaplan. "Women and Empathy." In Jordan et al., 1991.

Jordan, June. *On Call: Political Essays.* Boston: South End Press, 1985.

Joseph, Gloria I., and Jill Lewis. *Common Differences: Conflicts in Black and White Feminist Perspectives.* New York: Anchor Books, 1981.

Kagan, Jerome. *The Nature of the Child.* New York: Basic Books, 1984.

Kalergis, Mary Mottey. *Mother: A Collective Portrait.* New York: E. P. Dutton, 1987.

Kanakis, Deirdre, and Mark Thelen. "Parental Variables Associated with Bulimia Nervosa." *Addictive Behaviors* 20, no. 4 (1995): 491–500.

Kaplan, Alexandra. "Reflections on Gender and Psychotherapy." In Braude, 1987.

———. "The 'Self-in-Relation': Implications for Depression in Women." In Jordan, 1991.

Kaplan, Alexandra, Nancy Gleason, and Rona Klein. "Women's Self Development in Late Adolescence." In Jordan et al., 1991.

Kaplan, Elaine Bell. *Not Our Kind of Girl: Unraveling the Myths of Black Teenage Motherhood.* Berkeley: University of California Press, 1997.

Kaufman, Irving. "Father-Daughter Incest." In *Father and Child: Developmental and Clinical Perspectives,* edited by Stanley Cath and Alan Gurwitt, 491–507. New York: Basil Blackwell, 1988.

Kaufman, Michael, ed. *Beyond Patriarchy: Essays by Men on Pleasure, Power, and Change.* Toronto: Oxford University Press, 1987.

Kennedy, Florynce. *Color Me Flo: My Hard Life and Good Times.* Englewood Cliffs, N.J.: Prentice-Hall, 1976.

Kiley, Dan. *The Wendy Dilemma: When Women Stop Mothering Their Men.* New York: Arbor House, 1984.

King, Ti. "The Experiences of Midlife Daughters Who Are Caregivers for Their Mothers." *Health Care for Women International* 14, no. 5 (1993): 419–26.

Kinsbourne, Marcel, and Paula J. Caplan. *Children's Learning and Attention Problems.* Boston: Little, Brown, 1979.

Kirwin, Paul. "Affect Expression Training in Psychiatric Patients: The Verbalization of Feeling-Cause Relationships." Veterans Administration Hospital, Durham, N.C., 1970. Manuscript.

Kitzinger, Sheila. *Women as Mothers.* New York: Random House, 1979.

Knowles, Jane Price. "Introduction." In Knowles and Cole, 1990.

Knowles, Jane Price, and Ellen Cole, eds., *Woman-Defined Motherhood.* New York: Harrington Park Press, 1990.

Koblinsky, Sally, Kari Morgan, and Elaine Anderson. "African-American Homeless and Low-Income Housed Mothers: Comparison of Parenting Practices." *American Journal of Orthopsychiatry* 67, no. 1 (1997): 37–47.

Koch, Rebecca, Mary T. Lewis, and Wendy Quinones. "Homeless: Mothering at Rock Bottom." In Coll et al., 1998.

Kohn, Alfie. "Girl Talk, Guy Talk." *Psychology Today,* February 1988: 65–66.

Kome, Penney. *Somebody Has to Do It: Whose Work Is Housework?* Toronto: McClelland, 1982.

Koppelman, Susan, ed. *Between Mothers and Daughters: Stories across a Generation.* New York: Feminist Press, 1985.

Konstantareas, Mary, and Soula Homatidis. "Mothers of Autistic Children: Are They the 'Unacknowledged Victims'?" Paper presented to the Institute of the Section on Women and Psychology, Canadian Psychological Association Convention, Winnipeg, 1983.

Kramarae, Cheris, and Paula A. Treichler. *A Feminist Dictionary.* Boston: Pandora Press, 1985.

Krauss, Marty Wyngaarden, and Marsha Malick Seltzer. "Long-Term Caring: Family Experiences over the Life Course." In *Down Syndrome: Living and Learning in the Community,* edited by Lynn Nadel, Donna Rosenthal, et al., 91–98. New York: Wiley-Liss, 1995.

Kuebli, Janet, Susan Butler, and Robin Fivush. "Mother-Child Talk about Past Emotions: Relations of Maternal Language and Child Gender over Time." *Cognition and Emotion* 9, nos. 2–3 (1995): 265–83.

Kuebli, Janet, and Robin Fivush. "Gender Differences in Parent-Child Conversations about Past Emotions." *Sex Roles* 27, nos. 11–12 (1992): 683–98.

Ladd-Taylor, Molly, and Lauri Umansky, eds. *"Bad" Mothers: The Politics of Blame in Twentieth-Century America.* New York: New York University Press, 1998.

———. "Introduction." In Ladd-Taylor and Umansky, 1998.

Ladner, Joyce. *Tomorrow's Tomorrow: The Black Woman.* Garden City, N.Y.: Anchor Books, 1972.

Lamb, Michael E., ed. *The Father's Role: Applied Perspectives.* New York: John Wiley and Sons, 1986.

———, ed. *Parenting and Child Development in "Nontraditional" Families.* Mahwah, N.J.: Lawrence Erlbaum Associates, 1999.

Lamphere, Louise, Patricia Zavella, Felipe Gonzales, and Peter B. Evans. *Sunbelt Working Mothers: Reconciling Family and Factory.* Ithaca, N.Y.: Cornell University Press, 1993.

Landers, Ann. "It's Never Too Late for Forgiveness." *Toronto Star,* September 12, 1985, C5

———. "Too Few Phone Calls from Son Leave Mother Feeling Lonely." *Toronto Star,* May 22, 1986, D3

Landsberg, Michele. *Women and Children First: A Provocative Look at Modern Canadian Women at Work and at Home.* Toronto: Macmillan of Canada, 1982.

laSorsa Valerie, and Iris Fodor. "Adolescent Daughter/Midlife Mother Dyad: A New Look at Separation and Self-Definition." *Psychology of Women Quarterly* 14, no. 4 (1990): 593–606.

Laurence, Margaret. *The Diviners.* Toronto: Bantam-Seal Books, 1976.

Laws, Janice, and Joyce Strickland. "Black Mothers and Daughters: A Clarification of the Relationship as an Impetus for Black Power." *Black Books Bulletin* 6 (1980): 26–29, 33.

Lazarre, Jane. *Beyond the Whiteness of Whiteness: Memoir of a White Mother of a Black Son.* Durham, N.C.: Duke University Press, 1996.

———. *The Mother Knot.* New York: Dell, 1976.

Leaper, Campbell, Kristin Anderson, and Paul Sanders. "Moderators of Gender Effects on Parents' Talk to Their Children: A Meta-Analysis." *Developmental Psychology* 34, no. 1 (1998): 3–27.

Lee, Gary, Jeffrey Dwyer, and Raymond Coward. "Gender Differences in Parent Care: Demographic Factors and Same-Gender Preferences." *Journals of Gerontology* 48, no. 1 (1993): S9–S16.

Leifer, Myra. *The Psychological Effects of Motherhood: Study of First Pregnancy.* New York: Praeger, 1980.

LeMasters, E. "Parenthood as Crisis." *Marriage and Family Living* 19 (1957): 352–55.

Lerner, Gerda. *The Female Experience: An American Documentary.* Indianapolis: Bobbs-Merrill, 1977.

Lerner, Harriet Goldhor. *The Dance of Anger.* New York: Harper and Row, 1985. (Especially chapter on "Anger at Our Impossible Mothers," 67–87.)

———. *The Dance of Intimacy.* New York: Harper and Row, 1989.

Leve, Leslie, and Beverly Fagot. "Gender-Role Socialization and Discipline Processes in One- and Two-Parent Families." *Sex Roles* 36, nos. 1–2 (1997): 1–21.

Levene, Judi, and Mary Konstantareas. "Mothers of Disturbed Children." Presentation in panel at "Don't Blame Mother" conference, Toronto, May 22, 1987.

Levine, Helen. "The Power Politics of Motherhood." In *Perspectives on Women in the 1980s,* edited by Joan Turner and Lois Emery, 28–40. Winnipeg: University of Manitoba Press, 1983.

Lewis, Jane. "Introduction: Reconstructing Women's Experience of Home and Family." In *Labour and Love: Women's Experience of Home and Family, 1850–1940,* edited by Jane Lewis, 1–24. Oxford: Basil Blackwell, 1986.

Leyendecker, Birgit, and Michael E. Lamb. "Latino Families." In Lamb, 1999.

Lisi, Deborah. "Found Voices: Women, Disability, and Cultural Transformation." *Women and Therapy* 14, nos. 3–4 (1993): 195–209.

Liutkus, Joanne. Review of "To a Safer Place." *Healthsharing,* winter 1987, 33.

Loewenstein, S. "An Overview of the Concept of Narcissism." *Social Case-work* 58 (1977): 136–42.

Lorde, Audre. *From a Land Where Other People Live.* Detroit: Broadside, 1973.

———. *Sister Outsider.* Trumansburg, N.Y.: The Crossing Press, 1984.

———. *Zami: A New Spelling of My Name.* Trumansburg, N.Y.: The Crossing Press, 1982.

Low, Natalie. "Mother-Daughter Relationships: The Lasting Ties." *Radcliffe Quarterly,* December 1984, 1–4.

Lowell, M. C., and D. L. Fiorino. "Combatting Myths: A Conceptual Framework for Analyzing the Stress of Motherhood." In *Advances in Nursing Science* 1 (1978): 75–84.

Luxton, Meg. *More than a Labour of Love: Three Generations of Women's Work in the Home.* Toronto: The Women's Press, 1980.

Luxton, Meg, and Harriet Rosenberg. *Through the Kitchen Window: The Politics of Home and Family.* Toronto: Garamond, 1986.

Mahler, Margaret S. "On Childhood Psychoses and Schizophrenia: Autistic and Symbiotic Infantile Psychosis." In *The Psychoanalytic Study of the Child,* edited by R. Eissler et al. New York: International Universities Press, 1952.

———. *On Human Symbiosis and the Vicissitudes of Individuation.* New York: International Universities Press, 1968.

Mairs, Nancy. *Plaintext: Deciphering a Woman's Life.* New York: Harper and Row, 1987.

Marcow-Speiser, Vivien. "Coming Home: Midlife Rapprochement with the Mother." *American Journal of Dance Therapy* 15, no. 2 (1993): 77–87.

Margolis, Maxine. *Mothers and Such: Views of American Women and Why They Changed.* Berkeley: University of California Press, 1984.

Mary, Nancy. "Reactions of Black, Hispanic, and White Mothers to Having a Child with Handicaps." *Mental Retardation* 28, no. 1 (1990): 1–5.

Matsakis, Aphrodite. *Viet Nam Wife: The Other Forgotten Warrior.* Kensington, Md.: Woodbine Press, 1988.

Maynard, Fredelle Bruser. "A Mother and Two Daughters." *Lilith,* summer 1988, 29–31.

Maynard, Rona. "Let's Stop Blaming Mum." *Homemaker's Magazine,* May 1983, 8–26.

McBride, A. B. *The Growth and Development of Mothers.* New York: Harper and Row, 1973.

McBride, Brent, and Pernell Ferguson. "Parental Expectations for Young Children: Day Care versus Preschool." *Early Child Development and Care* 79 (1992): 47–53.

McCubbin, Hamilton, and Elizabeth Thompson, eds. *Resiliency in Native American and Immigrant Families.* Resiliency in Families Series, vol. 2. Thousand Oaks, Calif.: Sage, 1998.

McDonnell, Jane Taylor. "On Being the 'Bad' Mother of an Autistic Child." In Ladd-Taylor and Umansky, 1998.

McGinley, Phyllis. "Girl's-Eye View of Female Relatives." Poem in *Times Three.* New York: Viking Press, 1960.

McGoldrick, Monica, Nydia Garcia-Preto, Paulette Moore Hines, and Evelyn Lee. "Ethnicity and Women." In *Women in Families: A Framework for Family Therapy,* edited by Monica McGoldrick and Carol Anderson, 169–99. New York: W.W. Norton, 1989.

McKeever, Patricia. "Mothering Children Who Have Severe Chronic Illnesses." In *The Effect of Children on Parents,* edited by Anne-Marie Ambert, 170–90. New York: Haworth, 1992.

McLoyd, Vonnie. "Employment among African-American Mothers in Dual-Earner Families: Antecedents and Consequences for Family Life and Child Development." In *The Employed Mother and the Family Context,* edited by Judith Frankel, 180–226. Focus on Women Series, vol. 14. New York: Springer, 1993.

McLoyd, Vonnie C., Toby Epstein Jayaratne, Rosario Ceballo, and Julio Borquez. "Unemployment and Work Interruption among African American Single Mothers: Effects on Parenting and Adolescent Socioemotional Functioning." *Child Development* 65, no. 2 (1994): 562–89.

McMahon, Martha. *Engendering Motherhood: Identity and Self-Transformation.* New York: Guilford, 1995.

McMillan, Terry. *Mama.* New York: Washington Square Press, 1987.

Mens-Verhulst, Janneke van. "Reinventing the Mother-Daughter Relationship," *American Journal of Psychotherapy* 49, no. 4 (1995): 526–39.

Mercer, Ramona. *First-Time Motherhood*. New York: Springer, 1986.

Merkin, Daphne. *Enchantment*. New York: Fawcett Crest, 1984.

Miller, Barbara, and Robin Miller. "Mothering the Biracial Child: Bridging the Gaps between African-American and White Parenting Styles." In Knowles and Cole, 1990.

Miller, Casey, and Kate Swift. *Words and Women*. Garden City, N.Y.: Anchor Books, 1977.

Miller, Jean Baker. "Connections, Disconnections and Violations." Work in Progress Paper No. 33, Wellesley College, The Stone Center, Wellesley, Mass., 1988.

———. "The Construction of Anger in Women and Men." In Jordan et al., 1991.

———. "The Development of Women's Sense of Self." In Jordan et al., 1991.

———. *Toward a New Psychology of Women*. Boston: Beacon Press, 1976.

———. "What Do We Mean by Relationships?" Work in Progress Paper No. 22, Wellesley College, The Stone Center, Wellesley, Mass., 1986.

———. "Women and Power." In Braude, 1987.

———. "Women and Power: Some Psychological Dimensions." Work in Progress Paper No. 1, Wellesley College, The Stone Center, Wellesley, Mass., 1982.

Miller, Jean Baker, and Irene Stiver. *Healing Connections: How Women Form Relationships in Therapy and in Life*. Boston: Beacon, 1998.

Mills, Rosemary. "Paradoxical Relations between Perceived Power and Maternal Control." *Merrill-Palmer Quarterly* 44, no. 4 (1998): 523–37.

Minden, Ruth. "Glancing Backward, Looking Forward: Insights into Mothering." Paper, Ontario Institute for Studies in Education, 1986.

Miner, Valerie, and Helen Longino. *Competition: A Feminist Taboo?* New York: Feminist Press, 1987.

Moraga, Cherrie. *Loving in the War Years*. Boston: South End Press, 1983.

———. *Waiting in the Wings: Portrait of a Queer Motherhood*. Ithaca, N.Y.: Firebrand, 1997.

Morgan, Kathryn. "The Perils and Paradoxes of Feminist Pedagogy." *Resources for Feminist Research* 16 (1987): 49–51.

———. "Women and Moral Madness." In *Feminist Perspectives: Philosophical Method and Morals*, edited by S. Mullet, L. Code, and C. Overall, 146–67. Toronto: University of Toronto Press, 1988.

Morgan, Robin. *Dry Your Smile*. Garden City, N.Y.: Doubleday, 1987.

Morrison, Nancy. "Successful Single-Parent Families." *Journal of Divorce and Remarriage* 22, nos. 3–4 (1995): 205–19.

Morrison, Toni. *Beloved*. New York: New American Library, 1987.

———. "SEEMOTHERMOTHERISVERYNICE." In *Black-eyed Susans*, edited by Mary Helen Washington, 99. New York: Anchor Press, 1975.

———. *Sula*. New York: Knopf, 1974.

"Mothers Can't Win." Special issue. *New York Times Magazine*, April 5, 1998.

Nelson, Fiona. *Lesbian Motherhood: An Exploration of Canadian Lesbian Families*. Toronto: University of Toronto Press, 1996.

Newman, Barbara. "The Changing Nature of the Parent-Adolescent Relationship from Early to Late Adolescence." *Adolescence* 24 (1989): 915–24.

Nietzsche, Friedrich. *The Portable Nietzsche*. Edited and translated by Walter Kaufman. New York: Viking, 1954.

Niman, Harold. "The Price of Custody." Paper presented in "Domestic Law: A Colloquium on the Law and Practice of Custody," Annual Institute on Continuing Legal Education, Family Law for the Specialist, Toronto, 1987.

Norman, Marsha. *The Fortune Teller.* New York: Random House, 1987.

———. *'Night, Mother.* New York: Hill and Wang, 1983.

Obeidallah, Dawn, and Linda Burton. "Affective Ties between Mothers and Daughters in Adolescent Childbearing Families." In *Conflict and Cohesion in Families: Causes and Consequences,* edited by Martha Cox et al. The Advances in Family Research Series. Mahwah, N.J.: Lawrence Erlbaum Associates, 1999.

O'Brien, Mary. *The Politics of Reproduction.* Boston: Routledge and Kegan Paul, 1981.

———. "The Reproduction of Mothering." Paper presented at "Don't Blame Mother" conference, Toronto, May 21, 1987.

Ohye, Bonnie Y. "Safeguarding Wordless Voice in a World of Words." In Coll et al., 1998.

Olsen, Tillie. "I Stand Here Ironing." In *Between Mothers and Daughters: Stories across a Generation,* edited by Susan Koppelman, 177–87. New York: Feminist Press, 1985.

———. *Mother to Daughter, Daughter to Mother: A Daybook and Reader.* New York: Feminist Press at the City University of New York, 1984.

———. *Tell Me a Riddle.* New York: Dell, 1986.

Olsen, Tillie, et al. *Mothers and Daughters: That Special Quality, an Exploration in Photographs.* New York: Aperture, 1987.

Ontario Advisory Council on Women's Issues. "Sole Support M.O.M. (Mothers on the Move): Brief to the Ontario Government on Sole Support Mothers." November 1987.

O'Reilly, Andrea. "Across the Divide: Contemporary Anglo-American Feminist Theory on the Mother-Daughter Relationship." In Abbey and O'Reilly, 1998.

———. "'I Come From a Long Line of Uppity Irate Black Women': African American Feminist Thought on Motherhood, the Motherline and the Mother-Daughter Relationship." In O'Reilly and Abbey, 1999.

———, ed. *Mothers and Sons: Feminist Perspectives.* New York: Routledge, in press.

O'Reilly, Andrea, and Sharon Abbey, eds. *Mothers and Daughters: Connection, Empowerment, and Transformation.* Lanham, Md.: Rowman and Littlefield, 1999.

Osborn, Judith. "Mothers and Daughters in Ancient Near Eastern Literature." In Davidson and Broner, 1980.

Owen, David. "The Sultan of Stuff." *New Yorker,* July 19, 1999, 52–63.

Parker, G. "Re-Searching the Schizophrenogenic Mother." *Journal of Nervous and Mental Disorders* 170 (1982): 452–62.

Patterson, Charlotte. "Children of Lesbian and Gay Parents." *Advances in Clinical Child Psychology* 19 (1997): 235–82.

Patterson, Charlotte, and Raymond Chan. "Families Headed by Lesbian and Gay Parents." In Lamb, 1999.

Payne, Karen, ed. *Between Ourselves: Letters between Mothers and Daughters, 1750–1982.* Boston: Houghton Mifflin, 1983.

Pearce, Diana, and Hariette McAdoo. *Women and Children: Alone and in Poverty.* Washington, D.C.: National Advisory Council on Economic Opportunity, 1981.

Pearson, Jessica. "Mothers and Daughters: Measuring Occupational Inheritance." *Sociology and Social Research* 67 (January 1983): 204–17.

Peters, Joan K. *When Mothers Work: Loving Our Children without Sacrificing Ourselves.* Reading, Mass.: Addison Wesley, 1997.

Peters, John. "Gender Socialization of Adolescents in the Home: Research and Discussion." *Adolescence* 29 (1994): 913–34.

Petersen, Anne C. "Those Gangly Years." *Psychology Today,* September 1987: 28–34.

Phares, Vicky. *"Poppa" Psychology: The Role of Fathers in Children's Mental Well-Being.* Westport, Conn.: Praeger, 1999.

———. Perceptions of Mothers' and Fathers' Responsibility for Children's Behavior. *Sex Roles* 29, nos. 11–12 (1993):, 839–51.

Pike, Kathleen M., and Judith Rodin. "Mothers, Daughters, and Disordered Eating." *Journal of Abnormal Psychology* 100, no. 2 (1991): 198–204.

Pleck, Elizabeth. *Domestic Tyranny: The Making of American Social Policy against Family Violence from Colonial Times to the Present.* New York: Oxford University Press, 1987.

Pleck, Joseph. "Employment and Fatherhood: Issues and Innovative Policies." In *The Father's Role: Applied Perspectives,* edited by Michael E. Lamb, 385–412. New York: John Wiley and Sons, 1986.

———. "Paternal Involvement: Levels, Sources, and Consequences." In *The Role of the Father in Child Development,* edited by Michael Lamb, 66–103. New York: Wiley, 1997.

Pogrebin, Letty Cottin. *Among Friends.* New York: McGraw-Hill, 1987.

———. *Growing Up Free: Raising Your Kids in the 80s.* New York: McGraw-Hill, 1980.

Polakow, Valerie. *Lives on the Edge: Single Mothers and Their Children in the Other America.* Chicago: University of Chicago Press, 1993.

Polikoff, Nancy. "Gender and Child Custody Determination." *Women's Rights Law Reporter,* 1982, 183–202.

Pollack, Sandra, and Jeanne Vaughn, eds. *Politics of the Heart: A Lesbian Parenting Anthology.* Ithaca, N.Y.: Firebrand Books, 1987.

Pollitt, Katha. "'Fetal Rights': A New Assault on Feminism." In Ladd-Taylor and Umansky, 1998.

Powell, Gloria. "Growing up Black and Female." In *Becoming Female: Perspectives on Development,* edited by C. Kopp. New York: Plenum, 1979.

Press, Aida K. "Consider Naomi: In Defense of Mothers-in-Law." *Radcliffe Quarterly,* December 1984: 12–14.

Price, Jane. *Motherhood: What It Does to Your Mind.* London: Pandora Press, 1988.

Prozan, Charlotte Krause. "An Integration of Feminist and Psychoanalytic Theory." In Braude, 1987.

Quindlen, Anna. *Living Out Loud: Home Thoughts from the Front Lines of Life.* New York: Random House, 1988.

Rabasca, Lisa, "White House Conference an Important 'First Step,'" *American Psychological Association Monitor,* July/August 1999, 11

Rabinor, Judith Ruskay. "Mothers, Daughters, and Eating Disorders: Honoring the Mother-Daughter Relationship." In *Feminist Perspectives on Eating Disorders,* edited by Patricia Fallon, Melanie Katzman, et al., 272–86. New York: Guilford, 1994.

Rabuzzi, Kathryn Allen. *Motherself: A Myth Analysis of Motherhood.* Bloomington: Indiana University Press, 1988.

Rafkin, Louise, ed. *Different Daughters: A Book by Mothers of Lesbians.* Pittsburgh/San Francisco: Cleis Press, 1987.

———. *Different Mothers: Sons and Daughters of Lesbians Talk about Their Lives.* San Francisco: Cleis Press, 1990.

Ramey, Sharon Landesman, and Halldor-Kr. Juliusson. "Family Dynamics at Dinner: A Natural Context for Revealing Basic Family Processes." In *Families, Risk, and Competence,* edited by Michael Lewis and Candice Feiring, 31–52. Mahwah, N.J.: Lawrence Erlbaum Associates, 1998.

Randolph, Suzanne. "African American Children in Single Mother Families." In Dickerson, 1995.

Ransby, Barbara. "Another Black Woman Brutalized by the Courts," *In These Times*, July 11, 1999.

Ranson, Gillian. "Paid Work, Family Work, and the Discourse of the "Full-Time Mother." *Mothering and Motherhood* 1, no. 1 (1999): 57–66.

Raphael, Betty-Jane. "Mothers and Daughters." *Ladies' Home Journal*, September 1978.

Raymond, Janice. *A Passion for Friends: Toward a Philosophy of Female Affection*. Boston: Beacon Press, 1987.

Reddy, Maureen. *Crossing the Color Line: Race, Parenting, and Culture*. New Brunswick, N.J.: Rutgers University Press, 1996.

Reeves, Nancy. *Womankind: Beyond the Stereotype*. Chicago: Aldine and Atherton, 1971.

Reid, Pamela T. "Socialization of Black Female Children." In *Women: A Developmental Perspective*, edited by Phyllis W. Berman and Estelle R. Ramey. Bethesda, Md.: National Institutes of Health, 1983.

Reinelt, Claire, and Mindy Fried. "'I Am This Child's Mother': A Feminist Perspective on Mothering with a Disability." In *Perspectives on Disability: Text and Readings on Disability*, 2nd ed., edited by Mark Nagler et al., 195–202. Palo Alto, Calif.: Health Markets Research, 1993.

Renvoize, Jean. *Going Solo: Single Mothers by Choice*. London: Routledge and Kegan Paul, 1985.

Rich, Adrienne. "'Disloyal to Civilization': Feminism, Racism, and Gynephobia." *Chrysalis* 7 (1977): 9–27.

———. *Of Woman Born: Motherhood as Experience and Institution*. New York: W. W. Norton and Co., 1976.

———. *Snapshots of a Daughter-in-Law: Poems 1954–1962*. New York: W. W. Norton, 1967.

Riddington, Jillian. "Single Parenting in a Wheelchair: What Do You Do with a Sick Kid When You Can't Afford an Ambulance and You Can't Walk?" *Resources for Feminist Research/Documentation sur la recherche féministe* 14 (March 1985): 34–37.

Riley, Joan. *Waiting in the Twilight*. London: Women's Press, 1987.

Ritvo, Samuel. "Mothers, Daughters, and Eating Disorders." In *Fantasy, Myth, and Reality: Essays in Honor of Jacob A. Arlow, M.D.*, edited by Harold P. Blum, Yale Kramer et al. Madison, Conn.: International Universities Press, 1988.

Robb, Christina. "A Theory of Empathy: The Quiet Revolution in Psychiatry." *Boston Globe Magazine*, October 16, 1988, 10–56.

Robbins, Martha A. "Mourning the Myth of Motherhood: Reclaiming Our Mothers' Legacies." In Knowles and Cole, 1990.

Robinson, Lillian S. "Poverty, Purpose, Pride." (Review of *Dignity: Lower Income Women Tell of Their Lives and Struggles, Oral Histories Compiled by Fran Leeper Buss*. [Ann Arbor, Mich.: University of Michigan Press, 1985].) *Women's Review of Books* 3 (December 1985): 1 and 3–4.

Rodgers, Carolyn M. *IT IS DEEP, How I Got Ovah*. New York: Doubleday and Co., 1969.

Rodgers-Rose, La Frances, ed. *The Black Woman*. Beverly Hills, Calif.: Sage, 1980.

Rogers, Judi, and Molleen Matsumura. *Mother-to-Be: A Guide to Pregnancy and Birth for Women with Disabilities*. New York: Demos, 1991.

Rogerson, Carol. "Winning the Battle; Losing the War—The Plight of the Custodial Mother after Judgement." Paper presented in "Domestic Law: A Colloquium on the Law and Practice of Custody," Annual Institute on Continuing Legal Education, Family Law for the Specialist, Toronto, 1987.

Romano, Renee. "'Immoral Conduct': White Women, Racial Transgressions, and Custody Disputes." In Ladd-Taylor and Umansky, 1998.

Rosenfeld, Anne H. "Knowing When to Call the Doctor." *Psychology Today,* October 1987, 12.

Rosinsky, Natalie M. "Mothers and Daughters: Another Minority Group." In Davidson and Broner, 1980.

Rossi, Alice. "Transition to Parenthood." *Journal of Marriage and the Family* 30 (1968): 26–39.

Rossi, Alice, and Peter Rossi. *Of Human Bonding: Parent-Child Relationships across the Life Course.* New York: Aldine de Gruyter, 1990.

Rossiter, Amy B. "In Private: An Inquiry into the Construction of Women's Experience of Early Motherhood." Ph.D. diss., University of Toronto, 1986.

Rothman, Barbara Katz. *The Tentative Pregnancy: Prenatal Diagnosis and the Future of Motherhood.* New York: Viking Press, 1986.

Rotundo, E. Anthony. "Patriarchs and Participants: A Historical Perspective on Fatherhood." In Kaufman, 1987.

Rousso, Harilyn. "Daughters with Disabilities: Defective Women or Minority Women?" In Fine and Asch, 1988.

Rowbotham, Sheila. *Woman's Consciousness, Man's World.* Harmondsworth, England: Penguin, 1973.

Rubin, Nancy. *The Mother Mirror.* New York: G. P. Putnam's Sons, 1984.

Rucker, Naomi, and Karen Lombardi. "The Familial Menage-à-Trois: Mother-Daughter Sexuality and Father-Daughter Incest." *Journal of Contemporary Psychotherapy* 20, no. 2 (1990): 99–107.

Ruddick, Sara. "Maternal Thinking." *Feminist Studies* 6 (1980): 354–80.

Ruddick, Sara. "Maternal Thinking." In Trebilcot, 1983.

Rush, Florence. "The Myth of Sexual Delinquency." *Women: A Journal of Liberation* 3, no. 3 (1972): 38–39.

Rush, Florence. "The Sexual Abuse of Children: A Feminist Point of View." In *Rape: The First Sourcebook for Women,* edited by Noreen Connell and Cassandra Wilson, 64–75. New York: Signet, 1974.

———. "Woman in the Middle." In *Radical Feminism,* edited by Anne Koedt, Ellen Levine, and Anita Ropone. New York: Quadrangle Books, 1973.

Ruther, Nicole, and Charles Richman. "The Relationship between Mothers' Eating Restraint and Their Children's Attitudes and Behaviors." *Bulletin of the Psychonomic Society* 31, no. 3 (1993): 217–20.

Ryan, Mary P. *Womanhood in America: From Colonial Times to the Present.* New York: New Viewpoints, 1975.

Ryff, Carol, and Marsha Mailick Seltzer. *The Parental Experience in Midlife.* Chicago: University of Chicago Press, 1996.

SAGE: A Scholarly Journal on Black Women 1 (fall 1984). Special issue on Blacks' mother-daughter relationships.

Sanftner, Jennifer, Janis Crowther, Peggy Crawford, and Dana Watts. "Maternal Influences (or Lack Thereof) on Daughters' Eating Attitudes and Behaviors." *Eating Disorders: The Journal of Treatment and Prevention* 4, no. 2 (1996): 147–59.

Sanua, Victor D. "Sociocultural Factors in Families of Schizophrenics: A Review of the Literature." *Psychiatry: Journal for the Study of Interpersonal Processes* 24 (1961): 246–65.

Sarton, May. "The Muse as Medusa." In *Collected Poems*. Guilford, Conn.: Norton, 1974.

Scarr, Sandra. *Mother Care-Other Care*. New York: Basic Books, 1984.

Schneider, Susan Weidman. *Jewish and Female: A Guide and Sourcebook for Today's Jewish Woman*. New York: Simon and Schuster, 1985 (See especially the section called "Mothers and Daughters from a Feminist Perspective," 268–81.)

Schnitzer, Phoebe Kazdin. "He Needs His Father: The Clinical Discourse and Politics of Single Mothering." In Coll et al., 1998.

Secunda, Victoria. *When You and Your Mother Can't Be Friends*. New York: Delta, 1990.

Schonberg, Ila J. "The Distortion of the Role of Mother in Child Sexual Abuse." *Journal of Child Sexual Abuse* 1, no. 3 (1992): 47–61.

Schroeder, Karen, Linda Blood, and Diane Maluso. "An Intergenerational Analysis of Expectations for Women's Career and Family Roles." *Sex Roles* 26, nos. 7–8 (1992): 273–91.

Schweitzer, Ivy. "The Mammy and the Mummy: Cultural Imaginary and Inter-racial Coalition." In O'Reilly and Abbey, 1999.

Scott, Ann Crittenden. "The Value of Housework—for Love or Money." *Ms.*, July 1972: 56–59.

Sears, Priscilla F. "Cradling Your Mother." *Mothering and Motherhood* 1, no. 1 (1999): 149-58.

Seidman, Theodore R. and Marvin H. Albert. *Becoming a Mother*. Greenwich, Conn.: Fawcett Publications, 1956.

Seiffge-Krenke, Inge, and Frank Kollmar. "Discrepancies between Mothers' and Fathers' Perceptions of Sons' and Daughters' Problem Behaviour." *Journal of Child Psychology and Psychiatry and Allied Disciplines* 39, no. 5 (1998): 687–97.

Sen, Chandra, and Judith Daniluk. "Themes in the Relationships of Mothers and Their Incestuously Abused Daughters: A Feminist Analysis." *Feminism and Psychology* 5, no. 1 (1995): 47–60.

Sev'er, Aysan, and Marion Pirie. "Factors That Enhance or Curtail the Social Functioning of Female Single Parents: A Path Analysis." *Family and Conciliation Courts Review* 29, no. 3 (1991): 318–37.

Sexton, Anne. *The Book of Folly*. San Jose, Calif.: Gousha, 1972.

———. "The Double Image." In *To Bedlam and Part Way Back*. San Jose, Calif.: Gousha, 1960.

Shapiro, Susan. "Between Love and Ambition: A Daughter and Mother Find Each Other." *Cosmopolitan*, November 1986, 64.

Shen, Jerome T. Y. "Sexual Abuse of Adolescents." *Postgraduate Medicine* 71 (1982): 213–19.

Sherrard, Jain. *Mother-Warrior-Pilgrim*. Kansas City, Mo.: Andrews and McMel, 1980.

Shessel, Isabel. "On Being a Mother: Thoughts and Reflections." Paper, Ontario Institute for Studies in Education, 1986.

Shreve, Anita, and Julius Held. *Remaking Motherhood*. New York: Viking Press, 1987.

Shulman, Alix Kates. *A Good Enough Daughter*. New York: Schocken, 1999.

Sidel, Ruth. "Hearts of Iron." *READINGS: A Journal of Reviews and Commentary in Mental Health* 14, no. 9 (June 1999): 14–18.

Siegel, Rachel Josefowitz. "Antisemitism and Sexism in Stereotypes of Jewish Women." In *A Guide to Dynamics of Feminist Therapy*, edited by Doris Howard. New York: Harrington Park Press, 1986.

———. "Jewish Mothers: Beyond the Stereotype." In *Acts of Love: Jewish Mothers*, edited by Rachel Josefowitz Siegel, Ellen Cole, and Susan Steinberg-Oren (New York: Haworth, in press).

———. "My Legacy: Notes from an Alte Yiddene." *NASHIM: A Journal of Jewish Women's Studies and Gender Issues* (in press).

———. "Old Women as Mother Figures." In Knowles and Cole, 1990.

———. "Silencing the Voices of Older Women." In *Ageing in a Gendered World: Issues and Identity for Women*, edited by Julia Tavares. Santo Domingo and New York: INSTRAW/UN Publications, 1999.

———. "Women's 'Dependency' in a Male-Centered Value System: Gender-Based Values Regarding Dependency and Independence." *Women and Therapy* 7 (1988): 113–23.

Sigal, J. "Effects of Paternal Exposure to Prolonged Stress on the Mental Health of the Spouse and Children." *Canadian Psychiatric Association Journal* 21 (1976): 169–72.

Sigourney, Lydia Howard. *Letters to Mothers*. New York: Harper and Bros., 1845.

Silverstein, Louise, and Vicky Phares. "Expanding the Mother-Child Paradigm: An Examination of Dissertation Research, 1986–1994." *Psychology of Women Quarterly* 20 (1996): 39–53.

Silverstein, Louise. "Transforming the Debate about Childcare and Maternal Employment." *American Psychologist* 46 (1991): 1025–32.

Sluckin, Wladyslaw, Marin Herbert, and Alice Sluckin. *Maternal Bonding*. Oxford: Basil Blackwell, 1983.

Smith, Betsy, Janet L. Surrey, and Mary Watkins. "'Real' Mothers: Adoptive Mothers Resisting Marginalization and Re-creating Motherhood." In Coll et al., 1998.

Smith, Dorothy E., and Alison I. Griffith. "Mothering for Schooling." *Perspectives in Social Problems* 2 (1990): 3–24.

Smith, Liz. *The Mother Book: A Compendium of Trivia and Grandeur concerning Mothers, Motherhood and Maternity*. New York: Crown, 1984.

Smith-Rosenberg, Carroll. "The Female World of Love and Ritual: Relations between Women in Nineteenth-Century America." *Signs: Journal of Women in Culture and Society* 1 (1985): 1–29.

Snowden, Gail. "Mirror Images." *Radcliffe Quarterly*, December 1984, 29–30.

Solinger, Rickie. "Poisonous Choice." In Ladd-Taylor and Umansky, 1998.

Solomon, C. Ruth. "The Importance of Mother-Child Relations in Studying Stepfamilies." *Journal of Divorce and Remarriage* 24, nos. 1–2 (1995): 89–98.

Sommers, Evelyn K. *Voices from Within: Women Who Have Broken the Law*. Toronto: University of Toronto Press, 1995.

Sonkin, Daniel, ed. *Domestic Violence on Trial*. New York: Springer, 1987.

Sparks, Elizabeth. "Against All Odds: Resistance and Resilience in African American Welfare Mothers." In Coll et al., 1998.

Spender, Dale. *Man Made Language*. New York: Routledge, Chapman and Hall, 1985.

Stacey, Judith. "Gay and Lesbian Families: Queer Like Us." In *All Our Families: New Policies for a New Century*, edited by Mary Ann Mason and Arlene Skolnick, 117–43. New York: Oxford University, 1998.

Stack, Carol. *All Our Kin: Strategies for Survival in a Black Community*. New York: Harper and Row, 1974.

Starkman, E. "Hold the Blessing, Diaries." In *Women and Aging: An Anthology by Women*, edited by Jo Alexander, Debi Berrow, Lisa Domitrovich, Margarita Donnelly, and Cheryl McLean, 134–36. Corvallis, Ore.: Calyx, 1986.

Starrels, Marjorie. "Gender Differences in Parent-Child Relations." *Journal of Family Issues* 15, no. 1 (1994): 148–65.

Steele, Jennifer, and Julian Barling. "Influence of Maternal Gender-Role Beliefs and Role Satisfaction on Daughters' Vocational Interests." *Sex Roles* 34, nos. 9–10 (1996): 637–48.

Steinem, Gloria. "Ruth's Song: Because She Could Not Sing It Herself." In *Outrageous Acts and Everyday Rebellions*, 129–46. New York: Holt, Rinehart, and Winston, 1983.

Stiver, Irene. "Beyond the Oedipus Complex: Mothers and Daughters." In Jordan et al., 1991.

———. "The Meaning of Care: Reframing Treatment Models." In Jordan et al., 1991.

———. "The Meanings of 'Dependency' in Female-Male Relationships." In Jordan et al., 1991.

Straayer, Amy Christine. "High Heels." In *Between Mothers and Daughters: Stories across a Generation*, edited by Susan Koppelman, 279–84. New York: Feminist Press, 1985.

Strainchamps, Ethel. "Our Sexist Language." In *Women in Sexist Society*, edited by Vivian Gornick and Barbara K. Moran, 347–61. New York: Basic Books, 1971.

Streckert, William. *Their Mothers' Sons.* Philadelphia: Lippincott, 1956.

Strom, Kay, and Lisa Strom. *Mothers and Daughters Together.* Grand Rapids, Mich.: Baker Book House, 1988.

"Study of Family Interaction Leads to New Understanding of Abusive Parents." University of Toronto Research Highlights. Simcoe Hall, University of Toronto, Public and Community Relations, October 1987.

Strom, Robert, Diane Griswold, Shirley Strom, Pat Collinsworth, et al. "Perceptions of Parenting Success by Black Mothers and Their Preadolescent Children." *Journal of Negro Education* 59, no. 4 (1990):, 611–22.

Sugarman, Stephen. "Single-Parent Families." In *All Our Families: New Policies for a New Century*, edited by Mary Ann Mason and Arlene Skolnick, 13–38. New York: Oxford University Press, 1998.

Sunshine, Ilana. "Mother-Blaming by Mental Health Professionals: Update." Assisted by Maureen Gans. Paper, Toronto: 1987.

Surrey, Janet L. "Mother-Blaming and Clinical Theory." In Knowles and Cole, 1990.

———. "The Mother-Daughter Relationship: Themes in Psychotherapy." In *Daughtering and Mothering: Female Subjectivity Reanalysed*, edited by Janneke van Mens-Verhulst, Karlein Schreurs, et al., 114–24. London: Routledge, 1993.

———. "Relationship and Empowerment." In Jordan et al., 1991.

———. Personal communication, January 25, 1988.

———. "The 'Self-in-Relation': A Theory of Women's Development." In Jordan et al., 1991.

Tasker, Fiona, and Susan Golombok. "Adults Raised as Children in Lesbian Families." *American Journal of Orthopsychiatry* 65, no. 2 (1995): 203–15.

Taylor, Jill McLean. "Cultural Stories: Latina and Portugese Daughters and Mothers." In *Urban Girls: Resisting Stereotypes, Creating Identities*, edited by Bonnie J. Ross Leadbeater, Niobe Way, et al. New York: New York University Press, 1996.

Teichner, Gordon, Elinor Ames, and Patricia Kerig. "The Relation of Infant Crying and the Sex of the Infant to Parents' Perceptions of the Infant and Themselves." *Psychology: A Journal of Human Behavior* 34, nos. 3-4 (1997): 59-60.

Thomas, Helen. *Child Abuse, Neglect and Deprivation: A Handbook for Ontario Nurses.* Toronto: Registered Nurses Association of Ontario, 1983.

Thompson, Daniel. *Sociology of the Black Experience.* Westport, Conn.: Greenwood Press, 1974.

Thoreau, Henry David. *Walden and Civil Disobedience.* Combined edition. Harmondsworth, England: Penguin Books, 1985.

Thorne, Barrie. "Feminist Rethinking of the Family: An Overview." In *Re-thinking the Family: Some Feminist Questions,* edited by Barrie Thorne and Marilyn Yalom, 1-24. New York: Longman, 1982.

Thurer, Shari L. *The Myths of Motherhood: How Culture Reinvents the Good Mother.* Boston: Houghton Mifflin, 1994.

Trebilcot, Joyce, ed. *Mothering: Essays in Feminist Theory.* Totowa, N.J.: Rowman and Allanheld, 1983.

Turnage, Barbara. "The Global Self-Esteem of an African-American Female and Her Relationship with Her Mother." In O'Reilly and Abbey, 1999.

Umansky, Lauri. *Motherhood Reconceived: Feminism and the Legacies of the Sixties.* New York: New York University Press, 1996.

United States Department of Labor. *Occupational Outlook Handbook, 1998-99.* Washington, D.C.: U.S. Government Printing Office, 1999.

Valerio, Anita. "It's in My Blood, My Face—My Mother's Voice, the Way I Sweat." In *This Bridge Called My Back: Writings by Radical Women of Color,* edited by Cherrie Moraga and Gloria Anzaldua. New York: Kitchen Table, 1983.

VanVoorhis, Rebecca, and Linda McClain. "Accepting a Lesbian Mother." *Families in Society* 78, no. 6 (1997): 642-50.

Vincent, Clark. "An Open Letter to the 'Caught Generation.'" *Family Coordinator* 21 (April 1972): 148.

Wade-Gayles, Gloria. *No Crystal Stair: Visions of Race and Sex in Black Women's Fiction.* New York: Pilgrim Press, 1984.

———. "The Truths of Our Mothers' Lives: Mother-Daughter Relationships in Black Women's Fiction." *Sage: A Scholarly Journal on Black Women* 1 (fall 1984): 8-12.

Walker, Alexis, Clara Pratt, and Barbara Wood. "Perceived Frequency of Role Conflict and Relationship Quality for Caregiving Daughters." *Psychology of Women Quarterly* 17, no. 2 (1993): 207-21.

Walker, Alice. *In Search of Our Mothers' Gardens: Womanist Prose.* San Diego, Calif.: Harcourt Brace Jovanovich, 1983.

Walker, Alice. Quoted in "Author Alice Walker Discusses 'The Color Purple.'" *Wall Street Journal,* December 19, 1985, 26.

Walker, Lenore. Personal communication. August 29, 1999.

Wallerstein, Judith S. "Children of Divorce: A Society in Search of a Policy." In *All Our Families: New Policies for a New Century,* edited by Mary Ann Mason and Arlene Skolnick, 66-94. New York: Oxford University Press, 1998.

Wallerstein, Judith, and Shauna Corbin. "Daughters of Divorce: Report from a Ten-Year Follow-Up." *American Journal of Orthopsychiatry* 59, no. 4 (1989): 593-604.

Walters, Marianne, Betty Carter, Peggy Papp, and Olga Silverstein. *The Invisible Web: Gender Patterns in Family Relationships.* New York: Guilford, 1988.

Walton-Allen, Nicole. "Laypeople's Perceptions of Family Violence: An Examination of Stereotyped Learning." Master's thesis. Ontario Institute for Studies in Education, 1984.

Ward, Janie Victoria. "Raising Resisters: The Role of Truth-Telling in the Psychological Development of African American Girls." In *Urban Girls: Resisting Stereotypes, Creating Identities,* edited by Bonnie J. Ross Leadbeater, Niobe Way, et al. New York: New York University Press, 1996.

Washington, Valora. "The Black Mother in the United States: History, Theory, Research, and Issues." In *The Different Faces of Motherhood. Perspectives in Deveopmental Psychology,* edited by Beverly Birns and Dale Hay. New York: Plenum, 1988.

Wedenoja, Marilyn. "Mothers Are Not to Blame: Confronting Cultural Bias in the Area of Serious Mental Illness." In *Feminist Social Work Practice in Clinical Settings. Sage Sourcebooks for the Human Services,* edited by Mary Bricker-Jenkins and Nancy Hooyman. Newbury Park, Calif.: Sage, 1991.

Weingarten, Kathy. *The Mother's Voice: Strengthening Intimacy in Families.* New York: Harcourt Brace, 1994.

———. "Sidelined No More: Promoting Mothers of Adolescents as a Resource for Their Growth and Development." In Coll et al., 1998.

Weissman, Michaele. "At Home with Tira." *Ms.,* September 1987, 36–43.

Weitzman, Lenore. *The Divorce Revolution: The Unexpected Social and Economic Consequences for Women and Children in America.* New York: Free Press, 1985.

Westkott, Marcia. "Mothers and Daughters in the World of the Father." *Frontiers* 3 (1978): 16–21.

Wharton, Amy, and Deborah Thorne. "When Mothers Matter: The Effects of Social Class and Family Arrangements on African American and White Women's Perceived Relations with Their Mothers." *Gender and Society* 11, no. 5 (1997): 656–81.

Williams, Constance Willard. *Black Teenage Mothers: Pregnancy and Child Rearing from Their Perspective.* Lexington, Mass.: Lexington, 1991.

Williams, Kelly. *Single Mamahood: Advice and Wisdom for the African-American Single Mother.* Secaucus, N.J.: Carol Publishing, 1998.

Wilson, Melvin. "Child Development in the Context of the Black Extended Family." *American Psychologist* 44, no. 2 (1989): 380–85.

Wijnberg, Marion, and Susan Weinger. "When Dreams Wither and Resources Fail: The Social-Support Systems of Poor Single Mothers." *Families in Society* 79, no. 2 (1998): 212–19.

Wine, Jeri Dawn, Barbara Moses, and Marti Diane Smye. "Female Superiority in Sex Difference Competence Comparisons: A Review of the Literature." In *Sex Roles: Origins, Influences, and Implications for Women,* edited by Cannie Stark-Adamec. Montreal: Eden Press Women's Publications, 1980.

Wine, Jeri Dawn, Marti Diane Smye, and Barbara Moses. "Assertiveness: Sex Differences in Relationships between Self-Report and Behavioral Measures." In *Sex Roles: Origins, Influences, and Implications for Women,* edited by Cannie Stark-Adamec, 176–86. Montreal: Eden Press Women's Publications, 1980.

Wolfe, Susan T. "Jewish Lesbian Mother." In *Nice Jewish Girls: A Lesbian Anthology,* edited by Evelyn Torton Beck, 164–73. Trumansburg, N.Y.: The Crossing Press, 1982.

Wollstonecraft, Mary. *Vindication of the Rights of Woman.* 1792; Reprint, Harmondsworth, England: Penguin Books, 1982.

Wolofsky, Zella. "Reconciliation of the Mother-Daughter Relationship: A Personal Odyssey." Paper, Ontario Institute for Studies in Education, 1986.

Women's Health Issues, January/February, 1999, 50–55.

Woo, Merle. "Letter to Ma." In *This Bridge Called My Back: Writings by Radical Women of Color,* edited by Cherrie Moraga and Gloria Anzaldua. New York: Kitchen Table, 1983.

Woolsey, Lorette K., and Laura-Lynne McBain. "Issues of Power and Powerlessness in All-Woman Groups." *Women's Studies International Forum* 10 (1987): 579–88.

Worell, Judith. "Single Mothers: From Problems to Policies." *Women and Therapy* 7, no. 4 (1988): 3–14.

Wright, Carol, and Joseph Maxwell. "Social Support during Adjustment to Later-Life Divorce: How Adult Children Help Parents." *Journal of Divorce and Remarriage* 15, nos. 3–4 (1991): 21–48.

Wyche, Karen Fraser. "Let Me Suffer So My Kids Won't: African American Mothers Living with HIV/AIDS." In Coll et al., 1998.

Wylie, Philip. *Generation of Vipers.* New York: Rinehart and Co., 1946.

Yalom, Marilyn. *Maternity, Mortality and the Literature of Madness.* University Park, Pa.: Pennsylvania State University Press, 1985.

Yeats, William Butler. "A Prayer for My Daughter." In *Selected Poems and Plays of William Butler Yeats,* edited by M. L. Rosenthal. New York: Collier, 1962.

Yeoman, Elizabeth. "The Other within the Self: Black Daughter, White Mother and the Narrative Construction of Identity." In Abbey and O'Reilly, 1998.

Yezierska, Anzia. *Bread Givers.* New York: George Braziller, 1925.

Zamir, Aviva, and Cindy Cohen. *Mothers and Daughters: Interviews with Kibbutz Women.* Norwood, Pa.: Norwood Editions, 1986.

Zax, Barbara, and Stephen Poulter. "A Multigenerational Inquiry into the Relationship between Mothers and Daughters." In *The Handbook of Infant, Child, and Adolescent Psychotherapy,* vol. 2. *New Directions in Integrative Treatment,* edited by Bonnie Mark, James Incorvaia, et al. Northvale, N.J.: Jason Aronson, 1997.

國家圖書館出版品預行編目資料

母女戰爭STOP——重塑母女關係 /
Paula J. Caplan 著；蔡素玲譯.
--初版. --臺北市：心理, 2008.02
面；　公分. --（心理治療；92）
參考書目：面
譯自：The new don't blame mother: mending the
　　　mother-daughter relationship
ISBN 978-986-191-119-9（平裝）

1. 母親　2. 女性心理學　3. 親子關係

544.141　　　　　　　　　　　　　　　97002252

心理治療92　　母女戰爭STOP——重塑母女關係

作　　者：Paula J. Caplan
譯　　者：蔡素玲
執行編輯：李　晶
總 編 輯：林敬堯
發 行 人：洪有義
出 版 者：心理出版社股份有限公司
社　　址：台北市和平東路一段 180 號 7 樓
總　　機：(02)23671490　　傳　真：(02)23671457
郵　　撥：19293172　心理出版社股份有限公司
電子信箱：psychoco@ms15.hinet.net
網　　址：www.psy.com.tw
駐美代表：Lisa Wu　tel:973 546-5845　fax:973 546-7651
登 記 證：局版北市業字第 1372 號
電腦排版：菩薩蠻電腦科技有限公司
印 刷 者：正恒實業有限公司
初版一刷：2008 年 2 月

讀者意見回函卡

No._____　　　　　　　　　　填寫日期：　年　月　日

感謝您購買本公司出版品。為提升我們的服務品質，請惠填以下資料寄回本社【或傳真(02)2367-1457】提供我們出書、修訂及辦活動之參考。您將不定期收到本公司最新出版及活動訊息。謝謝您！

姓名：_____　　性別：1□男　2□女

職業：1□教師 2□學生 3□上班族 4□家庭主婦 5□自由業 6□其他____

學歷：1□博士 2□碩士 3□大學 4□專科 5□高中 6□國中 7□國中以下

服務單位：_____　　部門：_____　職稱：_____

服務地址：_____　電話：_____　傳真：_____

住家地址：_____　電話：_____　傳真：_____

電子郵件地址：_____

書名：_____

一、您認為本書的優點：（可複選）

❶□內容 ❷□文筆 ❸□校對 ❹□編排 ❺□封面 ❻□其他____

二、您認為本書需再加強的地方：（可複選）

❶□內容 ❷□文筆 ❸□校對 ❹□編排 ❺□封面 ❻□其他____

三、您購買本書的消息來源：（請單選）

❶□本公司 ❷□逛書局⇨_____書局 ❸□老師或親友介紹

❹□書展⇨____書展 ❺□心理心雜誌 ❻□書評 ❼□其他____

四、您希望我們舉辦何種活動：（可複選）

❶□作者演講 ❷□研習會 ❸□研討會 ❹□書展 ❺□其他____

五、您購買本書的原因：（可複選）

❶□對主題感興趣 ❷□上課教材⇨課程名稱_____

❸□舉辦活動 ❹□其他_____　　　　（請翻頁繼續）

```
┌─────────────────────────┐
│ 廣  告  回  信          │
│ 台 北 郵 局 登 記 證     │
│ 台 北 廣 字 第 940 號    │
└─────────────────────────┘
        （免貼郵票）
```

 心理出版社 股份有限公司

台北市 106 和平東路一段 180 號 7 樓

TEL:(02)2367-1490
FAX:(02)2367-1457
EMAIL:psychoco@ms15.hinet.net

沿線對折訂好後寄回

六、您希望我們多出版何種類型的書籍

❶□心理　❷□輔導　❸□教育　❹□社工　❺□測驗　❻□其他

七、如果您是老師，是否有撰寫教科書的計劃：□有　　□無

書名／課程：＿＿＿＿＿＿＿＿＿＿＿＿＿＿＿＿＿＿＿＿＿

八、您教授／修習的課程：

上學期：＿＿＿＿＿＿＿＿＿＿＿＿＿＿＿＿＿＿＿＿＿＿＿

下學期：＿＿＿＿＿＿＿＿＿＿＿＿＿＿＿＿＿＿＿＿＿＿＿

進修班：＿＿＿＿＿＿＿＿＿＿＿＿＿＿＿＿＿＿＿＿＿＿＿

暑　假：＿＿＿＿＿＿＿＿＿＿＿＿＿＿＿＿＿＿＿＿＿＿＿

寒　假：＿＿＿＿＿＿＿＿＿＿＿＿＿＿＿＿＿＿＿＿＿＿＿

學分班：＿＿＿＿＿＿＿＿＿＿＿＿＿＿＿＿＿＿＿＿＿＿＿

九、您的其他意見

＿＿＿＿＿＿＿＿＿＿＿＿＿＿＿＿＿＿＿＿＿＿＿＿＿＿＿＿＿

謝謝您的指教！　　　　　　　　　　　　　　22092